隧道施工地质不确定性

何发亮　卢　松　李春林　李富明　肖　洋　著

西南交通大学出版社
·成　都·

图书在版编目（C I P）数据

隧道施工地质不确定性 / 何发亮等著. —成都：
西南交通大学出版社，2021.3
ISBN 978-7-5643-7958-2

Ⅰ．①隧… Ⅱ．①何… Ⅲ．①隧道施工-不确定性
Ⅳ．①U455

中国版本图书馆 CIP 数据核字（2020）第 271188 号

Suidao Shigong Dizhi Buquedingxing
隧道施工地质不确定性

何发亮　卢　松　李春林　李富明　肖　洋 **著**

责 任 编 辑	韩洪黎
封 面 设 计	曹天擎
	西南交通大学出版社
出 版 发 行	（四川省成都市金牛区二环路北一段 111 号 西南交通大学创新大厦 21 楼）
发行部电话	028-87600564　028-87600533
邮 政 编 码	610031
网　　　址	http://www.xnjdcbs.com
印　　　刷	四川煤田地质制图印刷厂
成 品 尺 寸	170 mm×230 mm
印　　　张	14
字　　　数	240 千
版　　　次	2021 年 3 月第 1 版
印　　　次	2021 年 3 月第 1 次
书　　　号	ISBN 978-7-5643-7958-2
定　　　价	88.00 元

作者简介

何发亮

1962 年 11 月生，广西贺州人。1984 年毕业于中山大学地质系地质学专业，理学学士，教授级高级工程师，享受国务院政府特殊津贴专家，中国铁道科学研究院博士研究生导师，中国铁路工程总公司专家、首批有突出贡献的中青年专家，中铁科学研究院有限公司首席专家、学术委员会委员、"何发亮"工作室带头人，中铁西南科学研究院有限公司副总工程师、学术委员会委员，国家科学技术进步奖、中国博士后基金项目、中国施工企业协会科学技术奖评审专家，中国施工企业协会科学技术委员会首批专家，四川省人民政府评标专家库、四川省国土资源厅地质灾害防治工作技术专家库、四川省文物局专家库、成都市文物工程评标专家库、成都市科技评估专家信息库专家，四川省咨询业协会工程地质水文地质高级咨询师，国际工程地质与环境学会（IAEG）会员，中国地质学会工程地质专委会委员，中国铁道学会标准化专业委员会地勘专业委员，中国岩石力学与工程学会地下工程分会、四川省古迹遗址保护协会理事，四川省岩石力学与工程学会理事，四川省声学学会常务理事，《中国地质灾害与防治学报》《现代隧道技术》《铁路地质与路基》编委。

历任中铁西南科学研究院有限公司（原铁道部科学研究院西南研究所、铁道科学研究院西南分院）工程地质研究室实习生、助理工程师、助理研究员、副研究员、教授级高级工程师，曾任中铁西南科学研究院有限公司工程地质研究室/岩土工程检测中心副主任，工程地质研究室/地质预报中心主任，中铁成都勘察设计院总工程师。

长期从事铁路隧道工程地质、铁路隧道围岩分级、隧道施工地质超前预报、声波探测技术应用、地质灾害防治研究及技术咨询服务和文物加固勘察设计技术咨询服务工作，在隧道施工地质超前预报、铁路隧道围岩分级、地质灾害防治、声波探测技术及文物加固工程技术研究及应用等方面有较高的造诣，做出了突出的贡献。

30年来，主持完成：

（1）国家重点基础研究发展计划（"973"计划）项目"深长隧道突水突泥重大灾害致灾机理及预测预警与控制理论"第一课题"深长隧道突水突泥致灾构造及其地质判别特征方法"子项"深长隧道突水突泥致灾构造及其构成和突水突泥特征"研究。

（2）国家863项目"隧道施工期大涌水等地质灾害超前实时预报系统与装备"子项"涌水灾害分级及突发性地质灾害实时预警预报及施工预案专家系统研究"。

（3）国家自然科学基金"高压大流量岩溶裂隙水与不良地质情况的超前预报和治理"子项"岩体温度法隧道（洞）施工掌子面前方涌水预报研究"。

（4）科技部"转制科研院所创新能力专项资金"项目"复杂地质隧道地质预报技术及设备系统研究"。

（5）铁道部重大课题"岩溶地区铁路长隧道涌漏水综合治理技术研究"子项"岩溶地区铁路长隧道涌漏水规律研究"。

（6）铁道部重大课题"TBM施工需要的裂隙围岩等级划分及地质参数确定研究"。

（7）声波探测技术隧道施工地质预报研究。

首次提出了岩溶地下水动力剖面分带中混流带的新概念；首次提出的岩体温度隧道施工涌水预报理论及方法，实现了隧道施工涌水预报理论和方法的重大突破；提出的TBM施工围岩等级划分方法，被《铁路隧道全断面岩石掘进机法技术指南》（铁建设〔2007〕106号）引用；首次系统提出了隧道施工突水突泥成灾理论及2类7种突水致灾构造、4类7种突泥致灾构造、3种隔水隔泥岩土盘类型、4种隔水隔泥岩土盘破坏模式、间歇（阵发）突泥时间模式、致灾构造构成及治理工程适宜性分类、岩溶（废弃矿巷）充水体突水致灾构造类型转换治理新理念及以隧道开挖通过后隧道周边突水突泥致灾构造探测、隧道施工开挖揭露围岩级别确定、初期支护及二次衬砌参数调整、初期支护及二次衬砌及时施工、隧道初期支护及二次衬砌质量检测及质量问题处理、隧道围岩及初期支护变形监控量测和隔水隔泥岩土盘及突水突泥致灾构造处理为主要手段的隧道施工突水突泥灾害防控体系；提出了集浅孔岩体温度法隧道掌子面前方含水体三维预报、HSP 声波反射层析成像法地质预报为一体的复杂地质隧道地质预报技术。

参与完成：

（1）铁道部重大科研课题"铁路隧道工程岩体（围岩）分级研究"。

（2）铁道部重大科研课题"大瑶山隧道工程岩体力学特性研究及 F_9 断层攻关"。

（3）铁道部重大科研课题"青藏铁路察尔汗盐湖路基下盐岩溶洞探测"。

（4）皖赣铁路下坑隧道运营监测。

作为主持人或主要完成者，获得：

（1）2011 年国家科学技术进步二等奖 1 项（隧道含水构造等不良地质超前预报定量识别及其灾害防治关键技术）。

（2）1995 年铁道部科技进步奖四等奖 1 项（岩溶地区铁路长隧道涌漏水综合治理技术研究）。

（3）2001 年中国铁路工程总公司科学技术奖一等奖 1 项（TBM 施工需要的裂隙围岩等级划分及地质参数确定研究）。

（4）2013 年中国铁路工程总公司科学技术奖一等奖 1 项（岩体温度隧道施工掌子面前方涌水预报仪研发及推广应用）。

（5）2017 年中国铁路工程总公司科学技术奖一等奖 1 项（复杂地质隧道地质预报技术及设备系统研究）。

（6）2010 年中国铁路工程总公司科学技术奖二等奖 1 项（岩体温度隧道施工掌子面前方涌水预报）。

（7）2007 年中国铁路工程总公司科学技术奖二等奖 1 项（大伙房特长输水隧洞不良地质预报及施工预案研究）。

（8）2016 年中国铁路工程总公司科学技术奖二等奖 1 项（隧道仰拱质量检测技术研究）。

（9）2016 年成都市科学技术进步奖三等奖 1 项（隧道仰拱质量检测技术研究）。

（10）2012 年全国建筑工程勘察一等奖 1 项（中国中铁映秀幼儿园）。

（11）中国铁道学会铁道科技奖三等奖 1 项（岩体温度隧道施工掌子面前方涌水预报仪研发及推广应用）。

（12）铁道科学研究院科技进步奖三等奖 1 项（铁路隧道工程岩体（围岩）分级建议）。

获实用新型专利 1 项。

参与完成的研究成果"隧道施工掌子面前方不良地质预报"获铁道部科技进步三等奖、"既有隧道地下水变化规律及其对环境生态平衡影响的评估"获铁道部科技进步三等奖。

主持完成：

（1）乐山大佛佛脚平台拓展工程勘察设计。

（2）乐山大佛载酒亭围岩加固。

（3）北门环境改造工程勘察设计。

（4）泸定铁索桥桥台病害整治工程勘察设计。

作为四川省人民政府评标专家库、四川省国土资源厅地质灾害防治工作技术专家库、四川省文物管理局专家库专家，成都市文化局专家咨询委员会文物专家库专家，参加过大量岩土工程、地质灾害防治工程及文物保护工程的勘察、设计与检测项目评标。

作为国家文物局 5·12 震后文物抢救保护专家组专家，主持和参与了大量震后文物抢救保护方案评审、咨询及竣工验收。

2002 年被评为中国铁路工程总公司首批有突出贡献的中青年专家，同时被聘为中国铁路工程总公司专家委员会专家。

2003 年被遴选为中国铁道科学研究院岩土工程专业隧道施工地质预报方向硕士研究生导师。培养并已毕业硕士研究生 5 名。

2010 年获文物系统汶川地震灾后文物抢救保护工作特别贡献奖。

2009 年 4 月，被授予 2008 年度享受国务院政府特殊津贴专家。

2012 年被遴选为中国铁道科学研究院岩土工程专业博士研究生导师。在培博士研究生 1 名。

2012 年被评为 2011 年度中国施工企业管理协会科学技术奖技术创新先进个人。

作为主要编写者，参与完成《工程岩体分级标准》（GB/T 50218—2014）、《铁路隧道超前地质预报技术规程》（Q/CR 9217—2015）、《铁路隧道超前地质预报技术指南》（铁建设〔2008〕105 号）和《铁路隧道全断面岩石掘进机法技术指南》（铁建设〔2007〕106 号）的编写。

著有《地质复杂隧道施工地质预报研究与工程实践》《四川石窟及摩崖造像病害与治理工程实践》《隧道施工地质灾害与致灾构造及其致灾模式》《隧道工程地质学》《隧道地质超前预报》《岩体温度法隧道施工掌子面前方涌水

预报》《隧道施工地质灾害与不良地质体及其预报》《隧道工程地质与声波探测技术》和《隧道工程岩体分级》9 部专著；发表了《岩体温度法隧道施工涌水预报》《TBM 施工隧道围岩分级方法研究》《隧道施工地质超前预报工作方法》《铁路隧道风险评估若干问题探讨》《岩溶地区长大隧道涌水涌泥及地表塌陷灾害预测预报技术》《铁路隧道施工地质超前预测预报技术》《隧道施工期地质超前预报技术的发展》《声波探测技术的新发展及其应用》等 70 余篇论文。

卢　松

　　1985 年生，江西武宁人，高级工程师。2010 年 7 月毕业于中国地质大学（武汉）地球物理工程专业，获工学硕士学位，同年进入中铁西南科学研究院工程地质研究所工作，长期从事工程地质、隧道超前地质预报、工程物探工作。

　　主持或主要参加完成省部级以上重点科研项目 6 项、中铁股份公司二级公司课题 3 项；在隧道超前地质预报、隧道地下水探测和声波 CT 探测等方面实现了多项技术突破，研究成果获中国铁路工程总公司科学技术奖一等奖 4 项、二等奖 2 项，中国铁道学会科技奖二等奖 2 项，中国公路学会科学技术奖二等奖 1 项，成都市科学技术进步奖三等奖 1 项，获国家发明专利 2 项、实用新型专利 9 项，外观设计专利 1 项，软件著作权 4 项，公开发表学术论文 30 余篇。

李春林

1983 年生，湖北浠水人，高级工程师。2008 年 7 月毕业于成都理大学工岩土工程专业，获工学硕士学位，同年进入中铁西南科学研究院有限公司工作。长期从事隧道工程、工程地质、隧道超前地质预报工作。

主持或主要参加完成中铁股份公司课题 6 项；在隧道围岩稳定性、隧道超前地质预报等方面实现了多项技术突破，研究成果获中国铁路工程总公司科学技术奖二等奖 2 项，贵州省公路学会科学技术奖二等奖 1 项，中国施工企业管理协会科学技术奖二等奖 1 项，获实用新型专利 2 项，软件著作权 2 项，公开发表学术论文 10 余篇。

李富明

1986 年生，四川双流人，高级工程师。2012 年 7 月毕业于中国铁道科学研究院岩土工程专业，获工学硕士学位，同年进入中铁西南科学研究院工程地质研究所工作。长期从事隧道工程地质、隧道超前地质预报、岩土工程咨询工作。

主要参加和完成科技部课题 1 项、股份公司重点课题 3 项，主持完成技术咨询项目 6 项。研究成果获中国铁道学会铁道科技三等奖 1 项，中国铁路工程总公司科学技术奖一等奖 1 项、二等奖 1 项，四川省机电冶煤工会优秀奖 1 项。获实用新型专利 1 项，软件著作权 1 项，发表论文 5 篇。

肖　洋

1987 年生，四川南部人，高级工程师。2013 年 7 月毕业于中国铁道科学研究院岩土工程专业，获工学硕士学位，同年进入中铁西南科学研究院工作。长期从事工程地质、隧道超前地质预报工作。

主要参加完成中铁股份公司重点课题 4 项；在隧道超前地质预报方面实现了技术突破，研究成果获中国铁路工程总公司科学技术奖一等奖 1 项，中国铁道学会科技奖三等奖 1 项，中国施工企业管理协会科技奖二等奖 1 项，获实用新型专利 1 项，软件著作权 1 项，参编行业协会标准 1 项，公开发表学术论文 10 余篇。

前　言

　　每每看到隧道工程施工事故责任调查报告中或"地质不清"或"实际地质与设计不符"的结论，面对当下隧道初步设计阶段、施工图设计阶段、施工阶段风险评估报告中以"地质不确定性"对隧道施工可能遭遇风险的原因一语概之和"地质不确定性"似乎成了隧道施工地质灾害发生罪魁祸首的现状，作为一个长期从事隧道工程地质研究的学者，心里总有话要说的感觉。

　　2017年6月，随中国代表团出席在挪威卑尔根举行的世界隧道大会，听完时任国际隧道与地下空间协会（ITA）主席哈坎·斯蒂尔（Hakan Stille）的"隧道工程中地质不确定性-风险评估与质量保证"报告，再一次催生了要就"地质不确定性"发声的愿望。

　　较之以地壳地质条件形成历经的数十亿年，隧道工程施工的几年甚至是几十年，不过是地壳地质条件形成漫漫长河中的一个点。尽管我深信，"5·12"汶川特大地震，确确实实改变了当时都（江堰）汶（川）公路都（江堰）映（秀）段高速公路和映（秀）汶（川）段二级公路在建隧道穿越位置的地质条件，但我更愿意相信，只要在隧道施工期间没有地震发生的条件下，隧道穿越位置的地质条件是不会改变的。隧道穿越位置的地质条件就摆在那里，正是因为隧道工程地质勘察造成的对隧道断面穿越位置及隧道开挖轮廓线外一定距离范围内存在的、因隧道施工开挖接近揭穿可能导致隧道施工地质灾害发生的不良地质体的遗漏，根据隧道工程地质勘察成果确定的隧道断面穿越位置及隧道开挖轮廓线外一定距离范围内存在的、因隧道施工开挖接近揭穿可能导致隧道施工地质灾害发生的不良地质体位置、性质及规模的偏差，隧道施工开挖揭穿通过隧道开挖断面内存在的不良地质体因暴露状态及性质的改变，当然还有隧道施工开挖接近可能导致隧道施工地质灾害发生的不良地质体前包括安全岩土盘留置、岩土盘加固及不良地质体本身处治在内的不良地质体处治或滞后或过弱或失当，才导致了隧道施工地质灾害的发生。

　　任由隧道工程施工事故责任调查中让地质背锅的现象继续、一味喊冤叫屈，于事无补。作为隧道工程地质工作者，厘清"地质不确定性"的定义，找出"地质不确定性"产生的原因，探讨"地质不确定性"与隧道施工风险及隧道施工地质灾害的关系，提出"地质不确定性"问题的解决方法，才是我们的责任和义务。无论是从对今后隧道工程施工事故责任认定考虑，还是为避免隧道施工地质灾害发生、减少施工地质灾害损失、确保隧道施工安全考虑，"地质不确定性"问题的解决，将具有重要的现实意义。

本书以"不确定或不确定性与地质不确定或不确定性"开篇，从"地质条件的形成及其改变""隧道施工地质不确定性与隧道施工风险""隧道施工地质不确定性与隧道施工地质灾害"和"隧道施工地质不确定问题及其解决"等方面，论述了隧道施工地质不确定性，期望对今后的隧道施工地质工作、隧道风险评估工作有所帮助。

限于作者水平和成稿仓促，不足之处及疏漏难免，敬请各位同行提出宝贵意见，我们一定在今后的工作中加以改进。

作　者
2020 年冬于成都

目　录

第1篇　不确定或不确定性与地质不确定或地质不确定性

第2篇　地质条件的形成及其改变

第 5 篇　隧道施工地质不确定性问题及其解决

第 6 篇　隧道施工掌子面前方不良地质体探测

绪　论

0.1　严重的隧道施工地质灾害

近年来，隧道施工特别是地质复杂地区长大深埋隧道施工，地质灾害频发，或严重延误施工工期，或导致重大人员伤亡事故，造成重大直接、间接经济损失。

据不完全统计，截至 2010 年底，我国已建铁路隧道工程 80%以上在施工和运营过程中出现各种各样、程度不同的地质灾害；我国在建和已建铁路隧道中，80%以上的隧道在施工过程中遭遇过涌水灾害，至今仍有 30%的隧道工程处于地下水的威胁中，岩溶隧道更以涌水量大且突然著称。

四川都汶高速公路龙溪隧道进口段，因围岩大变形，致使初支两次被破坏。

位于改建铁路兰新线兰武段打柴沟车站和龙沟车站间的兰新铁路二线全长 20 050 m 的乌鞘岭特长隧道，洞身最大埋深 1 100 m。在隧道中部岭脊地段 $F_4 \sim F_7$ 断层间由千枚岩、断层糜棱岩构成的"挤压构造带"施工中，发生了拱顶最大下沉达 1 053 mm、最大水平收敛变形量达 1 034 mm 的软弱围岩大变形，导致初期支护开裂破坏并严重侵入衬砌净空等，不得不将初期支护全部或部分拆除重做，再施作二次衬砌。原位应力测量结果表明，大变形洞段构造应力作用明显，最大主应力达 22 ~ 24 MPa，地应力总体特征为水平构造应力大于等于垂直应力。

位于攀枝花红格镇新九乡的西（昌）攀（枝花）高速公路徐家梁子隧道，穿越由灰白色至灰色花岗岩、灰绿色角闪岩、深灰色变粒岩、浅灰色片岩、花岗质混合岩、花岗岩混合岩、角闪岩、变粒岩、片麻岩构成的前震旦系会理群（P_{th1}）及第四系全新统残坡积层（Q_4^{el+dl}）。隧道出口段受昔格达大断裂影响，次级断层极为发育，围岩条件极差，围岩为构造岩、花岗质糜棱岩、强片理化绢云母片岩、岩粉夹角砾岩、断层泥夹角砾等破碎岩。其中，糜棱岩段落较长，且为韧性糜棱岩，砂砾胶结后呈韧带状，遇水成泥。隧道开挖后，出口段围岩发生大变形，变形绝对值最大达 1 040 mm（图 0-1、图 0-2），造成喷混凝土表层脱落掉块，钢架扭曲、弯折、断裂，初支侵入限界。

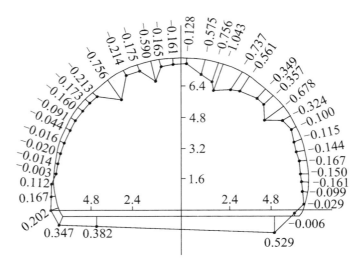

图 0-1　徐家梁隧道围岩变形侵限典型断面示意图（据李世才）

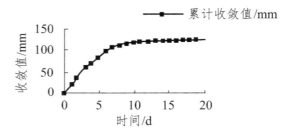

图 0-2　徐家梁子隧道侵限段围岩变形-时间关系（据李世才）

衡（阳）广（州）复线大瑶山隧道，中部穿越向斜构造盆地，由于 F_8、F_9 的导水作用，深部岩溶发育，竖井段平导施工开挖在 94+213 位置揭穿充水岩溶管道，涌水致使平导和竖井被淹长达数月之久；F_9 断层上盘破碎带 94+840～+775 位置，施工开挖揭穿充水溶管，掌子面大股涌水曾造成洞内施工设备被淹；94+636 正洞施工揭穿充水溶管涌水，涌水量达 1 000～2 000 m^3/d。

渝怀铁路园梁山隧道出口端正洞 DK361+764 施工揭穿右侧与地表岩溶相通的充水溶缝，造成大规模涌突水，高峰持续时间仅 28 min，估测水量达 $11×10^4 m^3$，涌水水头高达 3 m，涌水携带约 1 500 m^3 泥沙及石块淤积在隧道底部，淤积平均高度达 0.8 m，涌突水造成存放在洞口的材料、机具被冲走，隧道洞口外炭厂大桥施工材料、机具设备被淹没。由于各种原因，该涌水点未进行及时封闭处理，致使之后每逢隧道址区降雨，DK361+764 涌水点就再次涌突水，严重时涌突水中携带的碎石呈抛射状直冲对面衬砌混凝土边墙。

渝怀铁路武隆隧道中段施工开挖揭穿一号暗河，初期涌水量达 $26×10^4\,m^3$，致使隧道施工只能长期依靠泄水洞排出。2002 年 6 月 20 日，二、三号暗河涌水量超过 $140×10^4\,m^3$，涌水仅 5 h 洞内水深超过 4 m，横洞口外填筑场地及运输轨道被完全冲垮，横洞门悬空，洞内施工设备遭到不同程度破坏，横洞口堆放的材料被冲走。2003 年 5 月 21 日早 8 时，武隆隧道三号暗河开始涌水，涌水持续了两天两夜，冲垮了横洞口的挡碴墙和排水涵，连接横洞口竖井的流水槽断裂，现场值班室、修理间和配件库倾斜倒塌，大量材料、机具、配件被冲入乌江，造成直接经济损失 256 万元。2003 年 6 月 25 日凌晨 4 时 10 分，一场中国隧道施工史上罕见的特大涌水在武隆隧道悄然爆发，凶猛的涌水就像久困深渊的蛟龙，翻腾怒吼。很快冲垮洞外排水明渠，推倒泄水竖井，致使横洞口的场地全部坍塌，刚抢修完的洞门再次被悬空，场地上的房屋被毁，大量工程物资顷刻间卷入江中，隧道内 6 节 17 t 重的梭式矿车、4 辆 12 t 重的电瓶车也顺轨冲入乌江，全部报废。涌水造成洞内轨道变形，泥沙淤积上千立方米，初期支护挤压、扭曲变形，两处坍塌。此次涌水持续了整整五天五夜，最大日涌水量达 $718×10^4\,m^3$，造成直接经济损失一千多万元。

遂（宁）渝（重庆）铁路桐子林隧道横洞段 DK125+032 位置揭穿暗河造成隧道洞内涌水，所幸揭穿时为旱季，洞底暗河水量小，未造成大的危害。暗河两侧见废弃塑料袋等生活垃圾，表明暗河与地表岩溶相通。

1974 年 9 月 20 日，位于古北口长城外脚下的长 2 008.9 m 的京通铁路桃山隧道在施工过程中，距进口 541～681 m 地段的下导坑，出露一 $100\,m^3/d$ 的股状涌水，随着导坑不断前进，股状涌水不断增多，洞壁、坑底、掌子面均出现涌水点，整个导坑几乎为涌水所包围，至同年 11 月 10 日，涌水量已达 $11\,200\,m^3/d$。1976 年 4 月，掘进至距进口 661 m 时，掌子面出现高压射水，涌水量猛增至 $25\,000\,m^3/d$，其中尤以长约 80 m 的石灰岩地段涌水为最严重。

锦屏二级水电站试验洞因岩溶涌水直接导致了试验洞的终止（图 0-3），交通辅助洞岩溶涌水洞内雾化长度达到 40 m，个别掌子面沿钻爆眼呈喷射股状涌水（图 0-4），致使交通辅助洞出口长期处于水中施工（图 0-5）。

图 0-3　锦屏二级电站试验洞掌子面止水墙封闭

图 0-4　锦屏二级电站交通辅助洞钻爆眼喷射股状涌水

（a）　　　　　　　　　　　　　（b）

图 0-5　锦屏二级电站交通辅助洞出口涌水状况

　　衡广复线南岭隧道生潮坳至下连溪段，施工开挖至 DK1935+745，揭穿一宽 2 m 可见深度约 50 m 的充填饱水黏土的溶槽，三次涌泥共 2 130 m³，在 3 min 内淤塞下导坑 60 余米，地表河道中心 40 号陷坑扩大至长 30 m、宽 20 m、深 7 m，使连溪河道断裂；DK1936+269 位置施工开挖揭穿沿断裂发育的充填饱水黏土的岩溶，涌泥 2 000 m³，致地表出现 9 个陷坑，地表连溪河水由 1 号陷坑灌入隧道，隧道施工受阻达两年。

　　渝怀铁路圆梁山隧道下导掌子面施工开挖至 DK354+879，揭露溶洞中充填的硬塑状黏土，稍后掌子面突发一声巨大的爆响，硬塑状黏土首先瞬间喷出，随后软塑状黏土涌出，塞满+354～+635 段 244 m 下导，突泥量达 4 200 m³，造成重大人员伤亡灾害事故。

图 0-6 和图 0-7 分别是衡广复线大瑶山隧道施工通过 F₉ 断层上盘和遂渝铁路荆竹岭隧道通过压性断层上盘强烈破碎带饱水或过饱水黏土夹块石坍塌后向隧道或导坑开挖工作面后方的涌流形成的洞内泥石流，图 0-8 是贵州镇（宁）胜（境关）高速公路五龙山隧道揭穿充填黏土岩溶，发生突泥。

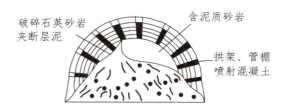

图 0-6　大瑶山隧道 F994+763 泥石流（据张可诚）

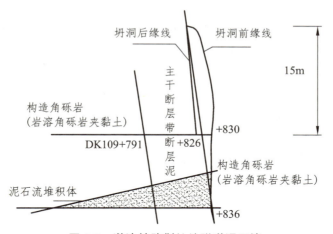

图 0-7　遂渝铁路荆竹岭隧道泥石流

图 0-8　五龙山隧道岩溶涌泥（据张可诚）

在荆竹岭隧道预报过程中，预报考虑了穿过主干断层带的涌水、饱水或过饱水黏土夹块石的坍塌，但忽略了饱水或过饱水黏土夹块石坍塌后向隧道开挖工作面后方的流动。

渝怀铁路圆梁山隧道进口正洞下导DK354+460掌子面采用风钻进行探孔作业，由$\Phi 42$ mm探孔高压涌水，涌水携带大量粉细沙，射距达30 m；随后采用MKD-5S地质钻机进行超前钻探，沿$\Phi 90$ mm钻孔射出高压水和粉细沙，将钻杆顶出8 m，6 h后由于溶腔内粉细沙淤塞，涌水量降低到40 m³/h，涌沙淤塞导坑近百米。其后在该溶洞位置下导施工中，多次发生涌水涌沙。

2005年12月22日14日40分，四川省都江堰至汶川高速公路董家山右线隧道发生特别重大瓦斯爆炸事故，造成44人死亡，11人受伤，直接经济损失2 035万元。

位于重庆市郊的襄渝铁路中梁山隧道，全长3 963 mm，埋深200～290 m，穿过中梁山背斜，洞身两端各700 m为侏罗系砂页岩（J），中段900 m，即背斜轴部为三叠系下统飞仙关页岩（T_{1f}），其余1 600 m为三叠系中统嘉陵江石灰岩（T_{1j}）。隧道于1971年元月开始施工，随着导坑掘进，洞内地下水愈来愈多，同年10月开始发生地表水井渐干，农田脱水。1972年6月，在正洞和平导量测出水量，进口段2 700 m³/d，出口段9 270 m³/d，合计12 000 m³/d，水中含泥砂量达10%。同年10月，下导坑贯通后，流量有所增加。洞内涌漏水地段主要分布在石灰岩、石灰岩与砂页岩接触带以及砂岩地段。此时，隧道顶部地表发生了48处井泉相继漏失，29处地表塌陷，农田失水。其影响范围距隧道中线两侧各2 km左右，距隧道愈近，漏失与塌陷愈严重。为补偿这一公害给当地工农业生产和人民生活造成的困难和损失，由铁道部门赔偿地方的费用达97万元，作为新建、扩建水库和修筑堤坝、给水泵站、变电所、灌溉渠、生活用水管道、引水设备以及民房拆迁等用，以恢复当地人民的生活和生产的必要环境。

京通铁路桃山隧道因洞内大量涌水，致使地面"四道沟"所有泉水枯竭、下游小水电站和农业生产无水可用。

衡广复线大瑶山隧道因隧道洞内岩溶涌水，造成地表塌陷（图0-9）和当地居民生产生活用水困难。

衡广复线南岭隧道施工阶段生潮垅至下连溪段因隧道洞内涌水涌泥，致使地表塌陷（图0-10），更使既有线二度中断行车。

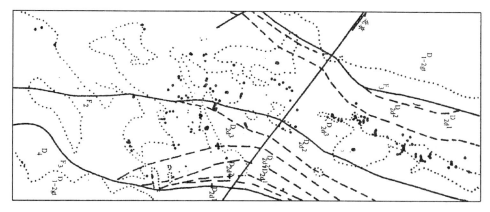

图 0-9 大瑶山隧道斑古地表塌陷分布

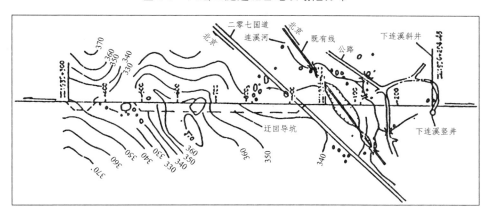

图 0-10 南岭隧道生潮垅—下连溪段地表塌陷分布

0.2 隧道施工地质灾害事故调查以"地质不确定" 让地质背锅

前述隧道施工地质灾害中，都汶高速公路龙溪隧道进口段围岩大变形，属对高烈度地震区软岩变形认识不足造成；改建铁路兰新线乌鞘岭特长隧道围岩大变形，属对深埋断层间由千枚岩、断层糜棱岩构成的"挤压构造带"变形认识不足造成；西（昌）攀（枝花）高速公路徐家梁子隧道出口段围岩大变形，属对活动断裂带影响构造岩、花岗质糜棱岩、强片理化绢云母片岩、岩粉夹角砾岩、断层泥夹角砾等破碎岩中韧性糜棱岩变形、遇水成泥认识不足造成；衡（阳）广（州）复线大瑶山隧道中部平导和竖井被淹，属对向斜构造盆地深部充水岩溶发育认识严重不足所致；渝怀铁路圆梁山隧道出口端正洞 DK361+764 突水、渝怀铁路武隆隧道中段突水，为对隧道穿越充水岩溶与地表岩溶间联系及大气降雨通过地表岩溶对地下岩溶水的补给认识严重不足所致；锦屏二级水电站交通辅助洞高压涌水，属对深埋高压岩溶裂隙水认识不足所致；京广铁路衡广复线大瑶山隧道 F_9 断层带涌泥、遂渝铁路荆竹岭隧道 DK109+836 洞内泥石流灾害，则分别是因初期支护和对富水断层上盘强烈挤压破碎带破碎岩体塌方体具流动性认识不足所致；渝怀铁路圆梁山隧道 DK354+879 突泥灾害，为对隧道穿越底部黏土充填泥水混合充填岩溶灾害严重性认识不足所致；贵州镇（宁）胜（境关）高速公路五龙山隧道突泥，属隧道施工开挖未遇预报存在的黏土充填岩溶未对开挖轮廓线外实施探测及掌子面施工爆破触发开挖轮廓线外岩溶管道中充填黏土瞬间下坐突破溶管与开挖轮廓线间完整隔泥岩盘所致；襄渝铁路中梁山隧道、衡广复线南岭隧道生潮垅至下连溪段地表塌陷灾害，则是对隧道洞内涌水、涌泥涌水诱发隧道上方地表覆盖层松散土石失水细颗粒流失可能导致的塌陷认识不足所致。

综上所述，造成隧道施工地质灾害发生的原因，除贵州镇（宁）胜（境关）高速公路五龙山隧道突泥，为未实施开挖轮廓线外存在的隧道施工预报给出的黏土充填岩溶探测造成外，绝大多数均为可能导致隧道施工地质灾害发生的不良地质体一致灾构造事实存在、但对可能因隧道施工开挖接近或揭穿可能导致地质灾害发生或洞内地质灾害发生可能诱发隧道上方地表地质灾害发生认识不足所致。

遍观大多数隧道施工地质灾害事故的调查，或出于规避责任的原因，可见的结论更多是"地质不清"和"实际地质与设计不符"；在隧道初步设计、施工图设计、施工阶段风险评估中，更以"地质不确定性"对隧道施工可能遭遇风险的原因一语概之。一时间，"地质不确定性"似乎成了隧道施工地质灾害发生，也即隧道施工遭遇风险的罪魁祸首。

实事求是地说，由于国家经济快速发展对交通能源建设的急切需求，隧道工程地质勘察采用的高新技术手段少、周期短，隧道施工遭遇"地质不清""实际地质与设计不符"的情况确实存在。但时至今日，在采用以钻探为主、大量采用高新技术手段、大量采用综合地球物理勘探方法进行隧道工程勘察，更把隧道施工地质预报列为隧道施工工序的今天，仍将隧道施工地质灾害发生的原因归结为"地质不清""实际地质与设计不符""地质不确定性"，让地质背锅，既是对隧道工程地质勘察人员辛勤工作的否定，更是对隧道施工开挖改变围岩体赋存状态缺乏足够认识的表现。

0.3　隧道施工地质不确定或不确定性研究现状

关于隧道施工地质不确定或不确定性，包括隧道施工地质不确定或不确定性产生的原因、分类及其问题的解决，国内外研究较少，多限于对地质不确定的强调。

张存根认为，特长公路隧道建设不同于其他工程建设，无论设计和施工，都受着复杂多变的地质条件影响，地质条件的突变性和不确定性给施工安全带来了极大危害；王树栋认为，地质条件存在不确定性以及施工中开挖方法和支护措施不合理等各种原因，是挤压性软弱围岩隧道施工塌方影响施工安全、工期和工程投入的主要原因；姚宣德认为，工程地质水文地质条件的不确定性和施工环境的复杂性，是浅埋暗挖法地下工程施工过程风险存在和风险事故发生的重要原因；许崇帮等认为，隧道工程建设条件复杂，地质不确定性因素较多，是造成隧道施工过程安全风险问题较为突出的原因；王振卿、何振起认为，岩溶问题的复杂性、多变性和不确定性，是造成岩溶地质预报准确率较低的原因；负永峰、张存亮认为，地质条件的复杂性与不确定性，是造成隧道施工过程地质灾害时有发生、超前预报工作成为隧道施工重要部分的原因。

针对隧道施工地质灾害影响因素和影响机理的不确定性和传统确定性分析方法难以体现的现状，翟友成引入组合评价方法、集对分析方法、证据理论以及区间非概率可靠性方法等不确定性分析方法，根据围岩质量分级与不同隧道施工地质灾害特征，建立不同隧道施工地质灾害的不确定性分析与评价方法；针对现有隧道围岩质量分级方法评价结果存在的非一致性问题，引入组合评价思想，选取多种已有围岩质量分级方法作为基础分级方法，建立融合各基础分级方法优点的隧道围岩质量分级组合评价计算模型；考虑不同基础分级方法评价指标的物理意义和量纲，建立评价指标的标准化方法，使不同基础分级方法评价结果具有可比性；解决组合评价计算模型的组合计算方法；针对不同基础分级方法评价结果合理性存在差异的特点，引入漂移度概念，建立基础分级方法合理程度的度量方法，提出基础分级方法指标权重分配的合理确定方法，建立基于漂移度的隧道围岩质量分级组合评价方法。

郝天录认为，地质异常属性特征包括不均匀性和多样性、等级性和相对性、不连续性和突变性、随机性和不确定性、不规则性和自相似性；几何特征包括形态特征和边界特征。地质异常按形态分类分为线性地质异常、环形地质异常以及面性地质异常，其中面性地质异常为面性分布的地质体的一些属性或者其组合所形成的异常场；线性地质异常是指具有线性特征的地质体及界面的地质异常场；环形地质异常是沿某中心向外扩散所形成的带状异常。地质异常场的边界特点分为有确定明显的边界、有确定但不明显的边界和不确定不明显的边界，这种异常边界的标定随临界值的改变而改变。

针对长期以来地质复杂地区长大深埋隧道地质灾害事故中让地质背锅，风险原因中由"地质不确定"一语概之的现象，中铁西南科学研究院何发亮在论述不确定定义及其分类的基础上，分析了隧道施工"地质不确定"产生的原因，初步总结提出了隧道施工"地质不确定"的类型及隧道施工"地质不确定"问题的解决方法。

尽管如此，厘清"地质不确定性"的定义、分析"地质不确定性"产生的原因、探讨"地质不确定性"与隧道施工风险的关系，提出"地质不确定性"问题的解决方法，对今后隧道施工地质灾害事故责任确定、解决隧道施工"地质不确定"问题，具有重要的现实意义。

参考文献

[1] 何发亮，李苍松，陈成宗. 隧道地质超前预报[M]. 成都：西南交通大学出版社，2006.

[2] 何发亮，张玉川. 隧道施工地质灾害与不良地质体及其预报[M]. 成都：西南交通大学出版社，2011.

[3] 何发亮，郭如军，吴德胜，等. 隧道工程地质学[M]. 成都：西南交通大学出版社，2014.

[4] 何发亮，吴德胜，郭如军，等. 隧道施工地质灾害与致灾构造及其致灾模式[M]. 成都：西南交通大学出版社，2015.

[5] 何发亮，卢松，丁建芳，等. 地质复杂隧道施工地质预报与工程实践[M]. 成都：西南交通大学出版社，2019.

[6] 郭启良，伍法权，钱卫平，等. 乌鞘岭长大深埋隧道围岩变形与地应力关系的研究[J]. 岩石力学与工程学报，2006（11）：2194-2199.

[7] 李世才. 徐家梁子隧道出口段软弱围岩变形侵限防治[J]. 路基工程，2005（4）：164-165.

[8] 王石春，张可诚，李松荣，等. 大瑶山隧道主要工程地质问题[C]//中国地质学会工程地质专业委员会. 全国第三次工程地质大会论文集（上卷）. 成都：成都科技大学出版社，1988：624-630.

[9] 蒋良文，易永进，扬翔，等. 渝怀铁路圆梁山隧道桐麻岭背斜东翼岩溶涌水突泥灾害与整治方案比选[J]. 工程地质学报，2004（S）：134-141.

[10] 王洪勇. 综合超前地质预报在圆梁山隧道中的应用[J]. 现代隧道技术，2004（4）：55-61.

[11] 李佩山，何建林，魏绵峰. 中铁十四局集团隧道分公司建设渝怀铁路武隆隧道纪实[J]. 山东企业管理，2004（7）：4-11.

[12] 李苍松，何发亮，陈成宗. 渝怀线武隆隧道岩溶涌水量计算新方法[J]. 中国铁道科学，2005（5）：41-46.

[13] 张可诚. 大瑶山隧道 F9 断层带坍方分析[C]//中国地质学会工程地质专业委员会. 全国第三届工程地质大会论文集（上卷）. 成都：成都科技大学出版社，1988：618-624.

[14] 党鹏，郝远超. 都汶夺命隧道工程转包调查：死亡线上的交易[N]. 中国经营报，2005-12-31.

[15] 张存根. 鸳鸯会特长公路隧道施工监测分析及施工优化[D]. 北京：北京建筑工程学院，2012.

[16] 王树栋. 复杂地应力区隧道软弱围岩大变形控制技术研究[D]. 北京：北京交通大学，2010.

[17] 姚宣德. 浅埋暗挖法城市隧道及地下工程施工风险分析与评估[D]. 北京：北京交通大学，2009.

[18] 许崇帮，田海宁，周宁. 鳌峰山隧道洞口段风险源辨识与风险评估分析[J]. 公路交通科技，2012（10）：96-101.

[19] 王振卿，何振起. TSP203 地质预报系统在岩溶地区的应用[J]. 工程地球物理学报，2006（1）：60-63.

[20] 负永峰，张存亮. TSP 超前地质预报在东塘沟隧道中的应用[J]. 铁道建筑，2011（6）：71-74.

[21] 翟友成. 基于不确定性理论的隧道地质灾害评价方法[D]. 长沙：湖南大学，2014.

[22] 郝天录. 地质异常的矿产资源定量化预测不确定性评价[J]. 企业导报，2011（12）：111-112.

[23] 何发亮. 隧道施工"地质不确定"问题及其解决[J]. 现代隧道技术，2021（2）.

第 1 篇

不确定或不确定性与地质不确定或地质不确定性

第 1 章　不确定或不确定性

不确定或不确定性，是一个出现在哲学、统计学、经济学、金融学、保险学、心理学、社会学的概念。

不确定或不确定性的出现，最早应是指由于客观事物发展多变及人们对客观事物认识的局限性，导致的人们对客观事物发展预测与预期或实际间的偏差。

1.1　不确定或不确定性定义

不确定或不确定性，指事先不能准确知道某个事件或某种决策的结果。或者说，只要事件或决策的结果存在不止一种的可能，就会产生不确定或不确定性。

在经济学中，不确定性指经济行为者在事先不能准确地知道自己的某种决策的结果，即对于未来的收益和损失等经济状况的分布范围和状态不能确知。或者说，只要经济行为者的一种决策的可能结果不止一种，就会产生不确定性。

在信息论中，不确定性是表征某随机变量的发生有多么可靠的物理量。一般用熵来计算这个物理量，记作 $H(X)$，X 是随机变量。当 $H(X)=0$ 的时候，X 是十分确定的，也即 X 这时就是一个确定的数值。当 $H(X)=1$ 时，X 非常不确定，即 X 的取值非常不确定是哪一个数值。

一般来说，任何没有完全和彻底了解的事物都存在不确定性。

在风险评估领域，"不确定性"一方面是风险的代名词，另一方面也表示人们对风险评估结果的信心。

汉森认为，不确定性是"对于风险评估结果所持信心的量度"。基于此，可以认为，不确定性可以影响风险评估的很多方面，我们对于期望出现的情景、结果情况、概率分配、个人偏好、资产价值并不确定；此外，我们对于自己评估上述这些方面的能力也不确定。

美国国家研究委员会（NRC）认为，不确定性乃是由于信息缺乏或不完整，定量不确定性分析试图分析和描述计算值与真实值之间的差异程度。不确定性取决于数据的质量、数量和相关度，以及模型和假设的可靠性和相关度。

戴维德·科克斯认为："变量是物质世界中需要被度量、分析并做出合理解释的现象，而不确定性是知识的一个方面"。

通常，对于一个企业而言，市场的不确定性影响有大有小，或影响一次营销活动的成败，或可能使企业遭受灭顶之灾，破产倒闭；但企业如果准确把握了市场的不确定性，采取积极有效的应对措施，把握了稍纵即逝的市场机会，企业则得到长足的发展，实现发展的重大突破。也正是由于市场具有的这种不确定性，才导致一些企业或者不敢放手做较长期的规划和投入，或者毫无理性、不顾后果地孤注一掷。

总体上，对不确定性的畏惧是人的普遍心态。即便是被称为货币投机家、慈善家、股票投资者的乔治·索罗斯（George Soros）也曾说过："我什么都不怕，只怕不确定性"。

不确定性的影响是一柄"双刃剑"。因此，认真研究不确定性特别是市场的不确定性，趋利避害，化解可能造成严重伤害的不确定性，力争把损失减小到最低，是一个成熟企业必须做的事；把握、利用甚或刻意创造不确定性，获得重大战略机遇，实现企业发展的重大突破，是一个成熟企业的终极追求。

1.2   不确定或不确定性分类

不确定或不确定性可分为：（1）随机不确定性；（2）认知不确定性。

随机不确定或不确定性，指主要由自然变异和随机性导致的不确定或不确定性。

认知不确定或认知不确定性，指由于缺乏知识导致的不确定或不确定性。

认知不确定性又称为无知和表象不确定性。

无知分为认识到的无知和没有认识到的无知两种。认识到的无知，指知道自己不知道，希望在进行风险分析的时候采取相应措施；没有认识到的无知，是根本不知道自己不知道，更谈不上希望在进行风险分析的时候采取相应措施。

一般而言，随着对有关研究对象知识的逐渐获得，对研究对象的认知不确定性逐渐降低。因此，认知不确定性也称为可降低的认知不确定性。

与随机不确定性相反，认知不确定性依赖于评估者的知识水平，因此也称为主观不确定性。

比较一致的观点是，随机不确定性和认知不确定性间没有固定的界限。随着新的关于研究对象知识出现，随机不确定性降低。因此，随机不确定性也是认知不确定性。

1.3　不确定性分析

对于一个企业而言，产生市场不确定性的因素有：

（1）未来经济形势的变化。如通货膨胀和物价变动；

（2）技术进步使技术装备和生产工艺变革；

（3）生产能力的变化；

（4）建设资金和工期的变化；

（5）国家经济政策和法规、规定的变化。例如，企业的经营决策将受到国家经济政策调整、市场需要变化、原材料和外协件供应条件改变、产品价格涨落、市场竞争加剧等因素的影响，这些因素大都无法事先加以控制。

因此，为了作出正确决策，需要对这些不肯定因素进行技术经济分析，计算其发生的概率及对决策方案的影响程度，从中选择经济效果最好（或满意）的方案。

不确定性分析，是对生产、经营过程中各种事前无法控制的外部因素变化与影响所进行的估计和研究。经济发展的不确定因素普遍存在，如基本建设中就有：投资是否超出、工期是否拖延、原材料价格是否上涨、生产能力是否能达到设计要求等。为了正确决策，需进行技术经济综合评价，计算各因素发生的概率及对决策方案的影响，从中选择最佳方案。其基本分析方法有：盈亏分析、敏感性分析、概率分析。主要计算方案的损益值、后悔值、期望值。

1.4　不确定性规避

不确定性规避，指就感受到的不确定性和模糊情景的威胁程度，试图以提供较大职业安全，建立更正式规则，采用绝对知识和专家评定等手段，对偏离观点和偏离行为的避免。不确定性规避的强弱，通过不确定性规避指数来表示。

日常生活和工作中，通常可以从对规则的诉求愿望、对具体指令的依赖、对计划的执行程度去考虑。一些文化中的雇员推崇明确，并非常乐意接到其主管的具体指令，这些雇员具有高度的不确定性规避，并偏好于回避工作中的模棱两可；别处的雇员则以相反方式进行反应，因为模棱两可并未威胁到他们对稳定和安全的较低需要，这些雇员中甚至可能会对工作中的不确定性如鱼得水。

不确定性规避的表现，倾向影响一个组织使其活动结构化需要的程度，也就是影响到一个组织对风险的态度。在一个高不确定性规避的组织中，组织就越趋向建立更多的工作条例、流程或规范以应付不确定性，管理也相对以工作和任务指向为主，管理者决策多为程序化决策。在一个弱不确定性规避的组织中，很少强调控制，工作条例和流程规范化和标准化程度较低。

在任何一个社会中，人们对于不确定的、含糊的、前途未卜的情境，都会感到面对的是一种威胁，从而总是试图加以防止。防止的方法很多，例如提供更大的职业稳定性，订立更多的正规条令，不允许出现越轨的思想和行为，追求绝对真实的东西，努力获得专门的知识，等等。不同民族、国家或地区，防止不确定性的迫切程度是不一样的。相对而言，在不确定性避免程度低的社会当中，人们普遍有一种安全感，倾向于放松的生活态度和鼓励冒险的倾向。而在不确定性避免程度高的社会当中，人们则普遍有一种高度的紧迫感和进取心，因而易形成一种努力工作的内心冲动。

第 2 章　地质不确定或不确定性

地质不确定或不确定性，最早应是指由于地质学并不像已进入了高度定量阶段、有大量定理和模型、规律可以精密计算的物理学、化学、数学等科学那样，而是到目前为止仍是一门描述科学，地质科学的描述性带来的地质信息的不确定或不确定性。地质信息的不确定或不确定性，最早出现在矿产储量的评估中，多指由于矿岩界面的不确定或不确定性代之的矿产储量的不确定。严格意义上说，对地质现象的观察只能通过一定距离的观测点或取样进行，由于许多被观测对象埋藏于地下，使得地质工作所获得的信息具有不确定性。正是因为地质信息具有不确定性，使得地质推论也具有不确定性。这种不确定性表现为所判断、评价、预测的对象，或不存在，或虽然存在，但在数量上、质量上和性质上有不同程度的出入。如果推论的地质对象不涉及经济或灾害领域，其出入大小只涉及认识的偏差与如何深化问题，无关经济和人民生命财产风险；但如果推论的地质对象涉及经济或灾害领域，则出现了风险问题，需要进行风险评估。

工程建设中的地质特别是不良地质体的不确定或不确定性，极易造成施工中地质灾害的发生。因此，在隧道风险评估中，这被统称为可能导致隧道施工风险的地质风险因素。显然，对工程建设而言，地质不确定或不确定性，有别于其他不确定或不确定性。

2.1　地质不确定或不确定性的定义和产生原因

2.1.1　地质的定义

广义而言，地质指地球的性质和特征。主要指地球的物质组成、结构、构造、发育历史等，包括地球的圈层分异、物理性质、化学性质、岩石性质、矿物成分、岩层和岩体的产出状态、接触关系，地球的构造发育史、生物进化史、气候变迁史，以及矿产资源的赋存状况和分布规律等。

地质学研究地壳的组成物质、构造及各种地质作用，探讨地球的形成和发展。地质学的一大重要任务，就是研究地壳在国民经济建设中的应用，研究的主要内容包括地壳组成物质、地质作用、地壳变动、地质时期生物形态及其分类和演化、地球形成和发展历史、海洋地质现象、矿床的形成及其分布。

作为地质学的分支学科，工程地质学主要研究工程活动与地质环境之间的相互作用。工程地质学将地质学理论与方法应用于工程活动实践，通过工程地质调查、勘察、研究，对工程址区即工程场地的工程地质条件进行评价，解决与工程活动有关的工程地质问题，预测并论证址区内各种工程地质问题的发生与发展规律，提出其改善和防治的技术措施，为工程活动的规划、设计、施工、使用及维护提供所必需的地质技术资料。

工程地质学包括工程岩土学、工程地质分析和工程地质勘察。工程岩土学，研究岩土的工程地质性质、形成原因及其在自然或工程活动影响下的变化规律；工程地质分析，研究工程活动中的工程地质问题及其产生的地质条件、力学机理和发展演化规律，评价工程地质问题对工程活动的不良影响；工程地质勘察，查明工程址区及其外一定距离范围内各种地质因素和地质条件。

具体对工程而言，地质包括：

（1）工程址区内土、土体、岩石、岩体分布位置、接触关系、矿物成分、物理性质、化学性质、力学性质；

（2）工程址区内地层岩层产状；

（3）工程址区内构造（节理、裂隙、断层、断裂、褶皱）分布位置、产状及断层带、断裂带和褶皱的构成；

（4）工程施工揭露后土、土体、岩石、岩体物理性质、化学性质、力学性质的变化；

（5）工程址区内不良地质体—致灾构造分布位置、性质、规模及其因工程施工接近或揭穿可能引发的地质灾害类型、规模和危害。

2.1.2 地质不确定或不确定性产生的原因

导致地质不确定或地质不确定性产生的原因，在工程开工前不外以下几个方面：

（1）工程址区地质条件的复杂性；

（2）实际存在而勘察未揭示；

（3）地球物理勘探成果多解性或解译偏差；

（4）对工程施工开挖揭露后岩体特别是不良地质体状态及岩石性质改变认识不足；

（5）勘探人员能力不足或知识缺陷。

1. 工程址区地质条件的复杂性

地面工程，如桥梁临近江河岸坡位置基岩向江河方向的突出、砂卵石层中存在的巨石，房建基础地层中零星分布的砂透镜体、膨胀岩土；地下工程，如隧道工程穿越不同的地貌单元、地质构造单元、地下水构造单元、地下岩溶系统等，构成了工程址区极为复杂的地质条件，或给工程地质勘察带来困难，或给工程地质勘察制造假象，造成的因工程施工开挖接近、揭穿可能导致施工地质灾害发生的不良地质体的遗漏与位置、性质、规模偏差甚至性质错误，在所难免。

2. 实际存在勘察未揭示

由于钻孔、探槽、探坑数量或布置等原因，致使实际存在且应揭示地质信息未能揭示，特别是勘察钻孔的未揭示，导致根据地面出露地层、岩层、构造产状，推测得到的工程址区地层、岩层、构造的遗漏和分布位置、产状出现偏差，因工程施工开挖接近和揭穿可能导致施工地质灾害发生的不良地质体的遗漏和分布位置、构成、性质和规模出现偏差，致使未揭示土体、岩体物理力学参数及不良地质体物质构成、物理力学参数无法获得，因工程施工接近和揭穿不良地质体可能导致发生的施工地质灾害类型、规模的不清楚。

3. 地球物理勘探成果多解性或解译偏差

地球物理勘探技术，是利用具有不同物理性质（如密度、磁性、电性、弹性波传播速度、放射性等）的地质体（岩层、岩体、矿体、断层、矿巷、岩溶等）对地球物理场所产生的异常分布，圈定地质体分布的一种技术手段。

目前，在工程地质勘察中，应用的地球物理勘察手段主要有磁法勘探、电法勘探、地震勘探等。

采用地球物理勘探方法，进行地质体对地球物理场产生的异常分布探测，不同地质体间的相互干扰，波遇地质体时的透射、绕射，凡此种种，造成了地质体对地球物理场所产生的异常分布的畸变，即异常分布反映地质体的大致形态但绝不是真正的形态；影响地质体地球物理探测结果的因素众多，如地质体的导电性、第四系覆盖层、土石充填物、由破碎岩石块体构成的地质体、由破碎岩石块体及其间空隙充填黏土构成的地质体等，可能因含水率的不同，导致其导电性是一样的，因此不同因素的影响可能导致地球物理探测得到同样的结果，也即地球物理勘探结果存在多解性。

地球物理勘探成果的多解性及不良地质体成果图的畸变特性，直接影响不良地质体的性质判断和分布位置及规模的确定，极易造成因工程施工开挖接近和揭穿可能导致施工地质灾害发生的不良地质体分布位置、性质和规模的偏差。

4. 对工程施工开挖揭露后岩体特别是不良地质体状态及岩石性质改变认识不足

工程施工开挖揭露后：

（1）原本处于地下封闭条件下的岩体、岩石，特别是不良地质体暴露在空气中。

（2）临空面的形成，使基坑坑壁岩体失去侧向限制，隧道与地下工程拱部围岩岩体失去支撑、侧壁围岩岩体失去侧向限制；给高应力环境条件下的基坑壁岩体、隧道与地下工程围岩应力重分布特别是应力释放提供了条件。

（3）基坑涌水、隧道与地下工程施工突涌水，造成地下水流场改变，地下水向已开挖基坑和隧道及地下工程的运移，对基坑边壁岩体、隧道及地下工程拱部及侧壁围岩岩体稳定性起到降低作用。

这些现象往往引起：

（1）基坑壁岩体或隧道及地下工程围岩岩体稳定性发生变化；

（2）某些岩石迅速风化软化；

（3）构成不良地质体的土、土体、岩石、岩体的状态、物理性质、化学性质，特别是力学性质发生变化。

对此，如研究不深、认识不足、处理不及时或处理不当，即基坑边壁岩体或隧道及地下工程围岩岩体稳定性变化、某些岩石的迅速风化软化及不良地质体状态、物理性质、化学性质特别是力学性质的变化得不到有效控制，极易导致基坑边壁坍塌、隧道与地下工程围岩失稳塌方和高应力状态环境条件下的完整坚硬脆性围岩岩爆灾害的发生。

5. 勘探人员能力不足或知识缺陷

勘探人员能力不足或知识缺陷，或导致地层间界线位置偏差甚至错误，或导致因工程施工开挖接近和揭穿可能导致施工地质灾害发生的不良地质体分布位置、规模偏差及性质判断偏差甚至错误，或导致地球物理探测结果解译的偏差甚至错误。

2.1.3　地质不确定或不确定性的定义

综上所述，地质不确定或不确定性，指由于工程址区地质条件的复杂性和地形及环境条件的限制造成的工程地质勘察布置困难和先进勘察技术手段难以得到应用，地球物理勘探成果中不良地质体形态的畸变和地球物理勘探成果的多解性，勘察设计人员能力不足或知识缺陷，以及对工程施工开挖揭露后岩体状态和岩石性质变化及构成不良地质体的土、土体、岩石及岩体物理性质、化学性质特别是力学性质变化研究深度不足，工程施工面对的因工程施工范围及其周边一定距离范围内存在的可能导致施工地质灾害发生的不良地质体的遗漏，不良地质体分布位置、规模判断偏差及性质判断偏差甚至错误，工程施工开挖揭露后岩体状态变化、岩石性质变化及构成不良地质体的土、土体、岩石及岩体物理性质、化学性质特别是力学性质变化，造成的实际揭示地质与设计的不符。

2.2　地质不确定或不确定性的分类及其依据

2.2.1　地质不确定或不确定性分类依据

地质不确定或地质不确定性，无论是事实存在而勘察未揭示、地球物理勘探成果多解性或解译偏差、研究深度不够，还是勘探人员能力不足或知识缺陷所导致，均属于认知不确定或不确定性。

根据地质不确定或地质不确定性问题解决的需要，地质不确定或地质不确定性分类的依据包括：

（1）不确定或不确定性产生原因；

（2）不良地质体位置；

（3）不良地质体性质；

（4）不良地质体规模。

2.2.2　地质不确定或不确定性分类

1. 地质不确定或不确定性产生原因分类

根据地质不确定或不确定性产生原因，将地质不确定或不确定性分为：

（1）实际存在但勘察未揭示不良地质体导致的地质不确定或不确定性；

（2）不良地质体地球物理勘探成果多解性或解译偏差导致的地质不确定或不确定性；

（3）研究深度不够导致的地质不确定或不确定性；

（4）勘探人员能力不足或知识缺陷导致的地质不确定或不确定性。

2. 不良地质体位置不确定或不确定性分类

根据地质界线特别是不良地质体实际位置与设计位置间的关系，将地质位置不确定或不确定性分为：

（1）不良地质体位置提前导致的地质不确定或不确定性；

（2）不良地质体地质位置滞后导致的地质不确定或不确定性。

3. 不良地质体性质不确定或不确定性分类

根据因工程施工开挖接近和揭露可能导致施工地质灾害发生的不良地质体—隧道施工致灾构造性质，将不良地质体性质不确定或不确定性分为：

（1）不良地质体多重性质导致的地质不确定或不确定性；

（2）不良地质体性质错误导致的地质不确定或不确定性。

不良地质体多重性质导致的地质不确定或不确定性，表现为因不良地质体具多重性质、工程施工开挖接近和揭露，可能发生一种施工地质灾害，可能发生多种地质灾害，也可能是多种地质灾害的复合。

以隧道施工开挖揭穿未胶结含水富水压性断层强烈挤压破碎带和含水或富水黏土夹破碎岩石块体充填岩溶为例，未胶结含水富水压性断层强烈挤压破碎带同时具有围岩塌方、涌水、涌泥、突水、突泥和洞内泥石流致灾构造的性质，含水或富水黏土夹破碎岩石块体充填岩溶兼具围岩塌方、涌泥、突泥、洞内泥石流致灾构造性质。隧道施工开挖揭穿后，压性断层强烈挤压破碎带空隙充填含水黏土破碎岩石块体围岩因变形失稳塌方，当含水黏土量大时坍体具流动性产生流动形成隧道洞内泥石流；或富水压性断层强烈挤压破碎带破碎岩石块体间空隙充填的地下水涌出形成隧道内施工涌水，或富水压性断层强烈挤压破碎带破碎岩石块体间空充填富水黏土涌出形成隧道施工涌泥；或富水压性断层强烈挤压破碎带中地下水、富水黏土突破由破碎岩石块体及其间空充填富水黏土构成的自体隔水、隔泥岩土向已开挖隧道空间突出形成隧道施工突水、突泥；或富水压性断层强烈挤压破碎带中破碎岩石块体及其间空隙充填黏土和地下水一并向已开挖隧道空间涌流形成隧道施工洞内泥石流。岩溶充填含水黏土夹破碎岩石块体围岩因变形失稳塌方；或富水黏土夹破碎带岩石块体充填岩溶中富水黏土涌出形成隧道施工涌泥；或含水黏土夹破碎岩石块体充填岩溶中含水黏土突破由含水黏土夹破碎岩石块体构成的自体隔泥岩土盘向已开挖隧道空间突出形成隧道突泥；或富水黏土夹破碎岩石块体充填岩溶中富水黏土夹破碎岩石块体向已开挖隧道空间涌流，或塌方因坍体具流动性产生，形成隧道施工洞内泥石流。

4. 不良地质体规模不确定或不确定性分类

根据地质不确定或不确定性规模，特别是因工程施工开挖接近和揭露可能导致施工地质灾害发生的不良地质体—施工致灾构造规模，将地质规模不确定或不确定性分为：

（1）不良地质体规模偏大导致的地质不确定或不确定性；

（2）不良地质体规模偏小导致的地质不确定或不确定性。

2.3　地质不确定或不确定性及其带来风险的规避

如果说，市场因素的不确定或不确定性对于一个企业而言既是机遇也是挑战的话，那工程址区地质的不确定或不确定性，对工程施工企业而言则只剩下挑战，有时甚至是灾难性的挑战。如果非要说，对工程施工企业而言，工程址区地质的不确定或不确定性还是机遇的话，则是利用对工程址区地质不确定或不确定性及其带来风险的处治机会，积累施工企业处治不良地质体及其引发施工地质灾害经验、提高施工企业不良地质体及其引发施工地质灾害处治技术水平。因此，规避工程址区地质的不确定或不确定性及其带来的风险，是每一个工程建设管理者、设计者和施工者必须面对的重大课题。

严格意义上说，规避指设法避免。因此，地质不确定或不确定性及其带来风险的规避，应包括对因工程施工开挖接近、揭穿可能导致施工地质灾害发生的不良地质体遗漏，不良地质体位置偏差、规模偏差、性质偏差甚至错误，以工程施工开挖揭露后不良地质体状态及性质改变导致的地质不确定或不确定性及其带来风险的设法避免。也因此，地质不确定或不确定性及其带来风险的规避，包括了因工程施工开挖接近、揭穿可能导致重大施工地质灾害发生的不良地质体，也即极高风险因素的绕避和无法绕避的因工程施工开挖接近、揭穿可能导致重大、大及一般施工地质灾害发生的不良地质体的处治，将工程施工风险降到可接受的程度。

2.3.1　主动规避

中华人民共和国成立以来，工程建设特别是地下工程建设遭遇的复杂且严重的施工地质灾害，使工程建设中地质不确定或不确定性的主动规避成为一个不争的现实。《铁路隧道风险评估与管理暂行规定》（铁建设〔2007〕200号）、《铁路隧道超前地质预报技术指南》（铁建设〔2007〕106号）、《铁路隧道超前地质预报技术规程》（Q/CR 9217—2015）、湖北省《公路隧道超前地质预报技术规程》（DB42T 561—2009）、福建省《公路隧道超前地质预报技术规程》（DB35/T 1866—2019）、中国工程建设标准化协会《隧道施工超前地质预报技术规程》（T/CECS 616—2019）等的相继发布实施，即是隧道工程建设中地质不确定或不确定性主动规避的技术依据。

《铁路隧道风险评估与管理暂行规定》（铁建设〔2007〕200号）明确规定，"极高风险"为"不可接受"，因"规避或不惜代价将风险降低到不期望的程度"。

尽管我们深知，即便我们尽了最大努力，工程建设中的地质不确定或不确定性仍然存在，但我们还是努力将因不良地质体遗漏与不良地质体位置、性质、规模偏差和不良地质体暴露状态及性质改变导致的地质不确定或不确定性可能造成的对工程施工的影响降到最低。

在工程建设中，地质不确定或不确定性规避措施包括：

（1）在严格遵照工程地质勘察规范开展工程地质勘察工作的基础上，针对勘察特别是地球物理勘探发现的地质异常，或采取增加勘察钻孔数量，或采用先进地球物理勘探技术手段，进行加深或专项地质勘察，查清工程址区存在的、因工程施工开挖接近和揭穿可能导致重大地质灾害发生的不良地质体；

（2）绕避风险极高不良地质体；

（3）针对勘察发现的不良地质体，开展不良地质体暴露后状态及性质变化的研究；

（4）针对无法绕避的、因工程施工开挖接近和揭穿可能导致重大地质灾害发生的不良地质体，进行不良地质体处治方案设计；

（5）在工程施工阶段，开展施工地质预报或地质探测，准确确定因工程施工开挖接近和揭穿可能导致重大地质灾害发生的不良地质体的分布位置、性质和规模；

（6）根据施工地质预报或地质探测确定的因工程施工开挖接近和揭穿可能导致重大地质灾害发生的不良地质体的分布位置、性质和规模，完善或改进不良地质体处治设计方案；

（7）严格按照修改完善的不良地质体处治设计方案进行不良地质体处治，避免施工地质灾害发生，降低施工地质灾害损失，确保工程施工安全。

2.3.2　被动规避

不得不说，尽管时下我国工程建设中地质不确定或不确定性及其导致风险的主动规避，已成为一个不争的现实，但"挖开看"，也即在工程施工开挖揭示不良地质体后，根据揭示情况再实施不良地质体处治的被动规避的现象，仍然存在。对一些因工程施工开挖揭露后地质灾害发生造成危害较小的不良地质体，如因施工开挖暴露后快速风化软化可能导致围岩变形、失稳塌方的凝灰岩岩脉，如能迅速封闭暴露面，亦可实行被动规避。

必须指出的是，努力将因不良地质体遗漏与不良地质体位置、性质、规模偏差和不良地质体暴露状态及性质改变导致的地质不确定或不确定性及其带来的风险可能造成的对工程施工的影响降到最低，是我辈应尽的责任。

参考文献

[1] HANSSON S O. What is philosophy of risk? [J]. Theoria, 1996, 62(1-2), 169-186.

[2] NATIONAL RESEARCH COUNCIL. Risk Assessment in Federal Government: Managing the Prosess [M]. Washington, DC: National Academy Press, 1883.

[3] KIUREGHIAN A D, DITLEVSEN O. Aleatory or epistemic? Does it matter?[J]. Structural Safety, 2009(31):105-112.

[4] S MODICA, A RUSTICHINI. Awareness and partitional informational structures[J]. Epistemic Logic and the Theory of Games and Decisions, 1999: 151-168.

[5] 成都地质学院普通地质教研室. 动力地质学原理[M]. 北京：地质出版社，1978.

[6] 施斌，阎长虹. 工程地质学[M]. 北京：科学出版社，2019.

[7] 何发亮，郭如军，吴德胜，等. 隧道工程地质学[M]. 成都：西南交通大学出版社，2014.

[8] 中华人民共和国铁道部. 铁路隧道风险评估与管理暂行规定（铁建设〔2007〕200 号）[S]. 北京：中国铁道出版社，2008.

第 2 篇

地质条件的形成及其改变

第 3 章　地质条件的形成

地壳是地球重要的最外圈层，地球的形成决定了初始地壳的形成。包括内、外动力地质作用在内的漫长地质历史时期地质作用的最终结果，形成了包括地壳表面地形、地貌以及地壳表面以下大地构造格局、地层岩石分布、地下水动力剖面分带、不良地质体的分布的地壳地质条件。

3.1　地球的形成

地球大约形成于 45 亿年前，这颗岩石行星最初只是漂浮在太空里源自巨大古老的恒星在寿命终止时的大爆炸的尘埃。在距今 24 亿年以前的太古代，地球表面已经形成了原始的岩石圈、水圈和大气圈。那时，地壳很不稳定，火山活动频繁，岩浆四处横溢，海洋面积广大，陆地上尽是些秃山。

初始地球的平均温度估计不超过 1 000 ℃，所以全部处于固态。

地球形成后，由于长寿命放射性物质的衰变和引力位能的释放，内部慢慢增温，以致原始地球所含的铁元素转化成液态，某些铁的氧化物也将还原，液态铁因密度大而流向地心，形成地核；重物质向地心集中，释放的位能使地球的温度升高约 2 000 ℃，促进了化学分异过程，地壳由地幔中分离出来。

3.2　地质条件的形成

研究表明，地壳表面及浅表层岩石最早时以火成岩为主，后期火成岩、变质岩、沉积岩均有。

地壳表面及浅表层岩石风化、侵蚀、剥蚀作用的产物，在常温常压下，或在原地堆积，或经风、水、冰川等搬运，因搬运力下降在异地堆积，经压实和固结成岩作用形成层状岩石——沉积岩，为水平岩层。

地球内部能量特别是应力的集聚与释放，造成地球内部岩石体完整性的破坏，其中的贯通性节理裂隙特别是断裂成为地壳深处甚至地幔内高温高压岩浆向地壳上部运移直至在地壳表面流动和向空中喷发的通道。

地壳深处甚至地幔内高温高压岩浆，沿早期形成的地壳内部岩石体中的贯通性节理裂隙特别是断裂向上运移、在地面流淌甚至向空中喷发，最终在运移通道形成侵入岩，并造成运移通道周围早期形成的岩石变质形成变质岩；流出地面后的高温高压岩浆，由于压力和温度迅速降低，在地面流淌过程中快速冷凝成岩形成喷出岩；喷向空中的高温岩浆，随着水分的迅速蒸发和液态矿物成分的急速冷凝，以火山灰的形式在高温高压岩浆喷出口周围一定距离范围内坠落形成火山灰沉积。侵入岩、喷出岩与火山灰沉积，共同构成火成岩，或称岩浆岩。

地壳稳定期，以地面及地壳浅表层岩石的风化、侵蚀、剥蚀、原地堆积、经搬运在异地堆积形成沉积岩为主；地壳运动活跃期，以地壳地层岩体破坏，岩浆侵入、喷出，形成侵入岩、喷出岩为主，并导致侵入喷出通道周围地壳运动前形成的地层岩体的蚀变、变质形成蚀变带和变质岩。

包括风化作用、剥蚀作用、搬运作用、沉积作用、硬结成岩作用、岩浆作用中的喷出作用及负荷地质作用在内的外动力地质作用，是对地壳表面的改造；包括地壳运动、岩浆作用中的侵入作用、变质作用在内的内动力地质作用，则是对地壳内部的改造；岩浆作用中的喷出作用，也是对地壳表面的改造；作为内动力地质作用的地震作用，既是对地壳内部的改造，也是对地壳表面的改造和地壳表面改造的促进。

岩层的弯曲、断裂及岩石体中节理、裂隙、断层的发育，破坏了地层岩石体的连续性和完整性；地壳的隆起，使失去连续性和完整性的岩体出露于地面，利于风化作用的进行；剥蚀、搬运作用将堆积于原地的风化作用产物搬离，为未完全风化岩石和新鲜岩石体风化提供环境条件；随着搬运营力的降低，岩石风化产物沉积固结成岩。

岩溶作用的结果，造就了地面和地下岩溶；地壳的隆起，促成了岩溶作用的向深部发展。

因此，今天的地壳地质条件，包括地壳地形地貌、大地构造格局、地层岩石分布、地下水动力剖面分带、不良地质体的分布等，是地壳经历整个漫长的地质历史时期，历经多次地壳稳定期和地壳运动活跃期轮回，构造运动、地震作用、岩浆作用、变质作用、风化作用、搬运作用、沉积作用、固结成岩作用、岩溶作用和负荷地质作用等单独作用或联合作用的结果。

3.3　地质作用

3.3.1　地质作用定义及其分类

地质学将引起地壳物质成分、结构、构造及地表形态等发生不断改变和发展的自然界的各种作用称为地质作用。

根据引起地质作用的地质营力，即自然力的来源，地质作用分为：

（1）外动力地质作用；

（2）内动力地质作用。

外动力地质作用，由地球以外的能源，主要是太阳辐射能引起，包括：

（1）风化作用；

（2）剥蚀作用；

（3）搬运作用；

（4）沉积作用；

（5）固结成岩作用；

（6）岩溶作用。

内动力地质作用，由地球内部能源，主要是热能、重力能和地球自转及转速变化动能引起，包括：

（1）构造运动；

（2）地震作用；

（3）岩浆作用；

（4）变质作用。

3.3.2　风化作用

1. 风化作用及其分类

由于温度变化和大气、水溶液及生物作用，致使裸露在空气中和地面下一定深度（风化深度）的原岩（沉积岩、火成岩、变质岩）岩石在原地发生物理、化学变化的过程，称为风化作用。

风化作用包括物理风化作用、化学风化作用和生物风化作用。

物理风化作用，指由于温度变化、岩石空隙中水及盐分物态变化导致的岩石和矿物发生的不改变其化学成分的机械破坏。岩石和矿物的破坏主要是由于其本身的热胀冷缩和岩石空隙中水及盐分物态变化引起体积胀缩使岩石矿物崩解。

化学风化作用，指出露于地面的岩石，在氧化作用和水的溶解作用、水解作用及水化作用下，造成的岩石和矿物的破坏。

生物风化作用，指生物生命活动过程对岩石和矿物的破坏。包括如植物的根劈作用——生物机械风化作用和生物腐殖质对岩石和矿物的腐蚀作用——生物化学风化作用。

2. 风化作用产物

物理风化作用和生物机械风化作用的产物包括碎屑、崩积物、倒石碓、转石；化学风化作用和生物化学风化作用的产物包括新的岩石和新的矿物；物理风化、化学风化和生物风化联合作用产物是土壤。

岩石风化作用的产物，为剥蚀作用和搬运作用提供了剥蚀和搬运物质。

3. 岩石风化作用影响因素

（1）气候条件

温度变化越剧烈，越潮湿炎热，生物新陈代谢越活跃，越利于岩石的风化。

（2）地形条件

阳坡岩石风化作用强于阴坡，陡坡风化速度大于缓坡。

（3）岩石的矿物成分

单矿物岩石由于矿物晶格稳定，近于各向同性体，其导热率和膨胀系数近于一致，其抵抗物理风化作用能力较多矿物岩石强，岩石风化速度慢于多矿物岩石；含亲水矿物易与水发生化学反应，岩石抗风化能力低。

（4）岩石结构构造

一般而言，结构致密程度较低的岩石，岩石内部空隙大，抗风化能力低于致密结构岩石；等粒结构岩石抗风化能力高于不等粒结构的岩石；裂隙发育岩石抗风化能力低于裂隙不发育岩石。

（5）岩性

基性岩浆岩中暗色矿物多，岩石颜色深，其吸热散热能力较酸性岩浆岩强，抵抗物理风化作用能力较酸性岩浆岩差。

（6）岩体节理裂隙发育程度

岩体中节理裂隙发育程度越高，越易于水的渗入，岩体抵抗风化作用的能力越差。

需要指出的是，深大风化槽中未能被剥蚀搬运走的全强风化产物，作为隧道围岩，稳定性差，无超前支护条件下隧道施工揭露后若初期支护未及时施工，易发生变形失稳塌方。

3.3.3　剥蚀作用

1. 剥蚀作用及其分类

剥蚀作用，指岩石在风化、流水、冰川、风、波浪和海流等外营力作用下，裸露在空气中和地面以下一定深度（风化深度）的包括土壤、松散的岩石碎屑、破碎的岩石块体等岩石风化作用产物从原位剥离的过程。

剥蚀作用可分为：

（1）雨蚀（面蚀和侧蚀）；

（2）洪蚀（下蚀和侧蚀）；

（3）河蚀（下蚀和侧蚀）；

（4）地下水的剥蚀（潜蚀）；

（5）冰川的剥蚀（下蚀和侧蚀）；

（6）风蚀（面蚀和侧蚀）。

降雨强度越大，洪水、河水、地下水水量及流速越大，冰川体量及运动速度越大，风力及风速越大，越利于剥蚀作用的进行，剥蚀深大越大；剥蚀作用将风化作用产物由原位剥离，使非全强风化岩石出露并接受风化作用。

2. 剥蚀作用产物

（1）隆起的地表逐渐被夷平；

（2）风蚀地貌景观，著名者如丹霞地貌；

（3）地下岩溶；

（4）牛轭湖（河流侧蚀使河床摆动弯曲，截弯取直形成）等；

（5）为搬运作用提供搬运介质。

3.3.4　搬运作用

1. 搬运作用及其分类

搬运作用，指地表和近地表的岩屑和溶解质等风化物被外营力由原地搬往他处的过程。

外营力包括水流、波浪、潮汐流和海流、冰川、地下水、风和生物作用等。

按搬运动力，搬运作用可分为：

（1）河流的搬运作用

河流搬运能力的大小，主要取决于河水流速，流速大的水流能携带砂砾等较粗的物质，这些物质在河床底部以被推移或跃移的方式前进，粉砂、黏土以及溶解质在水流中分别以悬移和溶移方式搬运。

（2）风的搬运作用

风的搬运与流水搬运有相似之处，具有推移、跃移、悬移 3 种搬运方式。风速越大，搬运的颗粒越粗，移动的距离越远。风力搬运的分选现象最好。

（3）海浪、潮流、洋流和浊流的搬运作用

海浪搬运作用只在近岸浅水带内发生，具有 4 种搬运方式。海面与海底水流速度上的差异，使得波浪扰动海底所携带的碎屑物质发生移动，其中粗粒物质多以推移和跃移方式向岸搬运，细粒物质多以悬移方式向海搬运，最后在水深小于临界水深的地方，波浪发生破碎，所携带来的物质堆积下来。由于波浪的瞬时速度快，能量一般较高，搬运物多为较粗的砂砾。潮流和其他各种海流与波浪不一样，在较长时间内作定向运动，流速也较慢，故搬运的物质多为较细的粉砂和淤泥，呈悬浮状态运移。潮流作用使海水中携带的细粒物质向海岸方向运动，而粗粒物质向远离海岸方向运动。

（4）冰川的搬运作用

冰川的搬运作用，具有特殊的蠕移方式，特点是能力大。随冰川的缓慢运动，大至万吨巨石，小至土块砂粒，均可被冻结在一起进行悬移，或在冰底受到推移。冰川泥石流可使一些风化物产生跃移。冰川搬运的分选现象最差。

（5）地下水搬运

在可溶岩区，地下水的搬运方式主要以溶移为主。

（6）生物搬运

生物对土层的扰动也起着搬运的作用。

按搬运方式，搬运作用可分为：

（1）推移（滑动和滚动）搬运作用；

（2）跃移搬运作用；

（3）悬移搬运作用；

（4）溶移搬运作用。

在搬运过程中，风化物的分选现象以风力搬运为最好，冰川搬运为最差。

2. 典型搬运作用与搬运作用产物

典型的风的搬运作用是风对地壳表面沙、尘的悬运转移，即沙尘暴；典型的水的搬运作用是水力启动型泥石流。

搬运作用裹挟或携带的破碎岩石块体、岩石颗粒、岩屑、沙、尘、土等，为沉积作用提供了物质来源。

3.3.5 沉积作用

1. 沉积作用及其分类

沉积作用，指母岩风化剥蚀产物被搬运介质（河流水、风、海浪、潮流、洋流、浊流、冰川、地下水及生物等）搬运过程中，由于搬运条件（速度下降或搬运力降低等）发生改变，或到达适宜的场所后，发生沉淀、堆积的过程。

按沉积环境可分为陆相沉积与海相沉积两类。

按沉积作用方式可分为机械沉积、化学沉积和生物沉积三类。

　　广义而言，机械沉积指由于搬运条件（速度下降或搬运力降低等）发生改变，搬运物堆积和形成岩石的作用，狭义的机械沉积指介质（如水）中悬浮状物质的机械沉淀作用。

　　化学沉积，指水介质中以胶体溶液和真溶液形式搬运的物质，当物理、化学条件发生变化时，产生沉淀的过程。

　　生物沉积，指与生物生命活动及生物遗体紧密相关的沉积作用。生物的沉积作用可表现为生物遗体直接堆积；还表现为在生物的生命活动过程中或生物遗体的分解过程中，引起介质物理、化学环境发生变化而导致的某些物质的沉淀或沉积。

　　按搬运动力形式可分为河流、洪流及片流、风、地下水、冰川、湖泊及沼泽和海洋的沉积作用。

　　2. 沉积作用产物及其特征

　　（1）河流沉积作用产物及其特征

　　河流上游沉积：在河流上游，由于坡降大，河流具有较大的动能，河水搬运能力强，细粒物质被冲走，沉积物以河床砾石为主，成分复杂。砾石呈叠瓦状排列，一般厚度不大，常呈透镜体分布于河道之中。

　　边滩与河漫滩沉积：河道在侧蚀弯曲的过程中，河水携带的碎屑物在凸岸一侧沉积。边滩沉积物的成分复杂，常含有植物碎片，粒度变化范围大，规模较大河流的边滩沉积物，以砂为主，有少量的砾石和粉砂；较小河流的边滩沉积物，粒度可粗至砾石级；边滩沉积是单向环流侧向加积的产物。在洪水期，水位增高，洪水中的细粒物质（粉砂、亚黏土等）沉积在淹没于水中的边滩面上，形成河漫滩。因此，河漫滩沉积具有二元结构，即底部为边滩沉积，顶部为河漫滩沉积。

　　心滩沉积：心滩沉积形成于洪水期。在洪水期，河流表流从中央向两侧流，底流从两侧向中心汇聚，然后上升，由于水流的相互抵触和重力作用，使碎屑在河心发生沉积。随着经历洪水期次数的增加，心滩逐渐扩大、加高，最后露出水面。相比较而言，心滩沉积物粒度变化较边滩沉积物物粒度变化大，成分更复杂，有砾石、粗砂，有时还有粉砂和黏土夹层。

　　天然堤与决口扇沉积：洪水期河水越过河岸，由于河水变浅、流速骤减，河水河流搬运过程所携带的大量悬浮物质，很快在岸边沉积下来，形成天然堤。天然堤主要发育在蛇形弯曲的河流中，沉积物为粉砂和泥，一层粉砂一层泥。决口扇，是洪水冲垮天然堤，在天然堤外侧斜坡上形成的扇状堆积物。它在剖面上呈透镜状，厚度自数十厘米到几米。沉积物的粒度比天然堤的粗，主要为细砂和粉砂。

牛轭湖沉积：由于河流的侧蚀弯曲、截弯取直，形成的封闭湖泊称为牛轭湖。其沉积物底部是侧向加积形成的河道沉积物，往上为垂向加积的粉砂和黏土，富含有机质，垂向加积的细粒物质是由洪水期河流所带来的。

山口沉积：来自山区的河流，在流出山口时，由于坡降明显减小，水流无地形约束而散开，河流的搬运能力显著降低，所携带的大量碎屑物便堆积在山口开阔的平地上。沉积物堆积成半圆锥形或扇状地貌，称为冲积锥或冲积扇。山口沉积是在水位突然退落，动力变小过程中沉积的。因此，锥顶沉积物颗粒粗，以砾石、砂为主，向边缘逐渐变细。

河口沉积：当河流进入河口时，水域骤然变宽，再加上海水或湖水对河流的阻挡作用，流速减小，机械搬运物便大量沉积下来。所形成的沉积体形态，从平面上看像三角形，故称为三角洲。从剖面上看，三角洲常具有三层构造，包括顶积层、前积层和底积层。前积层是河水到达河口后，最先在汇水盆地边缘沉积的较粗泥、砂沉积物，它向海洋（或湖泊）方向倾斜，近岸处较陡，随着离岸渐远而逐渐变缓。底积层是河流带来的悬浮物，在前积层的前方形成的水平沉积层，由粉砂和黏土组成，粒细、层薄。顶积层是前积层增长到河底高度时，随着三角洲向海推进，在前积层之上沉积的、近水平的冲积物。值得指出的是，三角洲处于海陆过渡地带，沉积环境较为复杂，既有河流的沉积作用，又有海水的沉积作用，很难把它们分开。

（2）洪流及片流沉积作用产物及其特征

洪流是干旱和半干旱地区主要的地质营力，洪流的沉积作用很普遍。洪流不但具有强大的侵蚀能力，而且具有较强的搬运能力。当洪流携带大量碎屑物质，抵达冲沟口时，水流突然分散，碎屑物质便沉积下来。由洪流形成的沉积物叫洪积物。洪积物在冲沟口所形成的扇状堆积体叫洪积扇。大型的洪积扇中，洪积物具有明显的分带现象。在洪积扇顶部，堆积有粗大的砾石，这是由于水动力在此地带突然降低所致。在洪积扇边缘，地形较缓，水动力更弱，沉积物主要为砂、黏土，并具有层理。在洪积扇顶部与洪积扇边缘之间，沉积物既有砾石，又有砂及黏土。洪积物这种分带现象是粗略的，各带之间没有截然的界线。

洪积物具有如下特点：

① 洪积物分布有明显的地域性，其物质成分较单一，不同冲沟中的洪积物岩性差别较大；

② 洪积物分选性差，往往砾石、砂、黏土混积在一起；

③ 洪积物的磨圆度较低，一般介于次圆状和次棱角状之间；

④ 洪积物的层理不发育，类型单一；

⑤ 洪积物不具二元结构，在剖面上，砾石、砂、黏土的透镜体相互交叠，呈现出多元结构。

片流是一种面状水流，水动力本来就较弱。随着水动力的逐渐消失，所携带碎屑物质在坡坳、坡麓地带形成坡积物。坡积物沿山麓连续分布形成坡积裙。坡积物一般为细碎屑物，如亚砂土、亚黏土等。

坡积物与洪积物经常共存，但由于坡积物来自附近山坡，所以坡积物一般比洪积物成分更单纯，坡积物中砾石含量少，洪积物砾石丰富；坡积物的分选性比洪积物差，磨圆度比洪积物低，砾石的棱角较明显；坡积物略显层状，不具洪积物的分带现象；坡积物多分布于坡麓，构成坡积裙；洪积物分布于沟口，形成洪积扇。

（3）地下水沉积作用产物及其特征

地下水的沉积作用以化学沉积作用为主，一般只在地下河、地下湖才发育一定数量的碎屑沉积，另外还可形成一些洞穴崩塌碎屑堆积。地下水溶蚀搬运的各种物质，在渗流过程中，由于水温及压力等条件改变，便可发生沉积，有利于化学沉积的场所主要是洞穴和泉口。

溶洞沉积物：在灰岩区，当溶有重碳酸钙的地下水渗入溶洞时，压力突然降低，水中溶解的二氧化碳逸出，形成碳酸钙沉淀。地下水在洞顶渗出，天长日久便可在洞顶形成悬挂的锥状沉积物称石钟乳；地下水滴至洞底形成向上增长的笋状沉积物称石笋；当石钟乳和石笋连接在一起时称为石柱；它们统称为钟乳石，其沉积物多呈同心柱状或同心圆状结构。若地下水沿洞壁渗出，可形成帷幕状的沉积物，称为石幔。

泉华沉积物：当泉水流出地表时，因压力降低、温度升高，地下水中的矿物质发生沉淀，沉淀在泉口的疏松多孔物质叫泉华。泉华的成分为碳酸钙时，称为钙华或石灰华；以二氧化硅为主时称为硅华。因泉华物质成分、沉淀数量及泉口地形的差异，泉华可成锥状、台阶状或扇状。

（4）冰川沉积作用产物及其特征

冰川向雪线以下流动，并不是无休止的。随着气温的逐渐升高，冰川逐渐消融，搬运物也就随之堆积。此外，冰川前进时若底部碎屑物过多或受基岩的阻挡，也会发生中途停积。由此可见，冰川的沉积是纯机械沉积。由冰川形成的沉积物统称为冰碛物。

当气候条件稳定时，冰川的前端稳定于一定位置，该位置称为冰前。冰前位置冰川的消融量等于供给量。冰川搬运物不断输送到冰前，堆积形成弧形的垄岗，是为终碛堤或终碛垄。终碛堤或终碛垄外侧较陡，内侧较缓。不同类型及规模的冰川所形成的终碛堤差异甚大。当全球气候变冷，冰川扩展时，即冰进时期，冰川供给量大于消融量，终碛堤被推进，可形成宽缓的终碛堤。在大陆冰川终碛堤的内侧，冰川流动时，因碎屑物过多或受基岩阻挡，搬运物堆积，形成一系列长轴平行于流向的丘状地形，称为鼓丘。

当气候转暖，冰川萎缩时，即冰退时期，搬运物不是运往固定的地点堆积，而是随着冰前的后退堆积在冰床上，这部分冰碛称为底碛。山谷冰川的两侧在冰川退缩时，可堆积成侧碛堤。在复式冰川中，两冰川侧面的复合部位的堆积形成中碛堤。

冰碛物常具有如下特征：

① 山岳冰川碎屑成分与冰川发育区的基岩成分基本一致，大陆冰川的冰碛物成分复杂，并且细粒碎屑中不稳定的成分较多。

② 由于冰川为固体，无分选作用，故冰碛物分选性极差，大至漂砾，小至黏土，混杂堆积在一起，形成"泥包砾"的现象。

③ 冰川中的碎屑颗粒彼此不相摩擦、碰撞，故冰碛物磨圆度极差。

④ 岩块和砾石无定向排列，杂乱无章，亦无层理。

⑤ 冰碛物表面常有磨光面或交错的钉头形擦痕，还可出现凹坑和裂隙。具冰川擦痕的砾石称为条痕石。

⑥ 冰碛物内部化石稀少，常保存寒冷型的孢子花粉。

（5）风的沉积作用

风的沉积属纯机械沉积。风在搬运过程中，因风速减小或遇到各种障碍物，搬运物便沉积下来形成风积物。

（6）湖泊及沼泽沉积作用产物及其特征

湖泊是陆地上的集水洼地，其沉积作用占主导地位。湖泊可分为淡水湖和咸水湖两类。淡水湖以机械沉积为主，咸水湖则以化学沉积为主。

湖泊的机械沉积作用：湖水的机械沉积物主要来源于河流，其次为湖岸岩石的破碎产物。碎屑物质从浅水区进入深水区，由于动力逐渐减小，逐步发生沉积。从湖滨到湖心，沉积物粒度由粗变细，呈同心环状。湖泊与海洋相似，粗碎屑物也可以堆积成湖滩、沙坝和沙嘴；细小的黏土物质被湖流搬运到湖心，极缓慢地沉积到湖底，形成深色的、含有机质的湖泥。湖底较平静，沉积物不受波浪扰动，因此发育水平层理。一般来说，山区湖泊碎屑沉积物的粒度偏粗，平原区湖泊的沉积物粒度较细。

湖泊的化学沉积作用：湖水化学沉积作用受气候条件的控制极为明显，不同的气候区化学沉积物差别很大。

沼泽的沉积作用：沼泽的沉积作用以生物沉积作用为主。沼泽是地表充分湿润或有浅层积水的地带，一般喜湿性植被发育。植物死亡后，堆积起来形成泥炭。泥炭沼泽可分为低位、中位和高位三种类型。低位沼泽低于地下水面，由地表水和地下水补给，植物能得到充足的养分；高位沼泽中部隆起，只能从大气降水得到补给，植物缺乏养分；低位沼泽泥炭最为发育。泥炭是褐色或暗棕色、相对密度 0.7～1.05 的疏松有机物，可作为燃料，亦可作为化工原料和农业肥料。

（7）海洋沉积作用产物及其特征

海洋是巨大的汇水盆地，是最终的沉积场所。

海洋的沉积作用可进一步划分为滨海、浅海、半深海和深海几个环境分区。

海滨的沉积作用：滨海是海陆交互地带，其范围是最低的低潮线与最高的高潮线之间的海岸地带。滨海区当潮汐、波浪和沿岸流的搬运动力变小时，就产生机械沉积。滨海区由于潮汐、波浪的作用还可带来较多的生物碎屑，形成一定的生物沉积。

海滩沉积：海滩是在海岸地带由碎屑沉积物堆积而成的平坦地形。在山区河流的入海口或基岩海岸附近，海滩沉积物主要由砾石组成，称为砾滩。砾石具有较高的磨圆度，扁圆形砾石常具定向性排列，砾石长轴基本与海岸平行，最大扁平面倾向海洋。沙滩主要由砂组成。在波浪的长期作用下，砂粒具有良好的分选性和磨圆度，成分单一，不稳定矿物少，以石英砂最为常见。

潮坪沉积：在宽阔平缓的海岸地带，波浪波及不到这里，只有高潮时海水才能到达，因而这里以潮汐作用为主，此地带称为潮坪。潮流动能小于波浪，仅能把细砂、粉砂和黏土搬运到潮坪上沉积。由于潮水周期性的往复运动，潮坪沉积具双向斜层理现象，沉积物表面发育波痕、泥裂、虫迹等。

沙坝及沙嘴沉积：当海浪从沙质海底的浅水区向岸推进时，在水深约等于两个波高处，进浪与底流相遇。波浪的破碎使动能减小，所携带的泥沙便堆积下来，开始形成水下沙埂，沙埂进一步增高加宽，形成平行于海岸的长条形垅岗，称为沙坝。沙嘴也是由沙粒堆积而成的长条形垅岗，它一端与海岸相连，另一端伸入海中。它的形成过程与沿岸流有关。由于海岸曲折，每一股沿岸流并不随之曲折，当沿岸流推动砂粒前进时，因惯性使砂粒进入海湾区，然后减速发生沉积。另外，两股反向沿岸流相遇时，能量相互抵消，也能使砂粒沉积形成沙嘴。

贝壳堤：在平缓而又坚实的海滨带，牡蛎等软体动物可以大量繁殖，死亡后，其骨骼被波浪冲到海滩堆积形成贝壳堤或介壳滩，如果富集、规模大，可作为石灰原料。

浅海的沉积作用：浅海是海岸以外较平坦的浅水海域，其水深自低潮线以下至水深 200 m 之间。许多地区的大陆架水深在 200 m 以内，地势开阔平坦，所以浅海大致与大陆架相当。浅海距大陆较近、各种生物极其繁盛，是海洋中的最主要沉积区，无论沉积物数量及沉积作用的类型都比海洋中的其他环境分区要丰富得多，古代海相沉积岩中绝大部分也为浅海沉积。

浅海的碎屑沉积：浅海中 90%以上的碎屑物来源于大陆。当不同粒级碎屑进入浅海时，海水的运动使颗粒下沉速度减慢，一些较细的颗粒处于悬浮状态，海流将这些悬浮物搬运到离岸较远的地区；较粗的颗粒沉积在近岸地区。因此从近岸到远岸，依次排列着砾石、粗砂、细砂、粉砂和黏土等。浅海带沉积物的特点是：近岸带颗粒粗，以砂砾质为主，具交错层理和不对称波痕，含大量生物化石，有良好的磨圆度和分选性，成分较单一；远岸带粒度细，以粉砂和泥质为主，具水平层理，波痕不发育，有时有对称波痕，分选好但磨圆度不高，成分较复杂。

浅海的化学沉积：浅海是化学沉积的有利地区，形成了众多的化学沉积物，其中许多是重要的矿产。地质历史时期曾发育过大量浅海化学沉积，现代浅海化学沉积主要发生在中、低纬地区。浅海的化学沉积物主要有碳酸盐、硅质、铝、铁、锰氧化物和氢氧化物、胶磷石和海绿石等。

碳酸盐沉积：在浅海化学沉积物中，碳酸盐类所占比重最大，主要为灰岩和白云岩。碳酸盐沉积的原因是温度升高或压力降低，这样引起海水中 CO_2 含量减少，重碳酸钙过饱和形成 $CaCO_3$ 沉淀。在海水动荡的条件下，碳酸钙以一定的质点（如岩屑）为核心呈同心圆状生长，形成鲕粒状沉积物，成岩后成为鲕状灰岩。已固结或弱固结的碳酸钙被波浪冲碎并搓成扁长形团块，胶结成岩后，形成竹叶状灰岩。

硅质沉积：硅质沉积是浅海化学沉积物的重要组成部分。海水中的硅质一部分来自大陆，它们以溶解硅（$H_3SiO_4^-$）和悬浮硅两种形式存在；另一部分硅质来源于海底火山作用、海水的溶解作用及生物活动。当硅胶进入海洋后，在温度较低、偏碱性的环境中，逐步凝聚而沉积下来，形成蛋白石，进一步脱水形成燧石。燧石常呈结核状、透镜状或条带状产出，颜色多样。

铝、铁、锰及海绿石沉积：海水中的铝、铁、锰等主要来自大陆。湿热气候区，强烈的化学风化作用，使铝、铁、锰呈胶体状态随河流水迁入海水中，在近岸地带遇电解质凝聚沉积，因近岸区海水动荡，形成鲕状结构或豆状、肾状结构沉积物。海成铝土矿由铝的氢氧化物组成，铁质沉积物主要为赤铁矿和褐铁矿，锰质沉积为水锰矿、硬锰矿。海绿石是一种绿色黏土矿物，是由海水中硅、铝、铁的胶体吸附钾离子而成。

磷质沉积：磷主要以 HPO_4^{2-} 的形式存在于海水中，表层海水含磷量低，难以沉积。海洋的下层由于有机物体的分解富含磷质，当富含磷质的海水随着上升洋流到达浅海区后，因压力减小，温度升高，CO_2 的含量降低，磷质发生沉积，形成胶磷石$[Ca_3(PO_4)_2]$。胶磷石和其他沉积物共同组成磷灰岩。当含磷量较高时形成磷矿床。

浅海的生物沉积：介壳石灰岩和生物碎屑岩浅海带生活着大量底栖生物，当它们死亡后，生物的壳体与灰泥混杂沉积，可形成介壳石灰岩；生物壳体或骨骼的碎片可以与其他沉积物混杂形成生物碎屑岩。

生物礁：生物礁是指在海底原地增殖、营群体生活的生物，如珊瑚、苔藓虫和层孔虫等的骨骼、外壳以及某些沉积物在海底形成的隆起状堆积体。珊瑚礁在浅海沉积中有特殊意义，珊瑚虫对生活环境有较严格的选择，只能生活在 20 ℃ 左右的海水中，并且要求水质清澈、盐度正常，水深不超过 20 m，水流通畅而不激烈动荡。在这种环境中，珊瑚虫不断繁生，其骨骼逐渐堆积成礁。如果珊瑚环绕岛的岸边生长，形成岸礁；如果珊瑚礁平行海岸分布，与岸间有一个较宽的水道，则成为堡礁；珊瑚围绕海底隆起的边缘生长则形成环状的礁体，称为环礁。

半深海及深海的沉积作用：半深海是从浅海向广阔深海的过渡地带，水深一般为 200～2 000 m，在海底地形上相当于大陆坡的位置，通常地形坡度较陡。深海是水深大于 2 000 m 的广大海域，其海底地形主要包括大陆基、大洋盆地及海沟等。

半深海及深海离大陆较远，一般来说，粗粒物质很难到达这里，只有浊流、冰川和风以及火山作用，能产生较粗的物质沉积。浊流所悬浮和携带的大量物质，在进入大陆坡脚和深海盆地时，因搬运能力剧减发生堆积，所形成的沉积物叫浊积物。由浊积物构成的扇状地形叫深海扇。深海扇的沉积厚度较大，进入深海平原厚度减小。浊积物主要由黏土和砂组成，还有砾石、岩块、生物碎屑等，具分选性和层理。

陆源物质部分沉积于浅海带，粒径小于 0.005 mm 的悬浮物质进入半深海和深海区。这些物质虽属陆源的悬浮物质，但它们几乎都是胶体性质，可长期悬浮于水中，只有在极安静的水动力条件下才能沉入海底。由于海洋中波浪和洋流的存在，极安静的环境几乎不存在，如果不是胶体物质的凝聚作用，它们可能不会发生沉积。

半深海中的沉积物具有世界共同的特点，即都是一些胶状软泥，其成分大体相似。这些软泥根据颜色的差异有蓝色软泥、绿色软泥、红色软泥等。

半深海及深海的生物沉积主要是一些生物软泥，尤其是深海区分布较广，它是深海沉积的重要部分。大量的浮游生物死亡后堆积，与泥质沉积物混在一起形成生物组分超过 50% 的软泥。生物软泥据其成分和生物碎屑的种类，分为以碳酸钙为主的钙质软泥和以硅质为主的硅质软泥。前者包括抱球虫软泥和翼足类软泥，后者包括硅藻软泥和放射虫软泥。湖泊中的生物作用也可形成腐泥，成岩后称为油页岩。

3.3.6　固结成岩作用

1. 固结成岩作用的定义

固结成岩作用，也称沉积成岩作用，指松散沉积物在上覆沉积物的重荷压力作用下，由于孔隙减少，水分排除，碎屑颗粒间的联系力增强，或碎屑间隙中的充填物质黏结力增大，或因压力、温度的影响，沉积物部分溶解并重结晶，转变为坚硬岩石的过程。

2. 固结成岩作用的产物及其特征

固结成岩作用的产物，即沉积岩。

一般而言，松散沉积物上覆沉积物越厚，重荷压力作用越强，孔隙减少程度越高，水分排除越完全，固结成岩作用越完全，碎屑颗粒间的联系力越强，或碎屑间隙中的充填物质黏结力越大，成岩后的岩石密度越大，空隙率越小，岩石中含水率越低，岩石越稳定，岩石抵抗风化作用的能力越强，越有利于隧道围岩的稳定；反之，重荷压力作用越弱，孔隙减少程度越低，水分排除越不完全，固结成岩作用越不完全，碎屑颗粒间的联系力越弱，或碎屑间隙中的充填物质黏结力越低，成岩后的岩石密度越小，空隙率大，岩石中含水率高，岩石越不稳定，岩石抵抗风化作用的能力越弱，越不利于隧道围岩的稳定。

压力、温度影响越大，沉积物溶解并重结晶的程度越高，成岩过程越完整，岩石越稳定，岩石抵抗风化作用的能力越强，越有利于隧道围岩的稳定；反之，沉积物溶解并重结晶的程度越低，成岩过程越不完整，岩石越不稳定，岩石抵抗风化作用的能力越低，越不利于隧道围岩的稳定。

由于层间结合力较低，相较于由厚层、巨厚层岩石构成的隧道围岩岩体，由薄层岩石构成的围岩岩体稳定性较差。

3.3.7　地壳运动

1. 地壳运动及其分类

地壳运动，指由于地球内部原因引起的组成地球物质的机械运动。地壳运动是由内应力引起地壳结构改变、地壳内部物质变位的构造运动，它可以引起岩石圈的演变，促使大陆、洋底的增生和消亡，并形成海沟和山脉，同时还导致地震、火山爆发等。

地壳运动按发生的时间可分为：

（1）现代构造运动；

（2）新构造运动；

（3）古构造运动。

现代构造运动指人类历史时期所发生的或正在发生的地壳运动，新构造运动是指晚第三纪以来发生的构造运动，古构造运动指晚第三纪以往发生的构造运动。

地壳运动按运动方向可分为：

（1）垂直运动；

（2）水平运动。

垂直运动，也称升降运动或造陆运动，地壳块体沿着地球半径方向发生的上升或下降的运动。垂直运动表现为地壳表面的隆起和相邻区地壳表面的陷落，是高原、断块山及拗陷、盆地和平原形成的原因。地壳表面的隆起及陷落，还可引起海侵和海退甚至海陆变迁，控制着地球表面的海陆分布，影响各种地质作用的发生和发展，形成各种构造形态，改变岩层的原始状态。

水平运动，也称造山运动，地壳在水平方向起主要作用的力，即与地面成切线方向的力（包括地壳的压缩和拉张）作用下，地壳岩层所发生的运动，这种运动使相邻块体受到挤压，或者被分离拉开，或者剪切错动，甚至旋转。水平运动主要使地壳的岩层弯曲和断裂，形成巨大的褶皱山脉和断裂构造。

在整个漫长的地质历史过程中，我国大致经历了寒武纪以前的五台运动、吕梁运动、东安运动、晋宁运动和澄江运动，泥盆纪的加里东运动，二叠纪三叠纪间的海西运动，三叠纪侏罗纪间的印支运动，第三纪的燕山运动和第四纪喜马拉雅运动。

构造运动产生褶皱、断裂等各种地质构造。剧烈的构造运动往往伴生岩浆活动、变质作用，特别是区域变质作用。构造运动引起海、陆轮廓的变化，造成地壳的隆起和拗陷，形成山脉、海沟等地貌形态。构造运动在造成地壳演变的过程中起着重大作用。

2. 中国境内地史时期主要构造运动

在中国境内整个地质历史发展过程中，地壳经历了五台、吕梁、东安、晋宁、澄江、加里东、海西、印支、燕山和喜山运动。

（1）五台运动

五台运动，是新太古代和古元古代间的一次构造运动。五台群是一个夹有超基性岩的以基性火山岩为主、火山旋回发育的绿岩建造，伴有阿尔戈马型的条带状铁建造，发育多期变形变质作用，反映了地壳强烈的活动性，上部地层不整合覆于下伏五台群地层之上。

（2）吕梁运动

吕梁运动，是古元古代和中元古代之间的一次强烈的地壳运动，波及中国陆壳的绝大部分地区，主要表现为中元古代之前的岩石强烈褶皱、断裂、岩浆喷发和侵入活动，区域变质、动热变质作用及混合岩化较强。吕梁运动，造就了中国陆壳广泛的结晶基底。

（3）东安运动

东安运动，是湘西东安溪地区东安群与下伏彭家群（原板溪群内部）间角度不整合所代表的构造运动。

（4）晋宁运动

晋宁运动，指中国西南地区昆阳群、会理群等变形变质并形成该区褶皱基底的一场重要构造运动。

晋宁运动在塔里木-柴达木地块、川西北松潘地块、藏北羌塘地块及阿拉善地块南部至华北地块南部、伏牛山区的隆起带上，均有显著表现，使扬子-塔里木地块基底褶皱固结，转入稳定盖层发展阶段。这一运动对华北地块也有着重要影响，主要表现为震旦纪整体抬升，未接受沉积。

（5）澄江运动

澄江运动，是云南中东部澄江南华纪南沱冰碛层与下伏澄江砂岩之间的微弱角度不整合所代表的构造运动，属南华纪内部的一次褶皱运动。其发生于距今 7.5 亿年左右，运动发生在晋宁运动的后造山磨拉石建造出现之后，属早兴凯（萨拉伊尔）期的地壳运动。

（6）加里东运动

加里东运动，古生代早期地壳运动的总称，指志留纪至泥盆纪形成山地的褶皱运动。加里东运动的完成，标志着早古生代的结束。

（7）海西运动

海西运动，包括海西早期（泥盆纪至石炭纪）的地壳升降运动和海西后半期（石炭纪末到二叠纪）的地层褶皱运动。海西运动形成了许多陷落盆地，造成了地层岩石的褶皱。海西运动的后半期，海西褶皱运动将俄罗斯地块和西伯利亚地块连接起来，形成了亚欧大陆的雏形。

（8）印支运动

印支运动，指三叠纪中期至侏罗纪早期的地壳运动。

印支运动对中国古地理环境的发展影响很大，它改变了三叠纪中期以前"南海北陆"的局面，包括川西、甘肃和青海南部等地的"雪山海槽"褶皱升起，海水退至新疆南部、西藏和滇西一带；长江中下游和华南地区大部分由浅海转为陆地。

（9）燕山运动

燕山运动，指侏罗纪和白垩纪期间中国境内广泛发生的地壳运动。运动形成的大量褶皱断裂山地和大量小型断陷盆地，及伴生的岩浆活动，特别在东南沿海一带花岗岩侵入和火山岩的喷发，显示了太平洋沿岸地带构造活动的加强。燕山运动的结果，使当今中国地貌的构造格局清晰显现。

（10）喜山运动

喜山运动，新生代地壳运动的总称，因形成喜马拉雅山而得名。

西山运动，造就了当今西亚、中东、喜马拉雅、缅甸西部、马来西亚等地山脉及包括中国台湾岛在内的西太平洋岛弧，使中印间古地中海消失。

3. 地壳运动产物

地壳运动的产物——地质构造，包括节理裂隙、断层、褶皱。此外，大的区域性地壳运动，也会造成地层岩石的区域变质形成区域变质岩。

（1）节理（裂隙）

节理，也称为裂隙，是岩体受力断裂后两侧岩块没有显著位移的小型断裂构造（图 3-1）。

图 3-1　玄武岩岩体中的柱状节理

节理按成因可分为原生节理和次生节理。

原生节理，指在成岩过程中形成的节理。如沉积岩中的泥裂，熔岩冷凝收缩形成的柱状节理，岩浆入侵过程中由于流动作用及冷凝收缩产生的各种节理等。

次生节理，指岩石成岩后形成的节理，包括非构造节理（风化节理）和构造节理。构造节理是岩体受构造应力作用形成的节理；非构造节理是岩体由外力地质作用形成的，包括岩石在形成过程中形成的节理，如风化作用、山崩、地滑、岩溶塌陷、冰川活动或人工爆破等引起的节理，常局限于地表浅处。

根据节理与所在岩层产状要素的关系可将节理分为：

① 走向节理：走向与岩层走向近一致的节理；

② 倾向节理：走向与岩层走向近垂直的节理；

③ 斜向节理：走向与岩层走向斜交的节理；

④ 顺层节理：产状与岩层产状近一致的节理。

根据节理走向与区域褶皱枢纽方向、主要断层走向或其他线状构造延伸方向关系，可将节理分为：

① 纵节理：节理走向与区域褶皱枢纽方向、主要断层走向或其他线状构造延伸方向近一致的节理；

② 横节理：节理走向与区域褶皱枢纽方向、主要断层走向或其他线状构造延伸方向近垂直的节理；

③ 斜节理：节理走向与区域褶皱枢纽方向、主要断层走向或其他线状构造延伸方向斜交的节理。

根据节理的力学成因可将节理分为：

① 剪节理：在剪应力作用下形成的节理。剪节理成对出现，产状稳定，节理面平直光滑有擦痕或镜面，间距小且呈羽列现象；

② 张节理：在张应力作用下形成的节理。张节理产状不稳定，节理面粗糙不平无擦痕，稀疏且呈羽列现象；

散布于岩体中的节理（裂隙），其作用仅是破坏了岩体的连续性；张开的贯通性节理裂隙，成为地下水储存和运移的通道；岩体中密集发育多组不同方向的节理（裂隙）时，则破坏了岩体的完整性。

作为隧道围岩，密集节理裂隙发育破碎岩完整性极低，自稳能力差，如节理裂隙中充填地下水则自稳能力更低，易变形失稳塌方；隧道施工揭穿富水密集节理裂隙发育破碎岩体带，易发生涌水，如涌水和塌方同时发生则形成水石流灾害。

（2）断层

断层，指地壳受力发生断裂，沿断裂面两侧岩块发生显著相对位移的断裂（图3-2）。断层规模大小不等，大者可沿走向延伸数百千米，常由许多断层组成，可称为断裂带；小者只有几十厘米。断层在地壳中广泛发育，是地壳的最重要构造之一。在地貌上，大的断层常常形成裂谷和陡崖，如著名的东非大裂谷。

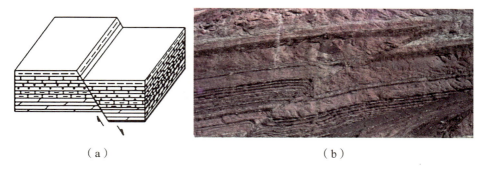

（a）　　　　　　　　　　　　　　（b）

图 3-2　断层示意图

断层的发育分布，破坏地层岩石体的连续性。

按断层两盘相对位移，可将断层分为：

① 正断层：上盘相对下降、下盘相对上升的断层；

② 逆断层：上盘相对上升、下盘相对下降的断层；

③ 平移断层：断层两盘沿断层面作水平相对位移，又称平推断层；

④ 枢纽断层：断层一盘绕轴旋转的断层。

按断层走向与褶皱轴线或区域构造线间的关系，可将断层分为：

① 纵断层：断层走向与褶皱轴或区域构造线方向基本平行的断层；

② 横断层：断层走向与褶皱轴或区域构造线大致垂直的断层；

③ 斜交断层：断层走向与褶皱轴或区域构造线斜交的断层。

按断层走向与其两盘岩层产状的关系，可将断层分为：

① 走向断层：走向与岩层走向一致的断层；

② 倾向断层：走向与岩层走向垂直的断层；

③ 斜向断层：走向与岩层走向斜交的断层；

④ 顺层断层：断层面产状与岩层面产状一致的断层。

从断层对工程的影响考虑，可将断层分为：

① 压性断层：在压应力作用下形成的走向与压应力作用方向垂直的断层。压性断层断层面的产状不稳定，沿走向、倾向有较大变化，呈波状起伏；断层带中破碎物质常有挤压现象，出现片理、拉长、透镜体等现象；断层两侧岩石常形成挤压破碎带，为地下水运移和储集提供了有利条件，而断层带本身由于挤压密实，反倒形成隔水层；断层两盘或一盘岩层常直立，或呈倒转褶皱、牵引褶皱；断层带内常产生一些应变矿物（受压受热重结晶）如云母、

滑石、绿泥石、绿帘石等，两盘强烈挤压破碎带破碎岩石块体长轴，多定向排列；逆断层多属于压性断层。

② 张性断层：在张应力作用下形成的走向与压应力作用方向垂直的断层。张性断层断层面一般较粗糙；断层带较宽或宽窄变化悬殊，其中常填充构造角砾岩，如尚未完全胶结，常形成地下水的通道；沿着断层裂缝常有岩脉、矿脉填充；正断层多属于张性断层。

③ 压扭性断层：指在压应力作用下形成的走向与压应力作用方向斜交的断层。压扭性断层断层面产状较稳定；断层面平直光滑，犹如刀切，有时甚至出现光滑的镜面；断层面上常出现大量擦痕、擦沟等；断裂面可以切穿岩层中的坚硬砾石和矿物；断裂带中的破碎岩石常碾压成细粉，出现糜棱岩，有时也出现一些应变矿物如绿泥石、绿帘石等；平推断层多属于扭性断层。

④ 张扭性断层：在张应力作用下形成的走向与压应力作用方向斜交的断层。张扭性断层断层面产状不稳定；断层面较平直光滑；断层面少擦痕、擦沟等。

一般而言，张性断层由大小不一的、排列无序的岩石块体构成（图 3-3）。作为隧道围岩，自稳能力低，如破碎岩石块体间空隙充填地下水则自稳能力更低，易失稳塌方；张性断层为地下水的储存和运移通道，隧道施工接近或揭穿，极易发生施工涌水、突水，初期涌水、突水中多携带细小岩石颗粒和岩石块体；如涌水和塌方同时发生，则形成携带大小不一破碎岩石块体涌水、突水。

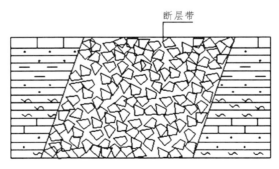

图 3-3　张性断层构成示意图

压性断层上、下盘断层破碎带，均由大小不一的、长轴平行于断层面的破碎岩石块体和充填于局部破碎岩石块体间空隙中的黏土构成（图 3-4）。无水时，作为隧道围岩，自稳能力差，隧道施工揭穿，易失稳塌方。

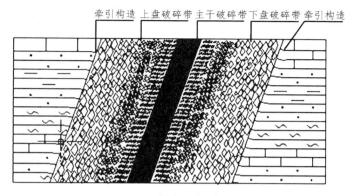

图 3-4　压性断层构成示意图

　　压性断层上、下盘断层破碎带，均是地下水的储存和运移通道。由于压性断层主干断层带断层泥或断层糜棱岩的隔水作用，下盘破碎带水量相对较少，隧道施工揭穿，或富水黏土及破碎岩石块体构成的围岩塌方具流动性形成隧道洞内泥石流，或涌水中多携带黏土细小岩石颗粒；上盘强烈挤压破碎带相对富水，一旦隧道施工揭穿，或由富水黏土和大小不一破碎岩石块体组成的隧道围岩塌方具流动性形成隧道洞内泥石流，或由大小不一破碎岩石块体和充填于局部破碎岩石块体间空隙中的黏土构成的自体隔水隔泥岩土盘在水的渗流作用下破坏，形成初期的突泥、携带泥沙的突水；当携带泥沙的突水将强烈挤压破碎带中黏土和细小岩石颗粒完全带出后，突水水量急剧增大，水质由浑浊变清澈。

　　活动性断层，指晚第四纪以来仍有活动的断层，是现今仍在活动，或近代地质时期曾有过活动，将来还可能重新活动的断层。

　　活动断层的活动，或造成隧道支护结构的开裂，或造成隧道的错断。

　　（3）褶皱

　　岩石受力发生弯曲称为褶皱。

　　褶皱是地壳上最为常见的一种地质构造形态，背斜和向斜是褶皱的两种基本类型（图 3-5）。岩层向上弯曲称为背斜，向下弯曲则为向斜。

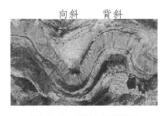

图 3-5　褶皱示意图

按褶皱横剖面形态，可将褶皱分为：

① 开阔褶皱：两翼夹角大于等于 70° 的褶皱，也称宽缓褶皱；

② 中常褶皱：两翼夹角小于 70°、大于等于 30° 的褶皱；

③ 紧密褶皱：两翼夹角小于 30° 的褶皱；

④ 等（同）斜褶皱：两翼夹角近于 0°、两翼岩层产状相通的褶皱。

按褶皱岩层弯曲形态，可将褶皱分为：

① 圆弧褶皱：岩层圆弧形弯曲的褶皱；

② 尖棱褶皱：两翼岩层平直相交，转折端呈棱角状的褶皱；

③ 箱状褶皱：两翼岩层近直立、转折端岩层水平呈箱状的褶皱；

④ 扇形褶皱：褶皱横断面呈扇形状的褶皱；

⑤ 挠曲：横断面呈台阶状弯曲的褶皱。

根据褶皱中同一岩层在平面上纵横向宽度比，可将褶皱分为：

① 穹隆构造：纵横向宽度比小于 3 : 1 的背斜构造；

② 构造盆地：纵横向宽度比小于 3 : 1 的向斜构造；

③ 短轴褶皱：纵横向宽度比小于 3 : 1 ~ 10 : 1 的褶皱；

④ 线长褶皱：纵横向宽度比大于 3 : 1 ~ 10 : 1 的褶皱。

不同性质的岩层，在弯曲错动过程中的表现形式是不同的。低强度的软岩层在压缩作用下，或厚度局部变大，或局部变小甚至尖灭（图 3-6）；高强度硬岩层厚度不变，但容易发生断裂（图 3-7）；脆性岩层错动破碎成为顺层错动破碎带（图 3-8）；在褶皱的转折端，或沿软、硬岩层间形成脱空（图 3-9），或沿褶皱轴向发育明显错动的断裂形成放射状轴向断层（图 3-10）；背斜转折端因岩层断裂或发育断层，岩体破碎，出露于地面易于剥蚀形成剥蚀槽谷、地面河流、溪谷，两翼成山（图 3-11）；沿出露于地面的顺层错动破碎带，亦可因地表径流水的剥蚀，形成剥蚀槽谷、地面河流、溪谷。

图 3-6　软岩层褶皱弯曲压缩尖灭

图 3-7　硬岩层褶皱弯曲断裂

图 3-8　脆性岩层褶皱弯曲错动破碎

图 3-9　褶皱转折端软、硬岩层间脱空

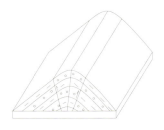

图 3-10　沿背斜转折端发育放射性走向断层

图 3-11 背斜核部岩体破碎剥蚀成谷（河）两翼成山

作为褶皱构造重要组成之一的向斜构造，由于相对隔水层的存在，本身即含若干相对独立含水层；充填地下水的顺层错动破碎带亦为含水层；沿向斜核部发育的走向断层，将原本相对独立的含水层连通，形成统一的地下向斜蓄水构造（图 3-12，图中黑色为含水层、富水顺层错动破碎带、导水断层带）；地表径流水，通过背斜转折端谷地、顺层错动破碎带槽谷，对向斜构造地下水的补给；沿岩层间脱空部位、顺层错动破碎带、褶皱转折端走向断层破碎带的岩溶作用，造就了较之一般地区深度更大的充水岩溶、泥水混合充填岩溶的发育分布。

图 3-12 地下向斜蓄水构造

3.3.8 地震作用

地震，又称地动、地震动，是集聚于地壳内岩体中的极高应变能猛烈释放造成地壳振动、产生地震波的一种自然现象。

地壳板块与板块间挤压碰撞造成板块边沿及板块内部产生错动和破裂，是引起地震的主要原因。

地震地质作用对地壳及地层岩石的破坏，包括地面的隆起及陷落、滑坡及山崩、褶皱及断裂。

3.3.9 岩浆作用

1. 岩浆作用及其分类

岩浆作用，指岩浆从形成、运动到冷凝成岩的全过程中，岩浆本身及其对围岩所产生的一系列变化。岩浆作用是地球内能向外释放的另一种表现形式，可以分为喷出发作用和侵入作用，相应形成的岩浆岩分别称为火山岩和侵入岩。

喷出作用，指岩浆喷出地表后，迅速冷凝成岩的过程，又称为火山作用。岩浆喷出形成喷出岩，也称火山岩。

侵入作用，指深部岩浆沿运移通道向上运移侵入到周围岩石体中但未到达地表的过程。岩浆侵入形成侵入岩。

岩浆作用包括：

（1）高温高压熔融岩浆在上升运移过程中发生的重力分异作用、扩散作用；

（2）与上升运移通道围岩发生的同化作用、混染作用；

（3）随着岩浆温度降低发生的结晶作用；

（4）先结晶矿物随岩浆上升运移由于物理化学条件的不断改变不断与岩浆发生反应产生有规律的新的系列矿物——鲍温反应系列的成矿作用。

岩浆作用按发生位置可分为：

（1）高温高压熔融岩浆在地壳内部上升，在运移通道内活动、演化直至冷凝成岩的侵入成岩作用；

（2）高温高压熔融岩浆近运移通道喷出地表冷凝成岩的喷出成岩作用。

2. 岩浆作用产物的特征

高温高压熔融岩浆沿断裂构造上升运移的速度越低，重力分异作用越完全，扩散作用范围越广，与上升运移通道围岩的同化、混染作用越完全，鲍温反应系列矿物越多；反之，重力分异作用越不完全，扩散作用范围越小，与上升运移通道围岩的同化、混染作用越不完全，鲍温反应系列矿物越少。由于岩浆喷出地壳表面后压力、温度急速降低，失去与上升运移通道围岩的同化、混染作用，岩浆在地面流动过程中尚存重力分异作用、扩散作用和鲍温反应，重力分异作用、扩散作用和鲍温反应程度与岩浆的黏稠度及流动距离呈正相关关系。

岩浆作用的产物包括侵入岩和喷出岩。此外，作为除区域构造运动外的变质作用动力，还导致地壳深处甚至地幔高温高压岩浆向地壳表面运营通道和侵入通道周围岩石的变质。

侵入岩，由于是在岩浆运移通道内形成，压力、温度下降缓慢，矿物多结晶且结晶程度高，多由结晶矿物颗粒组成，接触带侵入岩可见捕虏体。一般而言，深度越大的侵入岩，岩石中矿物的结晶程度越高，矿物颗粒强度和均匀度越高，胶结物的强度越高，岩石结构越接近等粒结构、块状构造，岩石越稳定，抗风化能力越强。

喷出岩，或称火山岩，包括火山熔岩、火山碎屑岩和火山灰沉积。

火山熔岩，指一些低黏度、低挥发分含量的岩浆（如基性岩浆）以熔体形式溢流出火山口，及一些高黏度的酸性岩浆在火山喷发晚期，由于岩浆中挥发分大量逃逸侵出地表，冷凝形成的岩石。由于火山熔岩是高温高压岩浆由火山口喷出地面后在流动过程中形成的，压力瞬间解除，温度急剧下降，矿物结晶程度低甚至来不及结晶，岩石中矿物晶体源自岩浆在运移过程形成，多呈不等粒和斑状结构，气孔状、杏仁张、流纹状构造，岩石稳定性差，抗风化能力弱。

火山碎屑岩主要是一些高黏度、高挥发分含量的酸性岩浆经由爆发式喷发至地表冷凝形成的岩石，岩中往往混有一定数量的正常沉积物或熔岩物质，火山碎屑岩是介于火山熔岩和火山灰沉积之间的过渡类型的岩石，其中 50%以上的成分是由火山碎屑流喷出的物质组成，这些火山碎屑主要是火山上早期凝固的熔岩、通道周围在火山喷发时被炸裂的岩石。火山碎屑物质主要有岩屑、晶屑和玻屑，因为火山碎屑没有经过长距离搬运，基本上是就地堆积，因此颗粒分选和磨圆度都很差。

火山灰沉积，指由火山喷发在空气中的由直径小于 2 mm 的碎石和矿物质粒子构成的火山灰，在重力作用下在火山口周围一定距离范围内坠落在地面堆积固结形成的岩石。因此，火山灰沉积具有类似沉积岩的成层结构。

2. 中国境内地史时期主要岩浆活动

岩浆活动，常常与剧烈的地壳运动伴生，故岩浆活动期与构造运动期是一致的。我国地质历史上，由早到晚，经历了五台、吕梁、东安、晋宁、澄江、加里东、海西、印支、燕山运动和喜马拉雅运动岩浆活动期，不同岩浆活动期具有不同的特点。

（1）五台期岩浆活动

五台岩浆活动期，也称前吕梁岩浆活动期。

火山岩浆活动强烈，但所有火山岩现今大多已构成古老表壳岩的组成部分，主要分布于河北的太行山和燕山，陕西潼关，山西太原南部，河南的嵩箕、林山、桐柏山、大别山东坡、小秦岭崤山、熊耳山区，山西的五台山、吕梁山、中条山、恒山、太岳山及桑干河上游地区，山东沂蒙山区及胶东地区，东北的建平、辽南、吉南，内蒙古的兴和—集宁—凉城、大青山、乌拉山、千里山及阿拉善、宝昌，新疆的塔里木北缘、天山中段、阿尔金山北坡，岩石深度变质，岩石多以斜长角闪岩、斜长角闪片麻岩、变粒岩、麻粒岩、绿片岩等岩类出现，原岩为富铁拉斑玄武岩、科马提岩、玄武岩、安山岩、安山质凝灰岩、英安质凝灰岩、流纹岩以及辉绿岩等，多数属于海底中基性火山岩建造，少数为基性—酸性火山岩建造。

超基性—基性岩侵入岩，常与新太古代地层伴生。吉林南部和辽宁太古代岩层中的超基性岩，常成群成带分布，单个岩体多呈脉状、岩床状产出，岩性为橄榄岩、辉石岩、辉石橄榄岩、角闪石岩，大多已蛇纹石化、透闪石化；五台山、太行山、恒山及山东涝坡等地的辉长—辉绿岩、辉绿岩，有的变质成斜长角闪岩产出；大别山地区大别山岩群中成群分布的超基性—基性岩体多呈脉状、透镜状或岩株顺层产出。

中性—酸性侵入岩，往往与变质变形深成侵入体（正片麻岩）混杂，分布于古老华北陆块之上和大别—苏鲁造山带之内，构成古陆基底的主体成分，最古老的变质深成侵入体为辽宁鞍山地区的白家坟片麻岩，属于始太古代奥长花岗质片麻岩。

（2）吕梁期岩浆活动

岩浆活动的范围与前吕梁岩浆活动期基本一致，除了太古宙岩浆岩分布地区外，在川中-南康滇地轴和东北的额尔古纳、大小兴安岭北端以及张广才岭和老爷岭腹地也有大面积分布。岩石普遍变形，片麻理构造发育，大多数为片麻状花岗质岩石，少量为混合花岗岩；岩石化学成分更加富钾以至演变为钙碱性系列，除辽-吉-冀北地区还有少量英云闪长岩、石英闪长岩、石英二长岩岩石组合外，大量出露的是花岗岩、二长花岗岩，甚至少量正长花岗岩和碱长花岗岩；基性—超基性岩要远远多于太古宙，主要为辉长岩、辉绿岩、辉长辉绿岩、辉长闪长岩以及超镁铁质岩。此外，在川中、南康滇地轴成南北向分布的岩体，其岩石组合是奥长花岗岩、英云闪长岩、石英闪长岩和花岗闪长岩，与太古宙最古老的地壳岩石组合十分相似。古元古代的火山岩分布范围要比侵入岩范围广泛得多，东西昆仑、天山、秦岭、大别山等地都有出露，不仅有基性火山岩，还有富钠质中—酸性火山岩。

华北、东北地区火山岩，广泛分布于辽东、吉南、内蒙古大青山、色尔腾山、阿拉善地区，河北太行山南段和冀东，山西五台山、吕梁山、中条山以及太行山区，山东蓬莱、胶南等地，黑龙江大兴安岭亦有少量分布，岩性以中基性火山岩为主，伴有中酸性火山岩，仅河南为单一的玄武岩类；岩石多变质成黑云斜长片麻岩、斜长角闪岩、变粒岩、绿片岩及科马提岩（少量），原岩为拉斑玄武岩、玄武岩、安山岩、英安岩、流纹岩。新疆地区的火山岩，主要分布于西昆仑山，其余地区如公格尔、铁克力克、天山哈尔克及库鲁克塔格等地也有少量出露，以变质基性、酸性火山岩为主，少量为变质中性、中酸性火山岩，原岩为拉斑玄武岩、安山岩、流纹质英安岩、流纹岩，以钙碱性系列为主，少量为拉斑系列和碱性系列。甘肃-青海地区火山岩，分布于敦煌和龙首山地区敦煌群、龙首山群中，以流纹岩、英安岩及相关成分的火山碎屑岩为主，次为安山岩、安山质混凝灰岩；山丹、东大山一带龙首山群的下部也有以基性和中基性火山岩为原岩的片麻岩、混合岩。北秦岭西段古元古代秦岭岩群中的火山岩，以英安岩为主，夹少量玄武岩，上部为流纹岩，总体为玄武岩-安山岩-流纹岩组合。大别山西段及桐柏山地区桐柏山岩群中的火山岩，为细碧岩-石英角斑岩或玄武岩-流纹岩组合，具双峰式喷发特点。苏鲁交界区大别山岩群中的火山岩，有变质的基性—中酸性火山岩。滇西及川西北地区，新太古代至古元古界康定岩群中，有中深变质基性—中基性火山岩，具双峰式喷发特点。

超基性—基性侵入岩，仅零星分布在柴达木、东昆仑、太行山、五台山、中条山、冀北、苏鲁、川南、滇中、鄂西等地。柴达木东北布赫特山一带、东昆仑山西段、共和县倒淌河北等地见有辉长岩、角闪辉长岩-辉石角闪岩岩株侵入于古元古界；太行山、五台山、中条山地区有变辉绿岩；冀北有角闪辉石岩；苏鲁交界区的大别山岩群中有似层状、透镜状超基性岩体顺层产出，成群分布，岩性为辉橄岩-橄榄岩。四川冕宁等地岩体、群，以角闪辉长岩、橄榄辉长岩、苏长岩等基性岩为主，夹少量纯橄榄岩、辉橄岩、辉石岩等超基性岩，如沙坝、同德的辉长岩和桂花村岩体等；哀牢山及点苍山地区有变质辉石岩和角闪石岩；鄂西黄陵核桃园—樟树坪一带，有超基性—基性岩体，侵入元古宇水月寺岩群岩层间，以辉橄岩、纯橄榄岩为主，另有少量辉石岩、角闪石岩、辉长岩等，呈 NE 向分布。

中性—酸性岩侵入岩，主要分布在华北、东北、四川西部，新疆、青海、甘肃、河南等地也有零星出露。

（3）东安期岩浆活动

东安岩浆活动期，相当于四堡岩浆活动期。

分布格局与前有所不同，华北陆块中心地区冀-晋-辽西出露很少，仅在冀北—内蒙古兴和集宁等地见有二长花岗岩和石英二长岩组合，并有零星的环斑花岗岩和碱性岩-霓辉正长岩小岩体出露；吉南—辽东地区及黑河、张广才岭为二长花岗岩和碱长花岗岩组合，但分布范围不大；西部西昆仑山、东昆仑山、天山南缘、库鲁克塔格、阿尔金山、北山、祁连山、阿拉善、呼和浩特等地区，岩浆岩则分布比较集中，构成了巨大的四堡期岩浆岩带。川北、川南、湘黔交界处、桂北、浙南和海南也有零星出露。

从岩石化学成分上看，除祁连山区还保留有奥长花岗岩、英云闪长岩、花岗闪长岩组合，冀北—内蒙古兴和集宁和吉南—辽东地区还见有奥长花岗岩外，该期主体是花岗闪长岩、二长花岗岩、石英二长岩组合，中性—基性岩如辉长岩、辉绿岩、闪长岩，以及超铁镁质岩的斜长岩、蛇纹石化橄榄岩也较常见，如桂北摩天岭二长花岗岩岩基边部有超基性火山岩-科马提岩，湘北益阳有似科马提岩出露。四堡期火山岩主要以海相基性—中基性火山岩为主，夹有少量中—酸性火山岩，以西部较发育。

火山活动以长城纪为强烈，蓟县纪相对较弱。长城纪火山岩主要分布在新疆、青海、甘肃、山西、河北、内蒙古以及华南等地。

超基性—基性岩侵入岩，主要分布在内蒙古北部、东北北部及南秦岭、川西、鄂西、皖南等地，海南岛也有橄榄岩、辉石橄榄岩、滑石蛇纹岩等岩枝、岩瘤产出。

中性—酸性岩侵入岩，主要分布在西北、东北、华北及华南部分地区。主体沿着华北陆块与西伯利亚陆块之间的造山带分布，主要有阿尔金带、天山带、内蒙古—冀北带、小兴安岭西北带、佳木斯带、吉东带，在昆仑—祁连—秦岭区带中有西昆仑带、东昆仑带、祁连山带、西秦岭带有分布，川北—川南、桂北、海南等地有零星出露。

碱性侵入岩，仅出露在川东北旺苍县，共有中子园、水磨、坪河三个岩体，岩石类型为含副长石类的霞辉岩、霓霞辉岩、磷霞岩、霞石正长岩、碱性正长岩。

（4）晋宁期岩浆活动

晋宁期岩浆活动，主要分布在秦岭—大别山—苏鲁造山带内，向西断续延伸到南天山，在大别山东端折向北北东延伸到胶东和胶南，在华南地区粤西、浙、闽有零星出露。昆仑山—秦岭—大别山—苏鲁造山带内，自西向东，主体以花岗闪长岩为主（东昆仑），包括英云闪长岩、石英闪长岩；到大别山区，由于强烈造山作用，岩石遭受强烈变形改造，大部分变质为英云闪长质片麻岩、奥长花岗质片麻岩、二长花岗质片麻岩，发育有同时代的榴辉岩，在大别山南坡见 NW 走向同时代基性岩墙群，包括辉绿岩、辉长岩、辉绿辉长岩；到胶东和胶南，主要为二长花岗岩和石英二长岩，变质成片麻状构造，同样有同时代的榴辉岩出露。其他地区，除赣西北九岭地区与东昆仑属于同一岩石组合外，岩石大多为二长花岗岩、花岗闪长岩、正长花岗岩，属钙碱系列。晋宁期火山岩大多数为海相中—基性岩，变质为细碧岩和角斑岩，未变质的为玄武岩、安山岩、英安岩组合，局部为英安岩、流纹岩。

甘肃、新疆地区火山岩，仅见于天山东段天湖群中下部，为变中基性火山岩，原岩为富铁（镁）拉斑玄武岩和安山岩，祁连西部见杏仁状安山玄武岩呈透镜状产于大柳沟群中部，阿尔金山北坡龚岔群中下部为安山质凝灰岩、蚀变安山岩、英安岩，少量英安质凝灰岩、英安质凝灰熔岩、碧玉岩，属海底喷发。陕西境内西乡群、铁船山组、刘家坪组为陆相火山岩，主要是流纹岩和英安岩，其次是玄武岩、安山玄武岩、火山碎屑岩等，属玄武岩-英安岩（或流纹岩）组合；碧口群、郧西群、耀岭河群等海相火山岩，则分布于勉县—略阳—宁强三角地区，并延入甘肃、四川两省；兴隆山区皋兰群火山岩为玄武岩-安山岩-英安岩-流纹岩组合。东北地区火山岩，主要分布于黑龙江省的大兴安岭北段、张广才岭东坡、绥芬河二道河子，以及内蒙古中部四子王旗一带，大兴安岭北段火山岩赋存于倭勒根群（原划落马湖群、零点群）之中，早期为中酸性火山岩，中期为中酸性与中基性火山岩，晚期为中酸性火山喷发岩；张广才岭东坡张广才岭群中，为玄武岩、英安岩、流纹岩及少量安山岩；绥芬河二道河子黄松群中，为变质玄武岩、拉斑玄武岩、英安岩、安山岩、流纹岩；内蒙古四子王旗白乃庙组中，为一套受变质的中基性火山碎屑岩与熔岩组合。秦岭—大别山—苏鲁地区火山岩，河南二郎坪（群）期和毛堂（群）期两期火山岩，为细碧岩、角斑岩、石英角斑岩及其火山碎屑熔岩、熔火山碎屑岩；豫西松树沟岩群中的火山岩则已变为斜长角闪岩夹榴辉岩及含柯石英榴辉岩，存在于泽洪沟蛇绿混杂岩中。川鄂地区火山岩，鄂西马槽园群中见有细碧岩；川北平武及川西巴塘地区碧口群及盐井群中，早期有玄武岩溢流，晚期为粗面岩、英安岩、流纹岩喷发；碧口群的火山岩具有蛇绿岩套的层序特征；通木梁群、黄水河群、恰斯群中安山岩形成东西长达千余千米的火山岩带。浙江青白口系中也夹有安山岩-流纹岩组合。皖、赣、湘北地区火山岩，落可崇群及沥口群中有安山岩-英安岩及凝灰质岩石。湘北沧水铺板溪群下部为安山质-英安质火山集块岩-火山角砾岩-凝灰岩。桂北龙胜、三门一带，丹洲群中夹枕状细碧岩。湘西北桃源、安江一带，玄武岩呈岩流、似层状、岩床产出的镁铁质潜火山岩等呈岩脉、岩墙产出 NNE 向带状展布，并喷发或侵入于新元古代地层中，属晋宁晚期。云开大山的云开群及海南的石碌群中，也夹有部分晋宁晚期的中高级变质的细碧岩-石英角斑岩、流纹岩、火山碎屑岩。

超基性—基性岩侵入岩，仅在辽北、晋、冀、豫西、川中、滇中、鄂西等地有零星出露。

中性—酸性岩侵入岩，主要出露在新疆天山—库鲁克塔格区、大小兴安岭区、佳木斯地区、青海东昆仑北缘、秦岭—大别山地区、鲁北—鲁东南地区以及其他零星分布碱性岩零星出露，如中祁连山西段的钠铁闪石二长岩，河南吐雾山等地含钠闪石及霓辉石花岗岩。

（5）澄江期岩浆活动

澄江期岩浆活动，相当于震旦期（南华纪—震旦纪）。

澄江期岩浆活动，较晋宁期微弱，在川中、川陕交界和赣闽交界武夷山区较为集中，新疆北山、库鲁克塔格、吉南、赣南、滇中等地区只有零星出露。川中—川陕一带为南华纪的花岗岩、二长花岗岩组合，其他地区均为震旦纪产物，如武夷山和滇中的二长花岗岩，吉南的英云闪长岩，赣南的橄榄金云火山岩（又称似金伯利岩）、橄榄岩、角闪岩等超铁镁质岩小岩体，而北山地区岩石已遭受变质，成为花岗质片麻岩、花岗闪长质片麻岩、英云闪长质片麻岩组合，但范围很小。黑龙江省新林地区见超基性—基性岩岩体，岩性为蛇纹岩、角闪石岩、纯橄岩、辉石岩、辉长岩、辉长辉绿岩、辉绿岩等。

南华纪火山岩。新疆地区，见于塔里木北缘的柯坪和库鲁克塔格地区，即原划分为早震旦世的柯坪地区的巧恩布拉克组、库鲁克塔格地区的贝义西组火山岩，贝义西组下部为玄武质火山角砾岩、蚀变玄武岩、安山质火山碎屑岩互层，偶见杏仁状玄武岩，总体上以基性火山岩为主，部分为酸性岩；柯坪地区玄武质及流纹质凝灰岩见于东部的巧恩布拉克组下部。陕西地区，郧西群和耀岭河群火山岩，分布于安康、平利和商南地区，郧西群是一套以酸性火山熔岩和火山碎屑岩为主的火山岩建造，主要有流纹岩、霏细岩、英安岩、粗面岩、火山角砾熔岩、火山角砾岩、集块岩、凝灰质千枚岩等；耀岭河群是一套以变质中基性火山岩为主的火山岩系，其中火山碎屑岩略多于熔岩，主要为变玄武岩，角砾凝灰岩、凝灰岩、少量安山岩、石英安山岩，还有较多的潜火山岩相玄武玢岩和粗面斑岩等，属玄武岩（或玄武-安山岩）组合。川西地区，以安山岩、英安岩、流纹岩及同类凝灰岩等为主，少量为玄武岩。湘中麻田、雷祖殿等地，南华系与震旦系之间局部夹苦橄质玄武岩，属拉斑玄武岩系列。湘、粤、闽、赣地区，南华系中部夹细碧岩-角斑岩和凝灰岩，偶有英安岩。江西中南部南华系下部夹细碧岩、角斑岩、石英角斑岩、变玄武岩、变安山岩、变流纹岩及火山碎屑岩，化学成分属钙碱性岩。

震旦纪火山岩。新疆地区库鲁克塔格的扎摩提组、水泉组中，有玄武岩、辉绿岩及少量玄武质集块岩；柯坪地区苏盖特布拉克组中，为玄武岩及潜火山岩相的橄榄粗玄岩等；在阿尔泰东北诺尔特地区喀纳斯群，有安山岩、流纹质英安岩，属安山岩-英安岩组合；富蕴县以南喀喇额尔齐斯组，为玄武岩、安山岩和霏细岩、石英斑岩及其凝灰岩等；柴达木盆地北缘，震旦纪全吉群上部夹有玄武岩及富钾粗面岩。中祁连山西段，震旦纪多若诺尔群内夹有中基性火山碎屑岩及玄武岩。北秦岭东北则为玄武岩-安山岩-流纹岩组合；西秦岭地区下震旦统白依沟群主要为陆相火山碎屑岩，包含凝灰岩、凝灰质砾岩、英安质凝灰岩。大别山南部为变玄武质岩石和变细碧质-变角斑质岩石。秦岭南部周进沟组中有基性火山岩和凝灰岩。

超基性—基性岩侵入岩。新疆地区库鲁克塔格一带，有辉绿岩、辉长岩等岩体。河南栾川等地区内沿断裂分布有辉长岩、橄榄辉长岩、辉长闪长岩等。滇西南地区哀牢山已发现大小数百个超基性—基性岩体，小者长宽仅几十米至数百米，呈 NW—SE 向至近 SN 向分布，以方辉辉橄岩型最多、分布最广、规模最大，其次为纯橄榄岩型、方辉辉橄岩-方辉橄榄岩型和方辉橄榄岩-二辉橄榄岩等。鄂西为纯橄榄岩和方辉辉橄岩。黄陵花岗岩体内有基性—超基性岩体，包括二辉橄榄岩、橄榄苏长辉长岩、苏长岩、辉长岩等，这些岩体往往又被辉长岩及辉绿岩侵入其中。苏北铜山、邳县、睢宁等地产于震旦系中的辉绿岩床，也可能属本期产物。

中性—酸性侵入岩，仅见于四川、吉林、甘肃、江西、福建等地。川中汶川地区区内中性—酸性岩为二长花岗岩-正长花岗岩-碱长花岗岩组合。川西米仓山、龙门山、泸定、泸沽一带，有 30 余个岩体，呈 NE 向分布，以正长花岗岩为主，含碱长花岗岩、碱性花岗岩及少量二长花岗岩，侵入于古元古界南华系中，部分被震旦纪沉积覆盖。吉林南部仅见一处英云闪长岩小岩基。甘肃西秦岭和祁连山东段区内见石英闪长岩、花岗闪长岩、花岗斑岩岩体成群呈 EW 向线状分布。在北山地区也有呈 EW 向分布的震旦纪英云闪长质糜棱岩和花岗闪长质糜棱岩岩体。武夷山区内见震旦纪二长花岗岩岩基，呈 SN 向分布。

碱性侵入岩，在胶南老爷顶、麻山等地有含霓石碱长花岗岩出露。

（6）加里东期岩浆活动

加里东期岩浆活动，是中国较强烈的岩浆活动期。火山岩和碱性侵入岩以秦岭地区最为发育，中性—酸性侵入岩以西北、华南地区分布最广，超基性—基性侵入岩于祁连山、柴达木盆地周缘、秦岭及华南地区均有出露。在全国范围内，中性—酸性岩明显呈 4 个区带分布，北部区为塔里木北缘—祁连山北—冀北以北地区，中部区为昆仑—祁连山—秦岭—大别山区，西南部区为藏滇区，南部区为华南地区。

从岩浆活动的时空演变看，北部区的西段阿尔泰、北南天山、北山以志留纪为主，中段的内蒙古和东段额尔古纳、黑河、大小兴安岭、张广才岭、完达山等地以奥陶纪为主，唯有吉中和辽北为寒武纪；中部区西段西昆仑岩浆活动时期为奥陶纪，东昆仑为寒武纪—奥陶纪，祁连山以志留纪为主，秦岭—大别山为志留纪—奥陶纪；西南部区为寒武纪—奥陶纪；南部区主要为志留纪，局部地区为寒武纪—奥陶纪。

从岩石性质演变看，该期岩浆岩主体为二长花岗岩，北山有石英闪长岩和花岗闪长岩和混合花岗岩，陕南及粤桂交界处也有混合花岗岩出露，大兴安岭和完达山区有碱长花岗岩，天山、阿尔金山、祁连山则伴有志留纪、奥陶纪蛇绿岩产出。

火山岩又可细分为早（寒武纪）、中（奥陶纪）、晚（志留纪）3 个活动亚期。

阿尔泰—北山—贺根山—大兴安岭区，属于西伯利亚板块南缘，在中国境内可分为西、中、东三段。西段阿尔泰地区晚奥陶世以安山岩、流纹岩及安山质熔结凝灰岩为主，局部有辉石安山岩及玄武岩，中、晚志留世为玄武-安山岩组合；北山地区中晚奥陶世为安山岩-流纹岩组合；塔尔巴哈台区以枕状玄武岩、安山岩为主。中段居延地区中奥陶世为玄武岩-安山岩组合。东段东乌旗地区中奥陶世为安山岩-流纹岩组合。多宝山地区中、晚奥陶世为安山岩-英安岩组合，并有少量玄武岩，见有细碧角斑岩建造，以角斑岩为主，中晚志留世为玄武岩-安山岩-流纹岩组合。

阿拉善—内蒙古中部—辽北地区，属华北陆块北侧火山岩带，呈 EW 向展布，分南、北两带。北带主要为拉斑玄武岩与蛇绿岩带相伴生。南带主要为中奥陶世岛弧火山岩组成，内蒙古中部为玄武岩-安山岩组合；白乃庙地区为绿片岩化基性熔岩；西拉木伦河南为安山岩-流纹岩组合。内蒙古白云鄂博以北和乌拉特中旗德日斯—乌拉特后旗一带，以及东部克什克腾旗等地，奥陶纪为玄武岩、安山岩、英安岩及其火山碎屑岩，并见有细碧岩（五道石门），是一套以基性岩为主，包括中性—酸性火山喷发产物；额济纳旗等地为中奥陶世玄武岩、安山玄武岩、安山岩、英安岩及安山质火山碎屑岩，以及极少的流纹岩，为一套中—基性火山岩建造，中志留世为一套以中性火山岩为主的中基性、中酸性火山岩组合，为安山岩、流纹岩、玄武安山岩，及其火山碎屑岩。

塔里木盆地北侧区由近 NW 向博罗科努带和呈 NEE 向哈尔克山带组成。哈尔克山带：中奥陶世为中基性和中酸性火山碎屑岩，早志留世为酸性熔岩及少量火山碎屑岩，中晚志留世为中基性火山岩与中酸性火山岩组成，具双峰式特点。

博罗科努山带，由中奥陶世细碧角斑岩、中志留世中基性熔岩组成。北山火山岩带：中奥陶世为安山岩、安山玄武岩、英安岩夹流纹岩，中晚志留世为安山岩、英安岩、流纹岩。在塔里木东北缘早寒武世为玄武岩、凝灰岩、集块岩组成。

准噶尔盆地西北缘区，为奥陶纪和中晚志留世玄武岩-安山岩-流纹岩组合，在唐巴勒及玛依勒山一带，分别与同时代的蛇绿岩相伴产出。

锡林浩特以南地区，由已变质为绿片岩的早寒武世玄武岩及中酸性火山岩组成，在其南缘与蛇绿岩相伴产出，并组成蛇绿岩带。

佳木斯隆起西缘区，主要由早—中奥陶世中、酸性火山岩组成，在依兰—嘉荫一带，早奥陶世为流纹岩、变中基性火山岩或石英角斑岩、细碧岩，具双峰式特点。张广才岭西坡，以中奥陶世安山岩为主，次为英安岩及少量的火山碎屑岩。

大兴安岭区，黑龙江罕达气地区主要为中奥陶世安山岩，少量英安岩、玄武岩及其火山碎屑岩类，并见有细碧角斑岩，中志留世为玄武岩、玄武安山岩、安山岩，及其火山角砾岩；伊春地区、汤原县宝泉地区早奥陶世为玄武岩、安山岩、流纹岩及凝灰岩、凝灰熔岩，并见有少量细碧岩、石英角斑岩，早志留世是一套受变质具片理化的流纹岩、流纹质凝灰熔岩、英安岩、安山岩。

吉中地区晚奥陶世以英安质凝灰熔岩为主，次为安山岩、流纹岩，构成中性—中酸性—酸性火山喷发旋回。

祁连山—北秦岭区，该带火山岩有 3 类，玄武岩-流纹岩组合、细碧岩-石英角斑岩组合和碱玄岩-粗面岩-响岩组合，具有双峰式特点。北秦岭带北部，早古生代火山岩为巨厚的细碧岩夹少量的石英角斑岩和角斑岩；北秦岭南部主要是晚奥陶世玄武岩-流纹岩组合。北祁连山带，早寒武世时，西段主要为玄武岩-流纹岩组合，东段为细碧岩-石英角斑岩组合。中奥陶世火山活动最强，分布最广，以玄武岩-流纹岩组合与细碧岩-石英角斑岩组合交替出现；晚奥陶世为拉斑玄武岩-安山岩或英安岩组合；志留纪时呈现点状喷发，为玄武岩-英安岩-流纹岩组合。在拉脊山一带，中上寒武统火山岩主要由玄武岩（细碧岩）、火山角砾岩组成。在南秦岭，少量出露寒武—奥陶纪辉斑玄武岩及其火山碎屑岩，早志留世为玄武岩-英安岩-流纹岩组合。

松潘—甘孜区，区内仅在义敦地区见有基性—中酸性火山岩，主要为安山岩组合，是华力西期岩浆活动的前奏。

低喜马拉雅区，在阿波尔山南部，震旦纪至早古生代米里群中有层状及脉状产出的中性—基性海相火山熔岩；路东—林根之间，见玄武岩夹有 5 层火山角砾岩，可能是加里东期产物；藏中班戈县境内的志留系东卡组夹少量中酸性火山岩。

川西巴塘地区，上寒武统上部夹数十米厚的玄武岩、亚碱性玄武岩、苦橄岩和石英斑岩透镜体。

华南地区及其他地区，仅在桂北、东南、粤西及海南部分地区见有加里东期火山岩。桂北大明山一带为早奥陶世角斑岩及火山碎屑岩；桂东南及粤西为早志留世，海南为奥陶纪—志留纪海相细碧岩、石英角斑岩、英安岩、流纹岩及其火山碎屑岩。河南内乡—石燕河一带为中奥陶世玄武岩及其火山碎屑岩。

超基性—基性侵入岩，集中分布在阿尔泰、祁连山、北山、柴达木、内蒙古、贺兰山、色尔腾山等地区，常常是蛇绿岩的组成部分，并构成重要的构造岩浆带。

中性—酸性岩侵入岩，中性—酸性岩分布广泛。早期（寒武纪）零星分布在新疆库鲁克塔格、大兴安及其周边、青海中部、华南等地；中期（奥陶纪）在早期的基础上，逐步扩大到塔里木北缘—祁连山北—冀北以北地区，同时在昆仑—祁连山—秦岭区和阿尔金山也已初步显露，到了晚期（志留纪），祁连山和华南成为更为显著的岩浆活动区。晚期岩体主要见于天山、阿尔泰、东准噶尔、大兴安岭、昆仑山、祁连山、秦岭、华南以及其他地区。

碱性侵入岩，零星分布在祁连山和秦岭等地。中祁连山地区，为钠闪石花岗岩、碱长花岗岩与正长岩伴生。北秦岭中段有霓辉石正长岩、钠铁闪石正长岩、正长岩等正长岩-碱性正长岩组合，侵入志留系，被石炭系覆盖。南秦岭北部有早—中期二长白岗岩和正长白岗岩等碱性小岩株；南秦岭南部有正长岩-碱性正长岩组合，以含霓辉石、霞石、钠闪石的正长岩最发育，与富钠钛超基性侵入岩及碱性火山岩共生。

（7）海西期岩浆活动

海西期岩浆活动，也称华力西期岩浆活动，基本继承了加里东期构造岩浆活动的格局。北部塔里木北缘—祁连山北—冀北以北地区活动更加强烈，范围更加广泛；中部昆仑—祁连山—秦岭—大别山区基本保持加里东期的格局；西南部藏滇区和南部华南区岩浆活动大为减弱，仅在局部地区有所显示。阿尔泰、天山—兴安岭、昆仑山、柴达木、藏北、藏东和三江地区是华力西期岩浆活动最强烈的地区。

从活动的时间分析，北部区西段以中期（石炭纪）为最盛，早期（泥盆纪）次之，偶有晚期（二叠纪）活动，中段（内蒙古）和东段（大小兴安岭、张广才岭、冀辽）以晚期为主体，偶有早、中期的活动，其中内蒙古二连—贺根山一带早期见有超基性—基性岩浆活动；中部区由西（西昆仑）向东（东昆仑）活动由中期逐渐过渡到中晚期；藏滇区岩浆活动十分微弱，仅有零星的中期岩体出露；华南区以晚期（二叠纪）岩浆活动较为发育。总体而言，岩浆活动由老到新逐步由西向东迁移。

从岩性特征分析，北部区，由西向东由二长花岗岩、正长花岗岩、斜长花岗岩组合到二长花岗岩、花岗闪长岩组合；中部区，中期由西向东由二长花岗岩、花岗闪长岩组合到二长花岗岩、正长花岗岩、斜长花岗岩组合，晚期由正长花岗岩、斜长花岗岩组合到二长花岗岩、花岗闪长岩组合。北部区和中部区同时伴有中性、基性、超基性岩浆活动，并构成十分醒目的泥盆纪、石炭纪和晚古生代蛇绿岩带。藏滇区和华南区主要为二长花岗岩和花岗闪长岩，在桂东、粤西一带还出露有石炭纪—二叠纪混合花岗岩。

海西早、中期火山岩：

天山—兴安岭区，阿尔泰亚带早期先阶段以酸性火山岩为主，中阶段是酸性到基性，晚阶段为安山岩、英安岩；中期先阶段为安山岩-英安岩-流纹岩组合，晚阶段为玄武岩-安山岩-流纹岩组合。准噶尔亚带早期先阶段为玄武岩-安山岩-流纹岩组合，中阶段为玄武岩-安山岩、流纹岩-英安岩组合，晚阶段以海相玄武岩-安山岩为主，最后为陆相流纹岩，具双峰式特点；中期先阶段为陆相玄武岩-流纹岩组合，晚阶段西部为基性熔岩，东部以流纹岩为主；兴安岭亚带早期先阶段为中酸性岩，晚阶段为中基性火山岩、石英角斑岩，呈双峰式特点，中期先阶段为玄武岩-安山岩-流纹岩组合，晚阶段为陆相安山岩-英安岩-流纹岩组合。

塔里木—阿拉善—内蒙古中部—晋北、冀北地区，博罗科努—觉罗塔格带早期中阶段先酸性、后基性，为安山岩-流纹英安岩和基性火山岩组合，中期先阶段安山岩-英安岩-流纹岩组合，晚阶段为玄武岩-安山岩-英安岩组合。索伦山带中期先阶段以安山岩为主，晚阶段为中基性岩。哈尔克山—萨阿尔明带早期先阶段为安山岩-玄武岩组合，中阶段为玄武岩-流纹岩组合，晚阶段为基性岩；中期仅有少量的中基性岩出露；伊宁带中期先阶段为玄武岩-安山岩-流纹岩组合，晚阶段为中酸性岩。北山带早期晚阶段为安山岩-流纹岩组合，中期先阶段以流纹岩-玄武岩为主，晚阶段为玄武岩-安山岩-流纹岩组合；赤峰带早期先阶段基性火山岩；中期先阶段为玄武岩-酸性凝灰岩互层。吉中地区中期先阶段为细碧角斑岩建造，具双峰式特点。锡林浩特地区中期为流纹岩-英安岩-石英角斑岩，北东缘为海陆交互相—陆相中酸性火山岩。

昆仑—秦岭地区，西昆仑山北缘带主要为中期的玄武岩-安山岩-流纹岩组合，局部有晚期橄榄玄武岩-安山岩组合。柴达木南北缘带主要为早期晚阶段，北缘东段为陆相中基性熔岩，中段为海陆交互相中酸性凝灰熔岩、海陆交互相中酸性岩；南缘中段为陆相中基性—中酸性熔岩。南秦岭带早期中阶段为海相玄武岩-安山岩-英安岩-流纹岩组合，中期为玄武岩-安山岩组合，局部有拉斑玄武岩-玄武安山岩-安山岩组合。

羌中南—唐古拉—保山地区，主要为中期火山岩，先阶段为碱性—过渡性玄武岩、拉斑玄武岩，晚阶段为一套基性熔岩，并包括火山-沉积岩，属拉斑玄武岩组合；在左贡、类乌齐一带为大陆拉斑玄武岩。

羌北—昌都—思茅区，早、中、晚期均有火山活动，以中、晚期为最强烈，澜沧江带主要为玄武岩-英安岩-流纹岩组合，金沙江带中晚期均为细碧岩和变玄武岩，但晚期晚阶段以中酸性火山碎屑岩为主；哀牢山带以晚期火山岩较发育，早阶段为海相，晚阶段为陆相，有玄武岩、安山岩、碱质流纹岩等。

松潘-甘孜区，早、中期夹有玄武岩、细碧岩、火山碎屑岩，晚阶段为海相玄武岩组合，具双峰式特点。

华南地区，桂西南早期为玄武岩及粗面岩，中期为玄武岩及火山角砾岩，晚期为玄武岩，局部有流纹岩。海南有少量中期的玄武岩、流纹岩，呈双峰式特点，其他地区仅有零星的早、中期火山岩出露。

海西晚期火山岩：

新疆地区，阿尔泰仅见于富蕴县库尔提南，为杏仁状安山岩、玄武岩、火山角砾岩。准噶尔地区的早中二叠世火山岩一般均为陆相玄武岩、安山岩、辉石安山岩及中性—酸性火山角砾岩、凝灰岩；南部吐鲁番—哈密盆地边缘，下段为酸性火山角砾岩、石英斑岩，上段为橄榄玄武岩夹石英斑岩和火山碎屑岩。天山地区均为陆相中心式喷发酸性熔岩、英安岩、熔结凝灰岩、玄武岩、橄榄玄武岩、安山岩夹英安斑岩、石英斑岩及其火山角砾岩；中、晚二叠世火山岩为凝灰岩、凝灰砾岩、流纹岩、拉斑玄武岩、安山质的沉凝灰岩、集块岩等。柯坪地区为凝灰岩、玄武岩、玻质玄武岩、辉绿-粗玄岩，偶见石英斑岩和火山碎屑岩，属海陆交互相喷发物。

昆仑和喀喇昆仑地区，仅在北部叶桑岗西段有晚二叠世安山岩、英安质流纹岩、凝灰岩、火山角砾岩等。

北山地区，为安山岩、中性—酸性凝灰岩、火山角砾岩、玄武岩、粗玄岩、辉绿岩、石英斑岩质凝灰岩。北山南部地区有长达数百千米的火山岩带，早中二叠世早阶段为规模不大的中基性岩浆喷发，中阶段为规模较大的中、酸性岩浆喷发，晚阶段又为基性岩浆喷发，到晚二叠世，火山岩仍分布于北山南部，为陆相中心式喷发岩，除红柳园西和马鬃山等地有少量中基性火山岩外，其余地区均为中酸性、酸性熔岩和火山碎屑岩，成分变化不大。以红柳园大奇山为中心，火山岩向东西逐渐减少；火山碎屑岩沿走向变化大，向东西两侧逐渐为熔岩替代。熔岩主要有流纹岩、流纹质凝灰熔岩、流纹质角砾熔岩、英安岩等。

青海地区，大致分为北、中、南三带，柴达木西南缘大柴旦镇北西至玛温根山为北带，东昆仑山南坡至阿尼玛卿为中带，沱沱河—杂多、玉树为南带，北、中带火山岩均产于下中二叠统中下部，以中酸性熔岩及火山碎屑岩为主，并有少量玄武岩、细碧岩、安山岩，枕状构造发育。南带火山岩产于下中二叠统布青山群，在西部马尔争以基性火山岩为主，其次为中性熔岩及少量火山碎屑岩；布青山一带，以细碧岩为主的基性熔岩；积石山一带以基性熔岩为主，部分为细碧岩，发育枕状构造。

吉、黑、蒙地区，黑龙江龙江县、黑河市、延寿县青龙屯、阿城区亚沟、密山市二龙山及宝清县勇进桥等地的下、中二叠统高家窝棚组、青龙屯组、二龙山组，以陆相喷发的安山岩及其凝灰岩为主，局部见有少量玄武岩和安山玄武岩。晚二叠世火山岩分布于嫩江县、铁力市、伊春市、阿城区、尚志市、木兰县等地的五道岭组，为安山岩及凝灰岩等喷发物。吉林桦甸市、磐石市以及永吉县等地区的下、中二叠统大河深组或一拉溪组，为浅海相喷发的流纹岩、安山岩及其火山碎屑岩等。上二叠世统末马达屯组火山岩，分布于九台区马达屯等地，以陆相中酸性火山喷发的安山岩及火山碎屑岩为主，次为流纹岩。内蒙古的扎赉特旗、布特哈旗，以及中东部克什克腾旗、东乌旗盐池北山和敖汉旗等地，赋于下、中二叠世统大石寨组、高家窝棚组的火山岩，以安山岩及其凝灰岩为主，次为流纹岩及其凝灰岩，局部见细碧-角斑岩和少量玄武岩，总体上属于浅海相中酸性火山喷发产物。

喜马拉雅区，见于雅鲁藏布江地区下二叠统曲嘎组及西斯塔组碳酸盐岩沉积地层中，主要有细碧岩、玄武岩、凝灰岩；西斯塔组中主要是安粗岩及其火山碎屑岩。拉萨地区二叠系洛巴堆组中夹有安山岩等火山熔岩。在左贡、类乌齐一带，则为玄武岩-细碧岩-碱玄岩-玄粗安岩-流纹质火山碎屑岩。

滇、黔、川地区，见于滇西南景洪地区下二叠统（海相）及上二叠统（陆相）地层中，岩性包括玄武岩、安山岩、碱质流纹岩等。哀牢山带也是早阶段为海相，晚阶段为陆相玄武岩、安山岩、碱质流纹岩等。滇西北澜沧江东岸，石炭—二叠纪火山岩以玄武岩、英安岩、流纹岩为主，少量安山岩。川西义敦地区，上二叠统主要为玄武岩及火山碎屑岩。理塘—道孚地区，上二叠统主要为蚀变橄榄玄武岩、细碧岩、粗玄岩、苦橄岩及火山碎屑岩，熔岩枕状构造发育；甘孜—理塘一带尚有少量粗面岩、霓辉钠长岩等。青南、川西、滇北地区，以四川盐源—云南宾川一线为界，此线以西，晚二叠世火山岩为海相喷发，以东为海陆交互相。四川天全—贵州贵阳—云南建水—四川攀枝花连线以内三角形地区分布的峨眉山玄武岩，呈岩被覆于二叠系茅口组灰岩之上，属华力西晚期至印支早期产物。在川滇边境，往往下部以海相玄武岩为主，枕状及杏仁状构造发育，向上渐变为陆相，火山碎屑岩增多；黔西地区，下部主要为火山粗碎屑岩夹熔岩，上部以火山细碎屑岩为主或熔岩与细火山碎屑岩互层。

桂西南的二叠系中夹玄武岩及少量玄武质火山碎屑岩及流纹岩，厚度均小。由早至晚岩性呈基性—中性—酸性演化规律，玄武岩中常见枕状构造。广东境内二叠系中，局部夹中性火山岩；赣西吉安—湘中—广西梧州地区，二叠系中局部夹火山碎屑岩。内蒙古西部的额济纳旗见有单一的玄武岩及其火山碎屑岩，赋存于下中二叠统菊石滩（金塔）组中。此外，辽宁建平地区的下、中二叠统大石寨组（斑布拉嘎组）中也有中基性、中性、酸性火山岩。

海西期侵入岩：

中性—酸性岩侵入岩，除陕西、宁夏两省（区）外，华力西期中性—酸性岩在西北地区都十分发育，出露广泛，岩石类型复杂多样，往往构成规模宏大、绵延数百至上千公里的侵入岩带或岩区。根据其生成时代，可分为早、中、晚三个亚期。

碱性侵入岩，仅有零星分布。东准噶尔哈尔特—二台地区有霓石正长花岗岩。北山地区有岩株或岩墙状霓石正长岩。察哈尔右后旗忠义堂—巴音高勒一带，碱性正长岩（忠义堂），呈岩株产出，主要为角闪石正长岩、霓辉正长岩和少量辉石正长岩、石英角闪石二长岩，局部地段出现霞石正长岩，由于生成时代较晚，往往侵入了同期花岗闪长岩中。滇西南镇康木厂等地，也见有少量含霓石、碱性闪石的碱性花岗岩。川西冕宁—西昌—攀枝花一带沿安宁河断裂带有碱性岩分布，岩石类型有霞辉岩、霓霞辉岩、霞辉岩、磷霞岩、霞石正长岩等，岩体侵入于二叠纪至早、中三叠世地层中，被上三叠统沉积覆盖，为华力西晚期至印支期形成。甘孜—理塘一带也有少量霓辉钠长岩，岩石中均含少量碱性暗色矿物。新疆塔里木北缘、南天山、黑英山地区也有出露，岩石主要为霓辉石花岗岩、霓霞正长岩）。

（8）印支期岩浆活动

印支期岩浆活动，仍然继承了加里东期的构造岩浆活动格局。

北部区主要集中在东北、华北地区，中部区、藏滇区和华南区岩浆活动明显增强。从岩性特征分析，北部区以花岗岩为主，向东出现二长花岗岩、正长花岗岩组合，有碱性岩石（霓辉正长岩、霓霞正长岩、云霞正长岩）的出现；中部区为二长花岗岩、正长花岗岩、花岗闪长岩组合，在秦岭出现环斑花岗岩和混合花岗岩；藏-滇-川区主体岩石与中部区相同，但出现许多基性、超基性和碱性小岩体，有的成为三叠纪蛇绿岩的组成部分；华南区岩性特征和岩石组合则与此前变化不大，唯滇桂交界一带出现大片该期的辉绿岩墙

（席、脉）群。

火山岩：

新疆地区火山岩主要是中—晚三叠世陆相火山岩，见于祁漫塔格山南，吉木萨尔县大龙口、三工河一带，西准噶尔的克拉玛依—百口泉一带地下也有产出。祁漫塔格山南坡，主要为流纹岩、石英斑岩、霏细斑岩、基性—酸性角砾熔岩、凝灰熔岩、火山角砾岩、凝灰岩及安山岩、玄武岩等。吉木萨尔县，为杏仁状安山岩。克拉玛依—百口泉一带，深处见有流纹岩、玄武岩和碱性玄武岩等。

西秦岭地区，早三叠世以流纹岩、英安岩、安山岩、安山玄武岩等中酸性火山岩为主，伴有火山碎屑熔岩。晚三叠世在祁连山地区及向西延入青海省有凝灰岩、酸性凝灰熔岩等零星分布。

青海地区，分为早—中三叠世海相火山岩和晚三叠世海相、陆相互生火山岩。前者集中分布于柴达木东缘与西秦岭、祁连山结合处，以及西秦岭及巴颜喀拉山等地，如下三叠统洪水川群（海相）中上部及中三叠统闹仓坚沟组（海相）下部的玄武岩、安山岩、英安岩及英安质凝灰熔岩、安山质凝灰熔岩、中性火山角砾岩、晶屑岩屑凝灰岩等。后者陆相火山岩沿东昆仑—西秦岭自西向东由中酸性熔岩—中性岩—基性岩。亦即西段祁漫塔格—喀雅克登塔格一带，以流纹质角砾岩为主，中段都兰—鄂拉山一带，以安山岩、安山质角砾凝灰熔岩为主，东段西秦岭黄南等地，以橄榄辉石玄武岩为主，夹有基性凝灰角砾岩等。海相火山岩分布于巴颜喀拉山—可可西里山南缘与唐古拉山结合部，西起西金乌兰湖经玉树后向 SSE 转折进入四川，其南带以中基性熔岩为主，局部枕状构造发育，夹有中酸性熔岩及火山碎屑岩；北带主要为枕状构造发育的富钠细碧岩-角斑岩，并有少量中酸性—酸性熔岩，岩石均已变质。西昆仑奥依塔格地区，晚三叠世地层中还夹有少量橄榄玄武岩、安山岩。东昆仑八宝山—鄂拉山和西秦岭青海茶卡、甘肃北山、夏河等地，早、中三叠世地层内见有海相玄武岩-安山岩-流纹岩组合；晚三叠世海陆交互相火山岩，分布于八宝山—鄂拉山地区，为碱性玄武岩-玄武安山岩-粗面岩-碱性流纹岩组合。在祁漫塔格和青海都兰地区的陆相火山岩为玄武岩-安山岩-英安岩-流纹岩组合；青海东部同仁—泽库地区为玄武安山岩-石英安山岩组合。

东北地区主要为早三叠世陆相安山岩，晚三叠世有陆相流纹岩、英安岩及其火山碎屑岩，属英安岩-流纹岩组合；海相火山岩仅见于完达山，系枕状熔岩与放射虫硅质岩、镁铁质岩、超镁铁质岩共生。

滇藏地区，羌中南—唐古拉—保山带大水塘组中赋存主要为玄武岩、橄榄玄武岩、安山岩和碱性流纹岩；羌北—昌都—思茅带在江达组中赋存有陆相玄武岩、安山岩、安山质火山碎屑岩及少量中酸性岩火山岩；松潘—甘孜带的德格至中甸一带，向北延到青海，在曲嘎寺组、图姆沟组中，有玄武岩、安山岩、流纹岩，属典型的安山岩组合；义敦地区也为安山岩组合；理塘、道孚、阿尼玛卿地区的火山岩则显示了由拉斑玄武岩向碱性玄武岩过渡的情况；澜沧江带芒怀组和小定西组以中基性岩为主，中性及酸性岩次之，岩石组成包括玄武岩、橄榄玄武岩、细碧岩、安山玄武岩、安山岩、粗面安山岩、角斑岩、英安岩、流纹岩、石英斑岩等，为中三叠世海相喷发岩和晚三叠世时属陆相喷发岩；滇东富宁—开远一带，有孤立分布的具中心式喷发特点的玄武岩，同期并伴有潜火山岩出露，岩石变质较深。

华南地区，滇东、桂西右江地区，有赋存在海相三叠纪地层中的玄武岩、细碧岩，及少量的基性火山碎屑岩和酸性熔岩；桂西南那坡—凭祥一带早期为细碧岩，后期为中酸性火山岩；右江—崇左—十万大山一带以流纹岩、流纹斑岩等酸性熔岩为主。早期至晚期，也由基性向酸性演化。

侵入岩：

超基性—基性岩，发育于昆仑山、滇、藏、川西等地区。藏北查多岗日、拜惹布错至若拉岗日一带有 6 个岩体侵入晚三叠世地层中，可能属印支晚期形成，岩石类型为方辉辉橄岩和辉绿岩，多已强烈变质而成片理化的滑石-菱镁岩。

内蒙古苏尼特左旗—索布力嘎—格日朝鲁一带有斜长岩、苏长岩、辉长岩、橄榄二辉岩组成的田家营子基性杂岩。

川西义敦地区，有方辉橄榄岩、含辉石纯橄岩、单辉橄榄岩、辉长岩组成杂岩体。

桂西南至滇东，超基性—基性岩小岩体很多，其中，北侧的西林—田园一带，沿西江断裂两侧分布，有层状及似层状岩体，侵入石炭系及下二叠统中，主要为辉绿岩和辉长辉绿岩，局部有橄榄辉绿岩和辉石辉绿岩。那坡—凭祥一带，沿那坡断裂和凭祥—东门断裂也分布有辉绿岩、辉长辉绿岩、橄榄辉绿岩和单辉橄榄岩等岩体。

湘东板杉铺加里东期中酸性—酸性岩体内外侧，也有较多辉绿岩及云斜煌斑岩脉侵入。

河北青龙杜家营子见有辉长岩、辉石闪长岩。赣南安远也发现有印支期超基性岩筒。黑龙江省完达山见有超基性—基性岩岩体，岩体为辉石橄榄岩、辉石岩、辉长岩等。

中性—酸性岩，主要分布在青海、秦岭、昆仑山、东北、华南以及藏滇等地区。而在华北—内蒙古和昆仑—秦岭两带则保留 EW 向构造岩浆带痕迹的基础上，东北、华东、华南区已显现出主体转为 NE 向构造岩浆带的轮廓。

碱性岩，辽、冀、晋、川、滇、黔等省的部分地段零星出露有印支期碱性岩。辽南花岗岩带内晚三叠世赛马碱性岩体内，有碱性正长岩、碱性黑云辉石正长岩、霓辉岩、霞石正长斑岩。内蒙古包头地区见有两个碱性岩小岩体（庙沟、膝盖沟），主要为霓辉正长岩。山西天德—河北阳原一带见有以霞石正长岩为主的碱性岩小岩基。东秦岭—大别山的木桐沟—九里沟及松扒等地，有霓辉正长岩、正长岩、霞石正长岩等碱性岩脉或岩墙。川西理塘、江官山、巴亨等地，有霓辉正长岩，可能属玄武岩浆晚期分异演化产物。黔东南、黔西南和滇东南等地区，碱性岩呈岩脉、岩墙等沿断裂带成群分布，侵入最新地层为中三叠统。黔西南有含霓石、霓辉石的辉石岩、黑云母岩。滇东南有含副长石的钛铁辉长辉绿岩、碱闪钛辉辉长岩等。

（9）燕山期岩浆活动

燕山期岩浆活动，为中国境内最为强烈的一期岩浆活动，产出之岩浆岩分布广，数量多，岩体面积大。主要分布于中国东部和藏、滇、川地区。

中国东部 NE—NNE 向岩浆岩带，是环太平洋岩浆带的重要组成部分。从岩浆活动的时间上看，该带自西向东，出露岩体时代由老到新，即西部从侏罗纪早、中、晚世向东逐步到白垩纪早、晚世，尤其是晚侏罗世和早白垩世的活动最为强烈；岩石特征上主体是二长花岗岩、正长花岗岩组合，但由西向东早白垩世正长花岗岩和碱长花岗岩增多，粤、闽、浙、鲁沿海地带断续出现晶洞碱长花岗岩和晶洞（钾质）花岗岩，在藏、滇、川还伴有中性、基性、超基性岩，沿怒江和雅鲁藏布江出露有举世瞩目、规模巨大的侏罗纪和白垩纪蛇绿岩带。

燕山期火山岩，在中国东部自北而南也作规律性变化，东北、华北主要为中性岩类安山岩系，下扬子区主要为粗安岩系，闽浙地区主要为酸性岩类流纹岩系，在南岭地区主要为英安岩系。在火山活动时间上，自西而东出现由早到晚的演化规律，即在内陆腹地活动期主燕山期（J_1、J_2）在闽西、浙西主要燕山中期（J_3、K_1），在东南沿海主要为燕山晚期（K_1、K_2）。综合火山岩和侵入岩的时空演化规律，可以反映出燕山期岩浆活动自西向东由老到新，由少钾到富钾到富钠的迁移演化趋势。

燕山期火山活动，大致可分为大兴安岭、辽鲁、浙闽 3 条 NNE 向的火山带，以及燕辽、长江中下游及粤东 3 条近 EW 向的火山带。

超基性—基性侵入岩：

甘肃龙门西沟区区内见有燕山晚期纯橄榄岩、单辉橄榄岩、橄榄单辉岩、单辉岩呈 4 个串珠状小岩株，侵入到燕山早期岩体。

雅鲁藏布江区藏南仲巴—萨伽—日喀则—墨脱带，见有晚侏罗世至早白垩世雅鲁藏布江蛇绿岩套，该带长约 1 500 km，宽 30～50 km，带内有岩体（群）60 余个，其岩石包括含长纯橄榄岩-含长异剥橄榄岩-橄长岩-辉长岩组合、含单辉纯橄榄岩-异剥（二辉）橄榄岩-异剥辉石岩-辉长岩组合、辉长岩-辉绿岩组合；席状岩床（墙）的岩类有辉绿岩、粒玄岩、辉绿玢岩、细晶辉绿岩等。

班公错—东巧—丁青—怒江区见有中侏罗世地幔橄榄岩以方辉橄榄岩型、方辉辉橄岩-橄辉岩型为特征。

华南地区华南地区燕山早期的超基性—基性侵入岩有辉绿岩、辉长岩、辉长辉绿岩、橄榄岩、单辉橄榄岩、角闪石岩、角闪橄榄岩、橄榄辉长岩、辉石岩、异剥辉石岩等岩株、岩脉、岩墙等，零星出露于浙江的浦江、诸暨、东阳，江苏南京蒋庙，湘南及赣南、粤北等地，多沿断裂带，呈独立岩体分布或与同期火山岩共生；一些大岩体内尚能划分出岩相，如蒋庙岩体，由内向外分别为角闪橄榄辉长岩-辉长岩-闪长岩；湘南千里山地区见辉绿岩。燕山晚期的岩体出露于福建莆田和长乐—南澳 NE 向断裂带和仙游—漳平 EW 向断裂交汇处，岩石已变质为蛇纹岩、透闪石岩、滑石岩。湘东北及湘南地区的一些辉绿岩岩脉，侵入于白垩纪花岗岩体中，属晚白垩世形成。浙江黄岩和台湾大南澳等地片岩分布区内，燕山晚期有辉长岩、辉长辉绿岩岩株、岩瘤、岩墙、岩脉等产出。

海南岛中部区（包括白沙、琼中、万宁一带）区内有中侏罗世形成的闪长岩、辉长岩、辉绿岩等小岩瘤或岩脉、岩墙成群分布。

华北地区燕山晚期的辉长岩、二辉闪长岩等基性—超基性岩在鲁西和太行山南段等地有分布，但岩体规模小。

此外，还有湘东北棕闪钠煌岩、湘东邓阜仙岩体内的云煌岩、湘中锡矿山闪斜煌斑岩、千里山岩体北侧云煌岩。

中性侵入岩，中晚侏罗世和早白垩世，是中国中酸性侵入岩岩浆活动最发育、最强烈的时期，岩体主要分布在中国东北、华南、川-滇-藏三江带、昆仑山、秦岭、大别山等地区。

碱性侵入岩，零星分布。内蒙古西部乌海地区乌达矿区以北的沙漠中见奇格特敖包碱性侵入岩，为霞石正长岩、碳酸岩等；攀西西昌、冕宁等地区，与二长花岗岩及正长花岗岩相伴产出的含霓石的碱性花岗岩；云南个旧地区正长岩和霞石正长岩岩体，哀牢山近中越边境勐坪含霓辉石的角闪石二长花岗岩；广东及海南地区霞石正长岩岩脉及岩墙，个别为岩株体；粤中佛岗岩体内的霞石正长岩。

此外，宁芜地区及庐枞火山盆地南缘等地，有燕山晚期偏碱性的辉长岩及正长岩类和偏碱性火山岩伴生。

（10）喜山期岩浆活动

喜山期岩浆活动，完全打破了自加里东期以来形成的构造岩浆格局。侵入岩以中性—酸性侵入岩为主，超基性—基性及碱性侵入岩，仅在藏、滇、青地区有所发育。火山岩主要为陆相基性火山岩，在东北和华南的琼北、雷州半岛及台湾等地最发育，并可划分为早期（古近纪）、中期（新近纪）、晚期（第四纪）三期。

喜山期火山岩，以中国东部大陆最为发育，西藏、新疆、台湾、海南等地也有分布。除台湾、海南、西藏为海相火山喷发外，其他地区均为陆相火山喷发。

喜山期侵入岩，超基性—基性岩出露极少，江西苗圃等地有中新世辉长岩、辉绿岩；沿浙江江山—绍兴断裂带分布有橄榄辉绿岩和似金伯利岩及玻基橄辉岩伴生；山西怀仁西部山区和五台山见有与始新世玄武岩同期的玄武质潜火山岩脉分布。中性—酸性岩浆侵入活动主要发育在青、川、滇、藏地区，其他地区少量显示。碱性岩极少，青海地区见有混生于中性—酸性岩中的碱性岩，吉林桦甸市永胜见有一处含霓辉石、霞石的正长岩岩株，为古近纪渐新世产物；新疆喀什市北托云碱性玄武岩中的碱性辉长岩，呈岩流、岩席、岩板状；位于塔什库尔干县西南的碱性正长岩体，属古近系始新世产物；青海唐古拉北坡有霓辉石霞石金云母斑岩、含黑云母霞石白榴岩。

3.3.10　变质作用

1. 变质作用及其分类

变质作用，指处于固态状态的母岩（沉积岩、火成岩、变质岩），受温度、压力、化学活动性流体作用，发生矿物成分、化学成分、岩石结构与构造变化变成新岩石的地质作用过程。

因此，变质作用动力包括区域地壳运动、岩浆活动等。

温度是引起岩石变质的主导因素。它可以提供变质作用所需要的能量，使岩石中矿物的原子、离子或分子具有较强的活动性，促使一系列的化学反应和结晶作用得以进行。同时，温度增高还可使矿物的溶解度加大，使更多的矿物成分进入岩石空隙中的流体内，增强了流体的渗透性、扩散性及化学活动性，促进了变质作用过程。变质作用温度范围可由 $150 \sim 200\ ℃$ 到 $700 \sim$

900 ℃。导致岩石温度升高的主要原因包括高温高压岩浆侵入、地壳浅部岩石因构造变动进入地壳深部地热增温、深部热流上升和岩石遭受机械挤压或破裂错动机械能转化等。

压力也是变质作用的重要因素，根据压力的性质可分为静压力和动压力。静压力，由上覆地层岩石重量引起的压力，其大小随深度增加而增大。静压力使岩石压缩，导致矿物中原子、分子或离子间的距离缩小，促使矿物内部结构改变，形成密度大、体积小的新矿物。动压力，由构造运动所产生的定向压力，因动压力具有一定的方向性，使岩石在不同方向上产生了压力差，其可引起矿物压溶，导致原岩矿物重新分异与聚集，造成矿物定向排列，或使原岩破碎或变形，改造原岩结构与构造。

化学活动性流体，指在变质作用过程中存在于岩石空隙中的一种具有很大的挥发性和活动性的流体，其主要组分为 H_2O 及 CO_2，含有多种易挥发物质及溶解的矿物成分，在地下温度、压力较高的条件下常呈不稳定的气-液混合状态存在，具有较强的物理化学活动性。化学活动性流体，可促使矿物组分溶解、迁移，导致原岩物质成分变化，加速固体与固体之间的化学反应，参与变质作用的各种化学反应；此外，流体的存在还会大大降低岩石的重熔温度，使变质作用的高温界限变低。化学活动性流体，包括岩石空隙中原已存在的孔隙水、变质过程中从矿物结构中析出的 H_2O 及 CO_2 等挥发性物质、岩浆中分离出的挥发性组分及从地下深处分异上升的深部热液等。

变质作用的方式包括：重结晶作用；变质结晶作用；交代作用。

重结晶作用，指岩石在固态状态下，同种矿物经过有限的颗粒溶解、组分迁移，然后又重新结晶成粗大颗粒的作用。重结晶作用的特征是并不形成新矿物。重结晶作用在成岩作用中已经出现，但在变质作用中则表现得更加强烈和普遍。重结晶作用对原岩的改造主要是使其矿物粒度加大、颗粒相对大小均一化、颗粒外形变得较规则。

变质结晶作用，指在变质作用的温度、压力范围内，在原岩总体化学成分基本保持不变的情况下（挥发分除外），原有矿物或矿物组合转变为新的矿物或矿物组合的作用。由于这种变化过程在多数情况下涉及岩石中各种组分的重新组合，并以化学反应的方式完成，故又称重组合作用或变质反应。变质结晶作用的主要特点是有新矿物的形成和原矿物的消失，并且在反应前后岩石的总体化学成分基本不变。

交代作用，指变质过程中，化学活动性流体与固体岩石之间发生的物质置换或交换作用，其结果不仅形成新矿物，而且岩石的总体化学成分发生改变。交代作用在固态下进行，交代前后岩石的总体积基本保持不变，原矿物的溶解和新矿物的形成几乎同时进行，交代作用前后岩石的总体化学成分发生改变。交代作用在变质过程中是比较普遍的，凡有化学活动性流体参加的情况下，总会有不同程度的交代作用发生。

按变质作用原因可分为：接触变质作用；高热力变质作用；动力变质作用；冲击变质作用；气液变质作用；燃烧变质作用；区域变质作用；洋底变质作用；递增变质作用；叠加变质作用；退化变质作用。

接触变质作用，又称热力接触变质作用，指在岩浆运移通道周围的岩石体，因岩浆活动引起的一种变质作用。通常发生在侵入体周围几米至几千米的范围内，常形成接触变质晕圈。一般形成于地壳浅部的低压、高温条件下，压力为 $1 \times 10^7 \sim 3 \times 10^8$ Pa。近接触带温度较高，从接触带向外温度逐渐降低。接触变质作用又可分热接触变质作用和接触交代变质作用，前者指岩石主要受岩浆侵入时高温热流影响而产生的一种变质作用，定向应力和静压力的作用一般较小，具有化学活动性的流体只起催化剂作用，围岩受变质作用后主要发生重结晶和变质结晶，原有组分重新改组为新的矿物组合并产生角岩结构，而化学成分无显著改变；后者指在侵入体与围岩的接触带，围岩除受到热流的影响外，还受到具化学活动性的流体和挥发分的作用，发生不同程度的交代置换，原岩的化学成分、矿物成分、结构构造都发生明显改变，形成各种夕卡岩和其他蚀变岩石，有时还伴生有一定规模的铁、铜、钨等矿产以及钼、钛、氟、氯、硼、磷、硫等元素的富集。

高热力变质作用，指与火山岩和次火山岩接触的围岩或捕房体中发生的小规模高温变质作用。其特点是温度很高，压力较低和作用时间较短。围岩和捕房体被烘烤褪色、脱水，甚至局部熔化，出现少量玻璃质。有时生成默硅镁钙石、斜硅钙石和硅钙石等稀少矿物。

动力变质作用，与断裂构造有关的变质作用的总称。动力变质作用以应力变质为主，有的伴有大小不等的热流变质。动力变质作用分碎裂变质作用、韧性剪切带变质作用和逆掩断层变质作用三种。碎裂变质作用，指岩层和岩石遭受断层错动时发生压碎或磨碎的一种变质作用，也有人称为狭义的动力变质作用、断错变质作用或机械变质作用，一般常发生于低温条件下，重结晶作用不明显，常呈带状分布，往往与浅部的脆性断裂有关。韧性剪切带变质作用，指由韧性剪切作用造成的强烈变形，变质带呈线状地带，可以有很大的宽度和长度；韧性剪切带变质与脆性断裂不同，剪切带内的变形是连续的，不发育明显的断层面，但又有相对位移；剪切带变形及相关的变质作用具有相同的边界条件，都限于剪切带内部；一般叠加在区域变质作用产物上的剪切变形往往伴有退化变质作用，其变质程度从低温绿片岩相至高温角闪岩相；与区域变质同期的韧性剪切带变质作用较为复杂，在少数情况下，递进剪切变形也可以伴有进化变质作用；导致剪切带变质作用的主要原因有两个，一是流体的注入，二是由剪切应变引起的等温面变形和热松弛作用。逆掩断层变质作用，逆掩断层导致的变质作用，主要影响其下盘和一部分上盘岩石，上盘即逆掩的岩石发生快速退化变质作用，而下盘被逆掩的岩石产生快速的增压变质作用，随后又发生热调整使地热梯度缓慢升高，整个岩系相应地发生缓慢的进化变质作用，最后岩系底部发生部分熔融并导致晚期侵入体的生成。

冲击变质作用，指陨石冲击月球或地球表面岩石产生特殊高温和高压所引起的一种瞬间变质作用。宇宙中的巨大陨石，以很大的速度（$10 \sim 20$ km/s）降落于地球表面，在很短的时间内（$10^{-3} \sim 10^{-1}$ s），给地球岩石以特大的冲击，使之发生强烈爆炸，产生超高压（$10^{11} \sim 10^{14}$ Pa）、极高温（$\geqslant 10\,000$ ℃）和释放出巨大能量，使冲击中心形成巨大的陨石坑。在陨石坑及其周围，生成各种冲击岩。

气液变质作用，指具有一定化学活动性的气体和热液与固体岩石进行交代反应，使岩石的矿物和化学成分发生改变的变质作用。气水热液可以是侵入体带来的挥发分，或者是受热流影响而变热的地下循环水以及两者的混合物。在一定条件下，它们可改造岩石中的矿物，形成各种蚀变岩石，并使某些有用元素迁移、沉淀和富集。

燃烧变质作用，指由于煤层或天然易燃物因氧化或外部原因温度上升而燃烧，温度可达 1 600 ℃，使周围岩石产生重结晶或部分熔化，变质的泥质或泥灰质沉积岩裂成碎片或生成烧变岩的过程。燃烧变质作用，是一种热源来自岩石自身的稀少热变质作用，其影响范围可超过 10 km^2。

区域变质作用，指在温度和压力区域性增高的影响下，固体岩石受到改造的成岩过程。区域变质形成的变质岩，一般规模巨大，主要呈面型分布，出露面积从几百到几千甚至上万平方千米，分高温变质作用、热流变质作用和埋藏变质作用三种。高温变质作用，主要见于太古宙地盾或克拉通，多发生在地壳演化的早期；与元古宙以来活动带的变质作用不同，高温变质作用以单相变质的麻粒岩相和角闪岩相为主，麻粒岩相变质温度一般为 $700 \sim 900$ ℃，角闪岩相一般为 $550 \sim 700$ ℃，压力一般为（$5 \sim 10$）$\times 10^8$ Pa；重熔混合岩比较发育，英云闪长岩、奥长花岗岩和花岗闪长岩等分布广泛，紫苏花岗岩仅见于麻粒岩相区；构造上表现为穹窿和短轴背斜。热流变质作用，即一般所称的区域动热变质作用，也称造山变质作用，指在区域性温度、压力和应力增高的情况下，固体岩石受到改造的一种变质作用；热流变质作用往往形成宽度不等的递增变质带；热流变质作用在地理上以及成因上常与大的造山带有关，如欧洲苏格兰和挪威的加里东造山带，北美的阿巴拉契亚造山带，中国的祁连山造山带等；热流变质作用的形成温度可达 700 ℃，有的高达 850 ℃，压力为（2～10）×10⁸ Pa，岩石变质后具明显的叶理或片理；常伴有中酸性岩浆活动或区域性混合岩化作用。埋藏变质作用，也称埋深变质作用或静力变质作用、负荷变质作用或地热变质作用；埋深变质作用与岩浆侵入作用和造山应力作用都无明显关系，它是地槽沉积物及火山沉积物随着埋藏深度的变化而引起的一种变质作用，岩石一般缺乏片理；形成温度较低，最高可能为 400～450 ℃，压力较高；经常伴生榴辉岩（C 型）、蛇纹岩或蛇绿岩，未见有混合岩，同构造期花岗岩很不发育。

洋底变质作用，指大洋中脊附近的变质作用。在大洋中脊下部，热流具有较高的速率，且热流速率随深度增加而快速增加，使原有的基性岩（玄武岩、辉长岩等）变质。由于洋底扩张，不断产生侧向移动，使这些变质岩移至正常的大洋盆中。变质的基性岩，一般不具片理，基本保留原有结构，其变质相主要是沸石相和绿片岩相。

递增变质作用，指由于温度的依次增大，变质作用依次进行。递增变质作用的表现，是变质岩石在低温条件下形成的矿物，随着变质作用的进一步发展呈不稳定残留形式保存，而其周围绕以较高温、高温条件下形成的矿物。

叠加变质作用，指早期经历变质作用形成的变质岩，遭受后期变质作用的改造作用。

退化变质作用，指早期经历较高级变质作用形成的变质岩，遭受后期较低级变质作用的改造作用。

剧烈的地壳运动常常伴生变质作用，特别是区域变质作用；强烈的岩浆活动，导致变质作用的发生。因此，变质作用期，在时间上是与构造运动期、岩浆活动期是一致的，但往往与大的构造运动伴生。

2. 变质作用产物的特点

由变质作用所形成的新岩石称为变质岩。

变质作用的母岩可以是沉积岩、岩浆岩及变质岩，它们在形成时与当时的物理、化学条件之间处于平衡或稳定状态，但是这种平衡和稳定状态都是相对的和暂时的，一旦它们所处的物理、化学条件发生变化，原有平衡就会遭到破坏，原岩便被改造成为在新的环境中稳定的岩石。如在地下较高温的条件下，在地表浅海环境中形成的化学沉积岩石灰岩转变成的大理岩。

通常，促使沉积物转变成为沉积岩的成岩作用，也是在地下一定深度和一定的温度、压力等条件下完成的，但与变质作用相比，成岩作用所要求的深度、压力和温度都较小，在作用的过程中物质发生的变化较之变质作用原岩变化要小得多。一般来说，沉积岩的成岩作用温度小于 150 ~ 200 ℃、围压低于 100 ~ 200 MPa，而变质作用则要高于这一数值，但低于原岩熔化所需温度。

在高温高压熔融岩浆沿断裂构造上升运移的过程中，还可造成运移通道周围岩石的熔化和蚀变。前者指作为岩浆侵入通道周围的岩石，在岩浆侵入过程中极高温岩浆作用下发生的熔解，随着温度的下降，熔解后的围岩以自身化学成分重新结晶成为岩石，既改变了原有岩石的矿物构成和结构构造，也改变了原岩的物理力学性质和工程性质；后者指高温高压熔融岩浆作用于运移通道周边岩石或进入运移通道周边岩体裂隙，导致运移通道周边岩石或运移通道周边岩体裂隙两侧岩石全部原有矿物消失和新矿物形成，即原岩中某些物质部分或全部带出和新物质带入的交代作用，部分或全部改变了原有岩石的矿物构成，更改变了岩石的物理力学性质和工程性质。

变质作用，不改变原有岩石的矿物构成，但改变了原有岩石的物理力学性质和工程性质。

一般而言，变质作用越完全，岩石越稳定，抗风化能力越强；反之，岩石越不稳定，抗风化能力越差。

3.3.11　其他地质作用

1. 负荷地质作用

负荷地质作用，指在各种外因诱发下，地壳表面岩土体由于自身重力作用产生的运移，如滑坡、坍塌等。

负荷地质作用，包括崩落作用、潜移作用、滑动作用和流动作用等。

崩落作用，指岩石块体脱离母岩、崩落并沿坡面滚滑及在坡脚堆积的整个作用过程。崩落的运动形式分散落、翻落和坠落三种。

潜移作用，指地表土石层或岩层沿土石-基岩界面（基覆界面）或眼层面缓慢向斜坡下方移动的过程。包括土层潜移、地层潜移和因岩溶发育代之的上部岩层的潜陷。

滑动作用，黏结性块体沿一个或几个滑动面向下滑移的过程。滑动作用大致可分为潜移形变、滑移破坏和渐趋稳定三个演化阶段。

流动作用，指坡面上或沟谷中堆积的由泥质、土壤或破碎岩石块体构成的混合体，在水分的充分浸润饱和下，沿坡面或沟谷的流动过程。

负荷地质作用，无论是崩落、潜移、滑动、流动，还是其堆积物，既是对之前地壳表面形态的破坏，也是对之前地壳表面形态的改造。

2. 岩溶作用

岩溶作用具有内、外动力地质作用的双重属性。地表岩溶作用以地表水为动力，属于外动力地质作用；地下岩溶作用以地下水为动力，属于内动力地质作用。

（1）地表岩溶作用

地表水以化学过程（溶解与沉淀）为主、机械过程（流水侵蚀和沉积，重力崩塌和堆积）为辅的对出露于地表可溶性岩石的破坏和改造作用，称为地表岩溶作用，其改变的是出露于地壳表面可溶岩的表面形态，形成地面岩溶，如石林、岩溶洼地、溶槽、溶沟、漏斗、竖井等。

（2）地下岩溶作用

地下水以化学过程（溶解与沉淀）为主、机械过程（流水侵蚀和沉积，重力崩塌和堆积）为辅的对地下可溶性岩石的破坏和改造作用，即地下岩溶作用，其结果是形成地下岩溶，如岩溶洞穴、管道、溶缝、地下暗河以及充填在岩溶中的地下水和充填在岩溶底部的粉细砂、黏土、黏土夹破碎岩石块体等。

地表岩溶作用与地下岩溶作用，并称岩溶作用。其联合作用的结果，形成包括石林、岩溶洼地、溶槽、溶沟、漏斗、竖井等地表岩溶和包括地下岩溶暗河、溶洞、溶管、溶缝和溶隙等地下岩溶的岩溶系统。

第4章　地质条件的改变

　　人类生产生活活动及其诱发地质灾害、现代地壳运动、地震及其诱发地质灾害及包括分化作用、剥蚀作用、搬运作用、沉积作用和固结成岩作用在内的外动力地质作用，对地壳表面及地壳圈层的作用，构成了对地壳地质条件的改变。

　　因此，地壳地质条件的改变包括：

　　（1）人类生产生活活动及其诱发地质灾害对地壳表面及地壳浅表层的改造；

　　（2）地壳运动对地壳表面与地壳内部的改造；

　　（3）地震及其诱发地质灾害对地壳表面与地壳内部的改造；

　　（4）外动力地质作用对地壳表面及浅表层的改造。

4.1　人类生产活动及其诱发地质灾害对地壳表面及地壳浅表层的改造

4.1.1　人类生产活动

　　人类生产活动，指人类为了生存发展和提升生活水平，不断进行的一系列不同规模不同类型的活动，包括农、林、渔、牧、矿、工、商、交通、观光和各种工程建设等。

　　大量的事实表明，随着社会经济的发展及其对农、林、渔、牧、矿、工、商、交通、观光和各种工程建设的需要，当今人类在地壳表面及浅表层的开垦、搬运和堆积的速度，已经逐渐相等于自然地质作用的速度；人类活动已成为地球上一项巨大的地质营力，迅速而剧烈地改变着自然界，反过来又影响到人类自身的福祉。

4.1.2　人类生产活动分类

　　人类生产活动可分为农业生产活动和工业生产活动。

　　农业生产活动，指包括垦荒在内种植农作物的生产活动。

　　狭义的工业生产活动，指在工厂里，劳动力（工人、技术人员等）利用动力（燃料、电能）和机械设备，将原料制成产品的过程。广义的工业生产活动，应包括为解决人们生活、生产需要，开展的诸如地下水抽取、石油开采、木材砍伐和岩土工程施工活动。

土木工程是地上、地下和水中各类工程的统称。土木工程中涉及岩石、土、地下、水中的部分称岩土工程，指建造在地壳面上或地壳表面以下为人类生活、生产、军事、科研服务的功能良好且舒适美观的空间和通道，例如房屋、道路、铁路、管道、隧道、桥梁、运河、堤坝、港口、电站、飞机场、海洋平台、给水排水以及防护工程等。

岩土工程施工活动，指各类房屋建筑和道路、铁路、管道、隧道、桥梁、运河、堤坝、港口、水库、电站、飞机场、海洋平台、给水排水以及防护工程施工等，同时还包括其附属设施的建造和配套的线路管道设备的安装活动。

4.1.3 人类生产活动诱发地质灾害

人类的生产活动带来污染和全球环境变迁，包括全球增温、臭氧层耗损、过度开发（过度垦荒，致使地壳表层土石裸露；移动土石特别是边坡切脚，既致使地壳表层土石裸露，又破坏了地壳表面天然岩土平衡；乱砍滥伐，降低了集水区的水源涵养能力和地壳表层土石控水能力，并导致水土流失，河沙遽增，不但增加了洪峰流量，又造成河床淤积；过量超抽地下水降低了地下水位造成掉表层土石中水和细颗粒物质的流失；河流上游筑堤减少了蓄水面积，使下游流量增大），恶化了地壳表面及其浅表层所处环境条件，使得地壳表面及其浅表层自我调整能力日趋薄弱，自身抗灾的能力日益下降，地质灾害频发。

地质灾害，指在自然或者人为因素的作用下形成的，对人类生命财产造成损失，对环境造成破坏的地质作用或地质现象。具体而言，指在地球内动力、外动力地质作用或人为活动作用下，因地壳及表面及其浅表层异常能量释放、物质运动、岩土体变形变位，导致的危害人类生命财产、生活与经济活动或破坏人类赖以生存与发展的资源、环境的现象或过程。

人类生产活动导致的地质灾害包括：（1）崩塌；（2）滑坡；（3）泥石流；（4）地裂缝；（5）地面沉降；（6）地面塌陷；（7）隧道（隧洞、矿巷）突涌水；（8）隧道（隧洞、矿巷）突涌泥；（9）隧道（隧洞、矿巷）洞内围岩塌方；（10）隧道（隧洞、矿巷）洞内泥石流；（11）隧道（隧洞、矿巷）煤与瓦斯突出；（12）黄土湿陷；（13）土地荒山沙（石）漠化；（14）土壤盐碱化；（15）诱发地震。

1. 崩　塌

崩塌，或称崩落、垮塌、塌方，指较陡斜坡上的岩土体在重力作用下突然脱离母体崩落、滚动、堆积在坡脚（或沟谷）的地质现象。

2. 滑　坡

滑坡，指斜坡上的土体或者岩体，受河流冲刷、地下水活动、雨水浸泡、地震及人工切坡等因素影响，在重力作用下，沿着一定的软弱面或者软弱带，整体或分散向下滑动的自然现象。

向下滑动的岩（土）体称为滑体，未移动的下伏岩（土）体称为滑床，滑体沿之下滑的软弱面称为滑面，滑体沿之下滑的软弱带称为滑带。

3. 泥石流

泥石流，是山地坡表面及沟谷中堆积松散土石因水力启动集中输移的自然现象，指分布于山区坡表面或沟谷中堆积的松散土石，在降雨、冰雪融化或其他自然灾害引发下，含水松散土石沿山坡基覆界面或沟谷向下游方向运移的一种动力地质现象。当松散土石中含水体积大于土石体积时，成为一种携带大量泥、沙及石块的特殊洪流。

泥石流启动具有较高的突然性，更因其具有的流速快，流量大且流体中固体物质含量高的特点，既有极强的破坏力。泥石流常常会冲毁公路铁路等交通设施甚至村镇等，造成巨大损失。

4. 地裂缝

地裂缝，指发育于地层岩、土中并出露于地面的裂缝或断层。

除人类生产生活引发的地裂缝外，地裂缝还包括地震裂缝和构造裂缝。人类生产生活引发的地裂缝，主要有超量开采地下水引起地面沉降产生的地裂缝和矿山采空区落顶或岩溶塌陷在地表产生的地裂缝等。

需要指出的是，地裂缝的形成有时是多种因素造成的。如西安地裂缝，其与地震无关，但基本受控于构造断裂，且明显因超量开采地下水而加剧。

5. 地面沉降

地面沉降，又称为地面下沉或地陷，指在人类工程经济活动影响下，因地下松散地层固结压缩，导致的地壳表面标高降低的一种局部的下降运动或工程地质现象。

除由于过量抽汲地下水（或油、气）引起水位（或油、气压）下降，欠固结或半固结土层分布区土层固结压密而造成的地面沉降，因地下大面积采空引起顶板岩（土）体下沉而造成的地面沉降，地面沉降还包括由于地壳垂直升降运动导致的地面沉降。

6. 地面塌陷

地面塌陷，指在人类工程经济活动影响下，因地下松散地层土石固结压缩，或土石流失，地表岩、土体在自然或人为因素作用下向下陷落，并在地面形成塌陷坑洞的一种动力地质现象。

人类工程经济活动，包括地下水抽取、地下矿产开采、地下及隧道工程施工等。

7. 隧道（隧洞、矿巷）突涌水

隧道（隧洞、矿巷）涌水，指由于隧道、隧洞、矿山运输及采掘巷道施工开挖揭穿地下突水、涌水致灾构造，突水、涌水致灾构造中地下水向已开挖隧道、隧洞、矿巷的涌流。

隧道（隧洞、矿巷）突水，指由于隧道、隧洞、矿山运输及采掘巷道施工开挖接近地下突水致灾构造，当开挖工作面与突水致灾构造间隔水岩土盘厚度小于最小安全岩土盘厚度时，突水致灾构造中地下水突破隔水岩土盘向已开挖隧道、隧洞、矿巷的涌流。

8. 隧道（隧洞、矿巷）突涌泥

隧道（隧洞、矿巷）涌泥，指由于隧道、隧洞、矿山运输及采掘巷道施工开挖揭穿地下突泥、涌泥致灾构造，突泥、涌泥致灾构造中黏土、含水黏土、富水黏土向已开挖隧道、隧洞、矿巷的涌出。

隧道（隧洞、矿巷）突泥，指由于隧道、隧洞、矿山运输及采掘巷道施工开挖接近地下突泥致灾构造，当开挖工作面与突水致灾构造间隔泥岩土盘厚度小于最小安全岩土盘厚度时，突泥致灾构造中黏土、含水黏土、富水黏土突破隔泥岩土盘向已开挖隧道、隧洞、矿巷的涌出。

9. 隧道（隧洞、矿巷）洞内围岩塌方

隧道（隧洞、矿巷）洞内围岩塌方，指由于隧道、隧洞、矿山运输及采掘巷道施工开挖揭穿、通过塌方致灾构造，由于自稳能力低，作为隧道（隧洞、矿巷）围岩的构成塌方致灾构造的岩土发生变形，当变形发展到一定程度后，围岩失去稳定性导致的围岩坠落。

10. 隧道（隧洞、矿巷）洞内泥石流

隧道（隧洞、矿巷）洞内泥石流，指由于隧道（隧洞、矿巷）施工开挖揭穿隧道（隧洞、矿巷）施工洞内泥石流致灾构造，其内破碎岩石块体及其间空隙充填黏土和地下水，向已开挖隧道或导坑的涌出，或坍塌形成的在已开挖隧道或导坑中具有流动性的水、黏土和破碎岩石块体混合体。

11. 隧道（隧洞、矿巷）煤与瓦斯突出

隧道（隧洞、矿巷）煤与瓦斯突出，指由于隧道（隧洞、矿巷）施工开挖接近煤层，当开挖工作面与煤层间防突岩土盘厚度小于最小安全防突岩土盘厚度时，在煤层瓦斯压力、地层自重应力、构造应力作用下，煤粉、煤块突破防突岩土盘与防突岩土盘破碎岩石块体一道向已开挖隧道（隧洞、矿巷）的突出。

12. 黄土湿陷

黄土湿陷，指在自重或外部荷重下，黄土受水浸湿后结构迅速破坏突然下沉的动力地质现象。

在自重或外部荷重下黄土内剪应力超过抗剪强度和浸水湿化黄土自身摩擦力降低、结构崩解和颗粒间胶结物溶解，是黄土湿陷产生的主要原因。

13. 土地荒（沙、石）漠化

土地荒（沙、石）漠化，包括土地荒漠化、石漠化和沙漠化。

土地荒漠化，指由于干旱少雨或各种原因导致的地下水位下降、植被破坏、过度放牧、大风吹蚀、流水侵蚀、土壤盐渍化等因素造成的大片土壤生产力下降或丧失的自然或非自然现象。

土地石漠化，亦称石质荒漠化，指因水土流失而导致地表土壤损失，基岩裸露，土地丧失农业利用价值和生态环境退化的现象。石漠化多发生在石灰岩地区，土层厚度薄（多数不足 10 cm），地表呈现类似荒漠景观的岩石逐渐裸露的演变过程。

土地沙漠化，指在脆弱的生态系统下，由于人为过度的经济活动，破坏其平衡，使原非沙漠地区出现了类似沙漠景观的环境变化过程。

14. 诱发地震

诱发地震，指由于人类活动改变了地壳应力和应变而引发的地震。人类活动包括油气开采、矿床开采、地热开采、废水注入深井、水库蓄水等。因此，诱发地震包括：

（1）陷落地震，指由于岩洞崩塌造成的地洞或地震动；

（2）工业爆破地震；

（3）地下核爆炸地震；

（4）深井高压注水诱发地震；

（5）水库蓄水诱发地震。

4.1.4 人类生产活动对地壳表面及浅表层的改造

人类生产活动对地壳表面及地壳浅表层的改造，主要表现为：

（1）地壳表面连续性的破坏；

（2）地壳表面坡体裸露；

（3）崩塌、滑坡、泥石流堆积体；

（4）土地盐碱化，荒山沙（石）漠化；

（5）地下水流场、应力场、岩体状态特别是稳定性变化。

1. 地壳表面连续性的破坏

人类生产活动，特别是工程活动，其中的基坑开挖、边坡开挖、路堑开挖，地下水过度抽取和隧道及地下工程突涌水突涌泥灾害诱发的地面塌陷、黄土湿陷、地裂缝等，破坏地壳表面的原始连续性，在工程施工期甚至改变基坑周边、边坡上方、路堑两侧和地面塌陷周边岩土体的赋存状态。

2. 地壳表面坡体裸露

过度垦荒，致使地壳表层土石裸露；人类生产活动诱发崩塌、滑坡、泥石流灾害，造成坡体表面和沟底及沟侧坡面基岩或土体裸露。

3. 崩塌、滑坡、泥石流堆积体

人类生产活动诱发崩塌、滑坡、泥石流灾害，或在崩塌、滑坡所造坡体下方坡脚形成崩塌、滑坡堆积体，或在泥石流沟口及其外形成泥石流堆积体。

4. 土地盐碱化、荒山沙（石）漠化

过量超抽地下水致地下水位下降，或致近海地区海水倒灌，或致土壤中盐分积聚，导致土地盐碱化；山区隧道工程施工特别是干旱半干旱山区隧道工程施工突涌水灾害导致的隧道上方地下水位下降、地表水源枯竭，轻则造成隧道上方地面生态破坏、植物枯死，严重者造成土地沙漠化、荒山石漠化。

5. 地下水流场、应力场、岩体状态特别是稳定性改变

超量地下水抽取、矿山开采排水、隧道及地下工程施工突涌水，至少改变了地下水抽取、矿山开采、隧道及地下工程施工及其后一定时间范围内地下水抽取、矿山开采及隧道所在地区的地下水流场，地下水向已开挖隧道及地下工程空间的运移，加剧作为隧道与地下工程围岩的岩体稳定性的下降直至

围岩失稳塌方，涌突水严重时甚至导致隧道上方地表生态环境的改变和破坏。

隧道及地下工程的施工，改变了隧道穿越位置岩体的赋存状态，或隧道与地下工程拱部围岩岩体失去支撑，侧壁围岩岩体失去侧限，岩体稳定性下降，直至围岩失稳塌方；或岩体应力约束条件失去，为隧道与地下工程围岩表层岩体应力重分布提供了条件，集聚在围岩岩体中极高的应变能猛烈释放导致隧道与地下工程施工岩爆灾害的发生；或造成某些岩石暴露在空气中迅速风化软化，直至失稳塌方；或造成暴露在空气中及失去限制条件的构成不良地质体的土、土体、岩石和岩土物理、化学性质特别是理学性质的改变，导致施工地质灾害的发生。

4.2　地壳运动及其对地壳的改造

4.2.1　地壳运动及其分类

1. 地壳运动

地壳运动，指由于地球内部原因引起的组成地球物质的机械运动，是由于地球内动力作用引起地壳结构改变、地壳内部物质变位的构造运动。地壳运动引起岩石圈的演变，造成大陆、洋底的增生消亡，形成海沟和山脉，可诱发地震、火山爆发等。

2. 地壳运动分类

按运动方向，地壳运动可分为：

（1）水平运动：组成地壳的岩层，沿平行于地球表面方向的运动。

（2）垂直运动：也称升降运动，组成地壳的岩层，沿垂直于地球表面方向的运动。

按运动结果，地壳运动可分为：

（1）造山运动或褶皱运动：运动的结果是形成巨大的褶皱山系，以及巨形凹陷、岛弧、海沟等。

（2）造陆运动，运动的结果是形成地壳的隆起和相邻区的下降，形成高原、断块山及拗陷、盆地和平原，还可引起海侵和海退，使海陆变迁。

地壳运动控制着地球表面的海陆分布，影响各种地质作用的发生和发展，形成各种构造形态，改变岩层的原始状态，所以有人也把地壳运动称构造运动。按运动规律来讲，地壳运动以水平运动为主，有些升降运动是水平运动派生出来的一种现象。

4.2.2　地壳运动对地壳表面与地壳内部的改造

1. 地壳运动对地壳内部的改造

地质历史上，著名的地壳远东活跃期包括古生代早期的加里东期、古生代晚期海西期、中生带印支期和新生代燕山期。

地壳运动使沉积岩层、沉积变质岩层发生弯曲，形成褶皱、节理、裂缝、断裂等地质构造，造成火成岩岩体中断裂构造的发育分布。

地层岩石及岩体中发育分布的断裂构造，为地壳深部甚至地幔高温高压岩浆提供了上升运移的通道，形成了侵入岩，造成了高温高压岩浆上升运移通道周边一定范围岩石的变质形成变质岩。

在整个地质历史时期，地球经历了众多期次的地壳运动，每一地壳运动期，形成新的地质构造，同时对前一期地壳运动留下的地质构造或强化（叠加），或改造（交接、交切），或破坏；每一地壳运动期高温高压岩浆沿前以地壳运动期形成的断裂构造活动，既形成新一期的侵入岩，又造成侵入通道周边一定距离范围岩体的破坏和岩石的变质。

一般而言，在地壳上升期，沉积物的粒度变粗，厚度变小，甚至没有沉积，地壳表面仅遭受风化剥蚀，河流深切；地壳下降期，沉积物的粒度变细，厚度变大；地壳运动频繁期，沉积物类型复杂多变，地层间多呈假整合和不整合关系；地壳运动相对稳定期，沉积物类型简单，地层间多呈整合关系；地壳升降运动造成的地层的褶皱，多表现为大型宽缓的隆起和拗陷，形成的断层多为正断层或高角度逆断层。地壳的水平运动，多形成地层的挤压褶皱和逆掩断层、引张断陷和裂谷、平移断层。

当今地面以下众多不同形态、不同产状地层岩石、隐伏褶皱、断裂、侵入岩体及其分布格局，正是到今天为止地壳运动对地壳内部改造的结果。

2. 地壳运动对地壳表面的改造

地壳运动对地壳表面的改造，集中表现在造山运动和造陆运动上。

褶皱隆起，形成山脉，如喜马拉雅山、阿尔卑斯山、安第斯山等都是褶皱山脉；褶皱山系间形成巨形凹陷、岛弧、海沟等。

向斜成山，向斜两翼岩体完整不易被侵蚀，易成为山岭；背斜成谷，背斜顶部岩体破碎，容易被侵蚀成谷地。

地壳的隆起和相邻区的下降，形成高原、断块山及拗陷、盆地和平原。

出露于地面的大型断裂构造，其内岩体极为破碎，极易剥蚀，成为地面河流延伸的主控因素。

　　必须指出的是，地壳运动特别是地壳的升降运动是地壳演化过程中表现得较为缓慢的一种运动形式。当今地球表面褶皱山脉，褶皱山脉间巨形凹陷、岛弧、海沟，高原、断块山及拗陷、盆地和平原等地貌形态，海陆变迁，乃至与当今河流的分布格局，特别如我国分布的巨型纬向构造体系、经向构造体系、新华夏构造体系、山字形构造、歹字形构造等，正是到今天为止地壳运动对地壳表面改造的结果。

4.3　地震与地震诱发地质灾害及其对地壳的改造

4.3.1　地　震

　　地震，又称地动或地振动，是地球上板块与板块之间相互挤压，或岩浆活动，或人为活动引起，或深井中进行高压注水以及大水库蓄水后，在板块间接触部位、板块内部岩体中和断续断裂间连接岩体中形成应力集聚，应力集聚达到一定程度后能量快速释放，致使板块间剧烈碰撞、板块内岩体瞬间断裂、板块内断续断裂间连接岩体瞬间断裂断续断裂连通，造成的地动或地振动。

4.3.2　地震分类

　　按地震产生的原因，可将地震分为：（1）天然地震；（2）人工地震。

　　天然地震，包括：（1）构造地震；（2）火山地震；（3）陷落地震；（4）陨石冲击地震。

　　构造地震，指由于地球上板块与板块之间相互挤压，在板块间接触部位、板块内部岩体中和断续断裂间连接岩体中形成应力集聚，应力集聚达到一定程度后能量快速释放，致使板块间剧烈碰撞、板块内岩体瞬间断裂、板块内断续断裂间连接岩体瞬间断裂断续断裂连通，造成的地动或地振动。构造地震约占地震总数的90%以上。

　　火山地震，指由于岩浆活动，在板块间接触部位、板块内部岩体中和断续断裂间连接岩体中形成应力集聚，因岩浆喷发集聚于板块间接触部位、板块内部岩体中和断续断裂间连接岩体中的应力急剧释放，造成的地动或地振动。火山地震约占地震总数的7%。

　　陷落地震，指由于岩洞崩塌造成的地动或地振动。

　　陨石冲击地震，指陨石冲击地壳表面造成的地动或地振动。

　　人工地震，指由于人为活动引起的地动或地振动。包括：（1）工业爆破地震；（2）地下核爆炸地震；（3）在深井中进行高压注水诱发地震；（4）水库蓄水诱发地震。

4.3.3　地震诱发地面地质灾害

地震诱发的地质灾害，主要有：（1）崩塌；（2）滑坡；（3）泥石流；（4）塌陷；（5）地裂缝；（6）砂土液化。

在地震诱发地质灾害中，最为严重的就是崩塌、滑坡和泥石流灾害。

砂土液化，指饱水疏松粉、细砂土在振动作用下突然破坏而呈现液态的动力地质现象。

4.3.4　地震及其诱发地质灾害对地壳表面与地壳内部的改造

1. 地震对地壳内部的改造

地震对地壳内部的改造，主要表现为：

（1）对既有构造（褶皱、断裂、断层等）的破坏；

（2）在地层岩石体中形成新的断裂、断层，进而造成地层岩石体连续性的错动破坏；

（3）造成地层岩石体的破碎。

2. 地震诱发地质灾害对地壳表面的改造

地震诱发地质灾害对地壳表面的改造，主要表现为：

（1）造成地壳表面连续性的破坏；

（2）形成地壳表面陷坑；

（3）造成坡体裸露和崩塌、滑坡堆积体；

（4）侵蚀泥石流沟两侧坡体造成两侧坡体裸露；

（5）形成泥石流堆积体。

4.4　地壳外动力地质作用及其对地壳表面及浅表层的改造

4.4.1　地壳外动力地质作用

地壳外动力地质作用，指由于太阳驱动、地球重力参与的地质作用。外动力地质作用主要发生在地球表层，是由于太阳的辐射能、太阳及月球引力等引起的，使地壳表面形态发生变化和地壳表层土、岩中化学元素发生迁移、分散和富集的过程。

4.4.2　地壳外动力地质作用分类

根据外动力地质作用的动力来源、作用形式可分为：

（1）风化作用；

（2）风和水的剥蚀作用；

（3）风、海洋与湖泊、河流与地下水和冰川的搬运作用；

（4）风、海洋与湖泊、河流与地下水和冰川搬运物的沉积作用；

（5）风、海洋与湖泊、河流与地下水和冰川搬运沉积物的固结成岩作用。

4.4.3　地壳外动力地质作用对地壳表面及浅表层的改造

地壳外动力地质作用对地壳表面及浅表层的改造，主要表现为：

（1）造成坡体裸露；

（2）对地壳表面"削高补低"，重塑地壳表面形态；

（3）形成相应的外动力地质产物——沉积物和沉积地形。

1. 坡体裸露

风化作用造成出露的岩体破碎，剥蚀作用将残留于原地的风化破碎岩石体带离原地，致未风化或风化程度低的岩体出露，形成坡体裸露。

2. 地壳表面削高补低

风、水搬运动力将风化剥蚀物搬离原地，随着搬运动力的下降，在合适的场所——地壳表面低洼处堆积-沉积-固结成岩，实现地壳表面的削高补低，重塑地壳表面形态。

4.5　不良地质体暴露后状态及性质的改变

4.5.1　不良地质体

不良地质体，指由于隧道施工开挖接近、揭穿，在没有预先采取处理工程措施或处理工程措施不当或强度不足的条件下，隧道施工掌子面前方及隧道开挖轮廓线外一定距离范围内存在的，在自重应力、煤层瓦斯气囊应力、地应力、构造应力作用下，其中介质（气、水、黏土、黏土夹破碎岩石块体或颗粒、岩体等）因流出、变形、应力急剧释放、溢出集聚遇一定条件，或突破其与隧道开挖工作面（掌子面、开挖轮廓面）间岩土盘，形成诸如煤与瓦斯突出、瓦斯燃烧爆炸、突水、突泥、涌水、涌泥、突砂、涌砂、洞内泥石流、围岩变形塌方、围岩大变形及岩爆等灾害的地质体。

不良地质体包括：

（1）围岩塌方致灾构造；

（2）围岩大变形致灾构造；

（3）突涌水致灾构造；

（4）突涌泥致灾构造；

（5）突涌砂致灾构造；

（6）洞内泥石流致灾构造；

（7）煤与瓦斯突出致灾构造；

（8）有害气体及放射性涌出致灾构造；

（9）岩爆致灾构造。

1. 围岩变形塌方致灾构造

围岩变形塌方致灾构造，指由于工程施工开挖揭穿或通过后，因岩体稳定性低，在自重应力或变形应力作用下，变形至一定程度失去稳定性造成塌方的不良地质体。包括：

（1）土质围岩；

（2）软岩；

（3）膨胀岩；

（4）半成岩；

（5）由薄层岩石及页岩构成的破碎岩体；

（6）未胶结断层破碎带破碎岩体；

（7）顺层错动破碎带破碎岩体；

（8）节理密集发育岩体破碎带破碎岩体；

（9）岩溶充填物围岩；

（10）废弃矿巷放顶松散堆积物；

（11）暴露后极易风化软化的岩石体；

（12）沉积岩、沉积变质岩与火成岩接触破碎带；

（13）全风化岩体、岩脉；

（14）全砂化岩石；

（15）火成岩热液蚀变带。

2. 围岩大变形致灾构造

围岩大变形致灾构造，指由于工程施工开挖揭穿或通过后，因岩体稳定性低，在自重应力、变形应力、构造应力及地下水单独或联合作用下，产生具有累进性和明显时间效应的且在相当长一段时间内得不到有效约束的塑性变形的不良地质体。包括：

（1）巨厚第四系松散堆积物；

（2）巨厚的第四系松散堆积与强烈风化破碎岩体复合体；

（3）膨胀岩；

（4）宽大压性活动断层带；

（5）地震活动区构造软岩。

3. 突涌水致灾构造

突涌水致灾构造，指由于工程施工开挖接近、揭穿，其中地下水在自重应力作用下突破工程开挖工作面与其间隔水岩土盘向工程已开挖空间突出、直接向工程已开挖空间涌流的不良地质体。包括：

（1）富水未胶结富水压性断层强烈破碎带；

（2）富水未胶结的富水张性断层带；

（3）富水未胶结富水顺层错动破碎带；

（4）富水节理密集发育岩体破碎带；

（5）地下向斜储水构造；

（6）充水岩溶（地下暗河、洞穴、管道、溶缝、溶隙）；

（7）泥水混合充填岩溶（洞穴、管道、溶缝）；

（8）充水废弃矿巷；

（9）江河湖海；

（10）含水层。

4. 突涌泥致灾构造

突涌泥致灾构造，指由于工程施工开挖接近、揭穿，其中黏土在自重应力作用下突破工程开挖工作面与其间隔泥岩土盘向工程已开挖空间突出、直接向工程已开挖空间涌流的不良地质体。包括：

（1）黏土充填岩溶；

（2）泥水混合充填岩溶；

（3）块石夹含水黏土充填岩溶；

（4）底部块石夹含水黏土充填上部地下水充填岩溶；

（5）富水压性断层两盘强烈挤压破碎带。

5. 突涌砂致灾构造

突涌砂致灾构造，指由于工程施工开挖接近、揭穿，其中含砂（含沙量>10%）地下水在自重应力作用下突破工程开挖工作面与其间岩土盘向工程已开挖空间突出、直接向工程已开挖空间涌流的不良地质体。包括：

（1）饱水砂层或砂透镜体；

（2）富水粉细砂充填岩溶；

（3）下部充填粉细砂上部充填水的混合充填岩溶；

（4）饱水全风化花岗岩、花岗岩脉；

（5）半成砂岩；

（6）火成岩体中的热液蚀变带。

6. 洞内泥石流致灾构造

洞内泥石流致灾构造，指由于工程施工开挖揭穿，在自重应力作用下，其中破碎岩石块体及其间空隙充填黏土、地下水一并向工程已开挖空间的涌流，或其中破碎岩石块体及其间空隙充填黏土构成的围岩塌方因富含地下水坍体具流动性在工程已开挖空间底面流动的不良地质体。包括：

（1）含水、饱水或过饱水黏土夹块石充填岩溶；

（2）下部含水、饱水黏土夹块石上部地下水充填岩溶；

（3）富水压性断层上盘强烈破碎带。

7. 煤与瓦斯突出致灾构造

煤与瓦斯突出致灾构造，指由于工程施工开挖接近，在瓦斯压力、地应力、构造应力作用下，瓦斯气体、煤突破工程开挖工作面与其间防突岩土盘连同岩土盘破坏形成的岩石块体、颗粒，向工程已开挖空间的突出，包括煤层和窝煤。

8. 有害气体及放射性涌出致灾构造

有害气体及放射性涌出致灾构造，由于工程施工开挖接近或揭穿，其中有害气体、放射性沿工程开挖工作面与其间贯通性节理裂隙、构造通道向工程已开挖空间涌出的产气构造或地层。包括：

（1）天然气田；

（2）有害矿体；

（3）富集有害气体地层；

（4）富集放射性物质地层。

9. 岩爆致灾构造

岩爆致灾构造，指由于工程施工开挖的揭穿和通过，因约束条件的失去，其间聚积弹性变形势能突然猛烈释放致外露面附近岩石爆裂并向临空面方向弹射，形成岩爆灾害的岩体。包括：

（1）高地应力环境条件下的深埋脆性完整岩体；

（2）隧道地面地形陡变点下方脆性完整岩体。

4.5.2　不良地质体暴露后状态及性质的改变

工程施工就开挖揭露不良地质体后，不良地质体失去约束条件，其状态或性质改变包括：

（1）岩体结构应力平衡状态遭到破坏；

（2）自稳能力下降甚至丧失；

（3）吸水膨胀软化；

（4）快速风化软化。

1. 岩体结构应力平衡状态遭到破坏

原本处于封闭状态的岩体，由于隧道及地下工程的施工开挖，失去约束条件，原本的结构应力平衡状态遭到破坏，当岩体中聚积的高弹性应变能远大于岩体破坏所需要的能量时，岩体中应力重分布，岩体中聚积的弹性变形势能猛烈释放导致位于隧道开挖轮廓面附近岩体爆裂，岩石碎片从岩体中剥离、崩出，形成隧道施工岩爆灾害。

2. 自稳能力下降甚至丧失

由于基坑、隧道、边坡的施工开挖，隧道围岩变形、大变形、塌方致灾构造，或失去下部或侧面约束条件，在自重应力作用下，自稳能力下降甚至失去，致使其变形直至塌落形成塌方灾害；边坡上部土石失去下部约束产生溜滑；基坑壁失去侧面约束，在自重应力作用下，自稳能力下降甚至失去，致使其变形直至塌落形成塌方灾害。隧道围岩大变形致灾构造失去约束条件，在自重应力、构造应力、膨胀应力作用下，产生具有累进性和明显时间效应的且在相当长一段时间内得不到有效约束的塑性变形。

隧道施工开挖揭穿和通过突涌水、突涌泥、洞内泥石流致灾构造后，原本只在突涌水致灾构造内部流动的地下水、突涌泥致灾构造中的含水—富水黏土和洞内泥石流致灾构造中的含水—富含地下水土石失去约束，在自重应力作用下，流向已开挖隧道空间，或失去稳定性形成具流动性的含水—富水黏土和含水—富含地下水土石塌方体，形成隧道施工涌水、涌泥和洞内泥石流灾害。

隧道施工开挖揭穿和通过有害气体及放射性涌出致灾构造后，原本只在致灾构造中运移的有害气体及放射性物质，失去约束，涌入已开挖隧道空间，形成有害气体侵害和放射性灾害。

3. 吸水膨胀软化和快速风化软化

由于基坑、隧道、边坡的施工开挖，出露于隧道拱部、基坑壁上及开挖边坡的膨胀岩、土吸水膨胀变形坍塌或溜滑；出露于隧道拱部、基坑壁上的极易风化软化的岩石体如凝灰岩，快速风化软化变形直至塌落形成塌方灾害。

参考文献

[1] 何发亮，卢松，丁建芳，等. 地质复杂隧道施工地质预报与工程实践[M]. 成都：西南交通大学出版社，2019.

[2] 成都地质学院，刘宝珺. 沉积岩石学[M]. 北京：地质出版社，1980.

[3] 南京大学地质系矿物岩石教研室. 火成岩岩石学[M]. 北京：地质出版社，1980.

[4] 贺同兴，卢良兆，李树勋，等. 变质岩岩石学[M]. 北京：地质出版社，1980.

[5] 武汉地质学院，成都地质学院，南京大学地系，等. 构造地质学[M]. 北京：地质出版社，1979.

[6] 长春地质学院地质力学教研室区域构造组. 区域构造学[M]. 北京：地质出版社，1979.

[7] 成都地质学院普通地质教研室. 动力地质学原理[M]. 北京：地质出版社，1979.

[8] 何发亮，吴德胜，郭如军，等. 隧道施工地质灾害与致灾构造及其致灾模式[M]. 成都：西南交通大学出版社，2015.

[9] 罗雄文，何发亮. 深长隧道突水致灾构造及其突水模式研究[J]. 现代隧道技术，2014（1）：21-25.

[10] 何发亮，郭如军，吴德胜，等. 隧道工程地质学[M]. 成都：西南交通大学出版社，2014.

第 3 篇

隧道施工地质不确定性与隧道施工风险

第 5 章　隧道施工地质不确定性

隧道或隧洞，指修建于地面以下地层岩石、土体中的，供运输或引水、输水用的线状洞室。

隧道特别是穿越高山峡谷地区长大深埋隧道和下穿江河湖海隧道穿越地区复杂的地形、地貌和地质条件及其给工程地质勘察带来的困难，与隧道工程地质勘察工作特点一道，决定了隧道施工地质不确定性的存在在所难免。

5.1　隧道工程及其工程地质勘察特点

5.1.1　隧道工程特点

隧道，包括水工隧洞，指按一定断面形状及断面尺寸，修建于地面或水底以下土石体、地层岩石中或水中填筑土石体中，供交通运输、引水、输水和矿山采掘运输矿产用的线状洞室。

因此，隧道工程具如下特点：

（1）整个工程位于地面或水底以下土石体、地层岩石中或水中填筑土石体中；

（2）隧道穿越的地面或水底以下土体、地层岩石的工程地质水文地质条件的准确掌握，以及水中填筑土石体的密实度和稳定性，对隧道工程施工的成败起着重要甚至是决定性的作用；

（3）地下施工环境较差；

（4）施工场地或位于深山峡谷之中穿越崇山峻岭，或下穿江河湖海，或穿越海洋中的人工土石填筑体；

（5）是具一定断面形状和断面面积的线状洞室物；

（6）一旦建成，难以更改；

（7）施工可不受或少受昼夜更替影响。

5.1.2　隧道工程地质勘察及其特点

1. 隧道工程地质勘察

隧道工程地质勘察，指专门为隧道工程的设计、施工等进行的工程地质勘察工作。

《铁路工程地质勘察规范》（TB 10012—2019）明确规定，铁路隧道工程地质勘察应由点到面、由浅入深，分阶段开展工作，按照资料收集、地质调绘、勘探测试、地质资料综合分析及文件编制的工作程序进行；应按勘察阶段要求，正确反映铁路工程的工程地质条件，为线路方案选择、各类建筑物设计、特殊岩土处理、不良地质整治、环境保护和水土保持方案的制定、施工方法的确定和地质风险评估等提供依据；在研究、分析区域地质条件的基础上，采用遥感图像地质解译、调绘、物探、钻探、原位测试、室内试验等多种工程地质勘察手段进行，且应包括以下内容：

（1）查明隧道通过地段的地形、地貌、地层、岩性、地质构造。岩质隧道应着重查明岩层层理、片理、节理、软弱结构面的产状及组合形式，断层、褶皱的性质、产状、宽度及破碎程度；土质隧道应着重查明土的成因类型、结构、成分、密实程度、潮湿程度等。

（2）查明隧道通过地段是否通过煤层、气田、膨胀性地层、采空区、有害矿体及富集放射性的地层等，并进行工程地质条件评价。

（3）查明不良地质、特殊岩土对隧道的影响，评价隧道可能发生的地质灾害，特别是对洞口及边仰坡的影响，提出工程措施意见。

（4）对于深埋隧道，应预测隧道洞身地温情况。

（5）深埋及构造应力集中地段，对坚硬、致密、脆性岩层应预测岩爆的可能性，对软质岩层应预测围岩大变形的可能性。

（6）对隧道浅埋段及洞口段应查明覆盖层厚度、岩体的风化和破碎程度、含水情况，评价其对隧道洞身围岩及洞口边、仰坡稳定的影响。

（7）对傍山隧道，外侧洞壁较薄时，应预测偏压危害。

（8）应根据地质调绘、物探及验证性钻探、测试成果资料，综合分析岩性、构造、地下水状态、初始地应力状态等围岩地质条件，结合岩体完整性系数、岩体纵波速度等，分段确定隧道围岩分级。

（9）接长明洞地段，应查明明洞基底的工程地质条件。

（10）当设置有横洞、平行导坑、斜井、竖井等辅助坑道时，应查明其工程地质条件。

（11）多年冻土地区隧道还应查明冻土类型、分布、特征，地下水的类型、补给、径流、排泄条件及动态特征；多年冻土的下限深度及其洞身的冻土工程地质条件。

（12）隧道弃渣场应查明场地范围内地形、地貌、地层岩性、水文地质、不良地质、特殊岩土及弃渣场挡护工程的地基地质情况，场地范围内水文、

植被、地质灾害的发育情况、弃渣场周边的地质情况、对环境的影响及可能
导致的次生地质灾害。

此外，更规定了隧道工程勘探、地质测试应结合采用的施工方法进行，
且应符合地质条件复杂的隧道应加强地质调绘，采用物探、钻探等综合勘探
方法，钻孔位置和数量应视地质复杂程度而定；洞门附近第四系地层较厚时，
应布置勘探点；地质复杂，长度大于 1 000 m 的隧道，洞身应按不同地貌及地
质单元布置勘探孔；主要的地质界线和断层，重要的不良地质、特殊岩土地
段，可能产生突泥、突水危害地段等处应有钻孔控制，重要物探异常点应有
钻孔验证；穿越城市和大江大河的隧道应按城市铁路隧道或水下隧道工程进
行地质勘察。

2. 隧道工程地质勘察工作特点

因此，隧道工程地质勘察工作具有如下特点：

（1）需按资料收集、地质调绘、勘探测试、地质资料综合分析及文件编
制的工作程序和勘察阶段要求进行。

（2）在研究、分析区域地质条件的基础上，采用遥感图像地质解译、调
绘、物探、钻探、原位测试、室内试验等多种工程地质勘察手段进行。

（3）内容广泛，包括正洞及辅助坑道通过地段地形、地貌，洞身穿越地
层岩性（土石、地层岩石）、构造（断层、褶皱）分布，岩层、构造（断层、
褶皱）产状，不良地质（土石、煤层、膨胀岩土、气田、采空区、有害矿体、
富集放射性地层、软岩、岩体破碎带、断层破碎带、岩溶、多年冻土、岩爆
地段）分布、规模、性质及其对因隧道施工开挖接近和揭穿可能导致的施工
地质灾害的预测等。

应该指出的是，在"应布置勘探点""应按不同地貌及地质单元布置勘探
孔""应有钻孔控制"和"应有钻孔验证"中的勘探点、勘探钻孔数量未作规定。

隧道工程地质勘察的特点决定了其给出的结果，在隧道开挖断面及开挖
轮廓线外一定距离范围内势必存在因隧道施工开挖接近和揭穿可能导致隧道
施工地质灾害发生的不良地质体的遗漏和不良地质体分布位置、性质及规模
偏差的情况。

5.2 隧道特别是长大深埋隧道、下穿江河湖海隧道址区复杂的地质条件

隧道特别深埋长大隧道，或穿越高山峡谷区，或下穿江河湖海。

5.2.1　穿越高山峡谷地区长大深埋隧道址区复杂的地质条件

　　山，是地面上被平地所围绕的具有较大绝对高度和相对高度而凸起的地貌区。按海拔高程，高于 5 000 m 为极高山，高于 3 500 m 低于 5 000 m 为高山，高于 1 000 m 低于 3 500 m 称为中山，高于 500 m 低于 1 000 m 为低山。

　　根据形成原因，山可以分为构造山、侵蚀山和堆积山等三大类。由地壳构造运动形成的山称为构造山，如因地壳运动造成地层岩石褶皱而形成的褶皱山、因地壳断裂上升所形成的断块山等；高原或构造山受流水、风力等外力长期侵蚀分割而形成的山称为侵蚀山；由土、石在地表堆积而成的山称为堆积山，如火山。

　　山脉，指沿一定方向延伸、包括若干条山岭和山谷组成的山体，因呈脉状且有某种整体性质而称之为山脉。

　　板块碰撞和地层褶皱、断裂，是山脉特别是高山山脉形成的重要原因。

　　在中国，以贺兰山—龙门山为界，西部地区主要受印度板块北向挤压，山脉多呈近东西走向；东部主要承接来自太平洋板块的碰撞反力，山脉多呈近南北走向。由于印度板块呈倒三角形，它以楔入的方式撞向亚欧大陆时的力量，可以近似地认为集中于两个点，即喜马拉雅山西端的南伽峰和东端的南迦巴瓦峰（察隅、墨脱附近）。天山—北山、昆仑山及其主要支脉阿尔金山、阿尼玛卿山、可可西里山是典型的东西走向山脉，喜马拉雅山、冈底斯山、唐古拉山是由于两个楔入力量点的差异而形成的弧形山脉，阿尔泰山、喀喇昆仑山、北天山是主要受来自南伽峰单一方向力形成的斜向山脉，祁连山—六盘山是东西两力结合的过渡产物，横断山脉连同中南半岛是亚欧大陆东部在东西两力作用下"挤出"来的。东部地区的重要山脉，如台湾山脉、长白山—武夷山脉、大兴安岭—太行山—巫山—雪峰山、吕梁山、大娄山、乌蒙山等等都是亚欧板块与太平洋板块碰撞的结果。可以理解，西太平洋板块边缘的东北—西南走向是和东部山脉的走向相平行的。东部的例外包括阴山—燕山、秦岭—大别山及大巴山，它们是早于亚欧大陆形成的板块碰撞拼合线，南岭的五个岭实际都是规范的东北—西南走向，它们的合称只是人们的习惯而已。

　　板块的碰撞，导致板块内岩石地层的褶皱和断裂，褶皱和断盘的上升致使地壳隆起，形成山脉特别是高山山脉，而岩石地层中发育分布的断裂，也为岩浆活动提供了通道。

　　我国主要山脉，包括东西走向的天山山脉、阴山山脉、昆仑山山脉、秦岭山脉、南岭山脉，北东—南西走向的大兴安岭山脉、太行山山脉、巫山山脉、雪峰山山脉、长白山山脉、武夷山山脉、台湾山脉，北西—南东走向的阿尔泰山山脉、祁连山山脉，以及弧形山脉横断山山脉和喜马拉雅山山脉，与主要构造体系关系密切，历经长期的地质历史时期各次地壳运动、岩浆活动，构造的干扰、叠合、联合、交叉、交接、复合，形成了穿越高山峡谷地区长大深埋隧道址区复杂的地质条件。

1. 天山山脉、阴山山脉、阿尔泰山山脉——天山—阴山构造带

天山山脉、阴山山脉和阿尔泰山山脉，坐落于巨型纬向构造体系阴山—天山构造带内。

天山—阴山构造带（图 5-1）是沿阴山—天山展布的纬向构造带。其主体大致位于北纬 40°～43°，由古老变质岩系、古生代及中生代岩层构成的东西向紧密褶皱、冲断层及逆冲-推覆构造、平移断裂及韧性剪切带，以及不同时期的岩浆岩带和构造动力变质带等组成。它至少从古生代以来反复经历多次构造运动和强烈的南北向水平挤压，带内既有多期强烈变形、变质作用的叠加。

阴山—天山构造带东段，即燕山辽东带，区域地质构造受新华夏系强烈干扰，两者联合、复合现象十分显著；燕山辽东带经历了前震旦晚期超基性及基性岩浆活动，古生代晚期海西期较广泛的中酸性岩浆活动和少数超基性岩侵入活动，中生代印支期基性超基性碱性及中酸性岩浆活动、燕山期岩浆喷发和侵入活动，新生代基性岩浆喷出活动。

阴山—天山构造带中段，即阴山带，区域地质构造受新华夏系干扰较东段减弱但仍明显可见；阴山经历了太古—元古代基性岩浆喷发活动，古生代晚期海西期酸性、超基性岩浆侵入活动，中生代燕山期酸性岩浆侵入活动。

阴山—天山巨型纬向构造带西段，即天山北山带，经历了早古生代志留纪以中基性夹细碧岩的岩浆喷出活动，晚古生代早、中、晚期酸性岩浆侵入和晚泥盆—早石炭世、早石炭—中石炭世、晚石炭—早二叠世和中石炭世基性至酸性岩浆喷发活动。

阴山—天山构造带东段主体由东西向褶皱带、巨大的压性断层或挤压带及其伴生构造组成；阴山—天山构造带属多次活动强烈构造带，但是受其他构造体系干扰较少的纬向构造带，仅东部受新华夏系构造影响较为强烈，与新华夏系呈明显重叠复合。

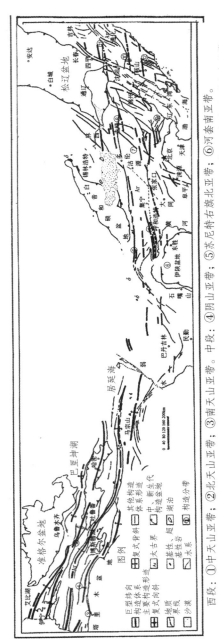

图 5-1 天山—阴山构造带

西段：①中天山亚带；②北天山亚带；③南天山亚带。中段：④阴山亚带；⑤赤尼特右旗北亚带；⑥河套南亚带。东段：⑦承德—赤峰中亚带；⑧翁牛特北亚带；⑨燕山南亚带；⑩四平—辉春北亚带；⑪铁岭中亚带；⑫太子河—千山南亚带。

（1）天山山脉

天山山脉，位于欧亚大陆腹地，平均海拔约 4 000 m，东起中国新疆哈密星星峡戈壁，西至乌兹别克斯坦的克孜勒库姆沙漠，近东西向延伸，横跨中国、哈萨克斯坦、吉尔吉斯斯坦和乌兹别克斯坦 4 国，全长约 2 500 km，南北平均宽 250 ~ 350 km，最宽处达 800 km 以上，是世界上最大的独立纬向山系，也是世界上距离海洋最远的山系和全球干旱地区最大的山系，在中国新疆境内绵延约 1 760 km。

新疆天山又称中国天山或东天山，古名白山，又名雪山，因冬夏有雪，由此得名。新疆天山长达 1 760 km，占天山总长度的 3/4 以上，平均宽度 300 km，拥有天山最高峰托木尔峰（海拔 7 443 m），横亘新疆全境，跨越喀什地区、克孜勒苏柯尔克孜自治州、阿克苏地区、巴音郭楞蒙古自治州、吐鲁番市、哈密市以及北疆的伊犁哈萨克自治州、博尔塔拉蒙古自治州、石河子市、昌吉回族自治州、乌鲁木齐市等多个地州市，是准噶尔盆地和塔里木盆地的天然地理分界，南北被塔克拉玛干沙漠和古尔班通古特两大沙漠环抱。

天山山脉由 3 列褶皱山脉组成，由北往南分别称为北天山、中天山和南天山。北天山由阿拉套山、科古琴山、婆罗科努山（博罗科努山）、博格达山等组成，中天山由阿拉喀尔山、那拉提山、艾尔温根山、霍拉山等组成，南天山由科克沙尔山、哈尔克山、贴尔斯克山、喀拉铁克山等组成。

天山山脉属于比较年轻的山脉，形成距今约二三百万年前。距今 200 ~ 1 200 万年前，是新生代晚期地壳变动的产物，其形成后的地质演化包括石炭纪末至二叠纪初同碰撞—后碰撞构造岩浆活动阶段、二叠纪早—中期幔源岩浆活动与壳幔相互作用阶段和二叠纪晚期以来的陆内演化阶段。

天山山脉及毗邻地区的地壳可以划分为 15 个单元。大致以东经 90°线为界，以西地区南侧的南天山碰撞带为向南凸出的弧形构造带，北侧的古陆碎块和其间的碰撞带呈北西走向斜列展布，构成巨型帚状构造；以东地区为相间排列的近东西走向的古活动陆缘或岛弧及其间的碰撞带。

（2）阴山山脉

阴山山脉，中国内蒙古自治区中部山脉，东西走向，是中国北部东西向山脉和重要地理分界线。横亘在内蒙古自治区中部及河北省最北部。西端以低山没入阿拉善高原，东端止于多伦以西的滦河上游谷地，长约 1 000 km；南界在河套平原北侧的大断层崖和大同、阳高、张家口一带盆地、谷地北侧的坝缘山地，北界与内蒙古高原相连，南北宽 50 ~ 100 km。

阴山山脉属古老断块山，西起狼山、乌拉山，中为大青山、灰腾梁山，南为凉城山、桦山，东为大马群山，平均海拔 1 500 ~ 2 000 m，山顶海拔 2 000 ~

2 400 m。集宁以东到沽源、张家口一带山势降低到海拔 1 000 ~ 1 500 m。主峰呼和巴什格，海拔 2 364 m。

阴山山脉主体由太古代变质岩系和时代不一的花岗岩构成，在两侧及山间盆地内有新生代地层。南坡现代山脉边缘已较地质构造上的断层边缘向北后退 10 ~ 30 km。

（3）阿尔泰山山脉

阿尔泰山山脉，呈北西—南东走向，斜跨中国、哈萨克斯坦、俄罗斯、蒙古国境，绵延 2 000 余千米。中国境内的阿尔泰山属中段南坡，山体长达 500 余千米，海拔 1 000 ~ 3 000 m，主要山脊高度在 3 000 m 以上，北部的最高峰为友谊峰，海拔 4 374 m。

在地质构造上，阿尔泰山山脉属阿尔泰地槽褶皱带，最早出现于加里东运动，华力西运动末期形成基本轮廓，此后山体被基本夷为准平原；喜马拉雅运动使得山体沿袭北西向断裂发生断块位移上升，才形成了今天的阿尔泰山山脉。1931 年发生的 8 级地震，产生了延续 40 ~ 60 km 的近南北向断层。

2. 秦岭山脉、昆仑山脉——秦岭—昆仑构造带

秦岭山脉、昆仑山脉，坐落于巨型纬向构造体系秦岭—昆仑构造带内。

秦岭—昆仑构造带（图 5-2），沿秦岭—昆仑山脉展布的纬向构造带，主体大致在北纬 33° ~ 36°，由古老变质岩系、古生代及中生代岩层构成的东西向隆起褶带和拗陷褶带、冲断带，以及从酸性到镁铁质—超镁铁质岩体组成，岩层、岩体变形变质强烈，东西向逆冲—推覆构造发育，构造动力变质带规模巨大，且西昆仑以断裂深切、蛇绿岩及蛇绿混杂岩沿断裂分布为特色。具悠久发育历史，为东亚地区长期活动的构造带之一，至少部分经历了海西期、印支期及燕山期等南北向挤压的强烈构造运动；边缘断裂显著横移并发生力学性质的张性改变。它成为黄河、长江两大水系的分水岭，南、北气候及地貌景观差异均以此为界。

受青藏歹字型构造等的影响，秦岭—昆仑构造带西端，即昆仑山脉端走向逐渐向北偏转变为北西西，东端受新华夏系干扰，两者呈明显的重叠复合关系，构造带由大致东西走向的巨型拗褶、火成岩体及规模巨大的不同形式褶皱和断裂组成。

秦岭—昆仑构造带东段，即淮南、桐柏、大别山带，受新华夏系第二沉降带重叠和淮阳山字型构造干扰构造体系不及中段清楚。北亚带，地层由震旦亚界下一套古老变质岩系、震旦亚界西部火山岩及未变质或轻微变质沉积岩、古生界沉积岩和中、新生届陆相沉积岩组成，经历了早震旦时期中性基

性火山喷发活动和中生代燕山期酸性岩浆侵入活动，由近东西向或北北西向褶皱陈冲断层及伴生的两组扭裂组成；中亚带，包括桐柏山脉及大别山脉整个地区，地层由侏罗、白垩系陆相碎屑岩建造及火山岩建造、红色建造与石炭、二叠系浅变质岩构成，岩浆活动与区域构造发育明显受东西向构造控制，经历了震旦亚代酸性岩浆侵入活动、加里东期岩浆活动和中生代燕山期中酸性岩浆侵入、喷发活动，构造变动强烈且复杂，但东西向复杂构造带为主体的形象十分清楚，由近东西至北北西向巨大褶皱、隆拗、压性断裂带组成；南亚带，地层主要为中、浅变质岩系应山群和万和店群，南亚带与淮阳山字型前弧西翼斜接复合，南亚带继续东延已被改造为山字型西翼的组成部分，南亚带早、中震旦亚代基性岩浆侵入活动。

秦岭—昆仑构造带中段，即秦岭带，经历多次构造运动，构造线总体呈东西走向，受祁吕贺兰山字型弧顶强烈挤压和南部汉南地块有利抵制，带宽变窄；构造带东部受淮阳山字型构造强烈影响构造线走向向北偏转为北西向或北西西向，西部受祁吕贺兰山字型特别是发育在东西向构造带基础上的武都山字型影响，构造线走向发生一定变化。

秦岭—昆仑构造带中段北亚带，地层由太古界太华群较深变质混合岩化火成岩、下元古界嵩山群沉积变质岩、震旦亚界熊耳群中酸性火山岩和五佛山群沉积变质岩及罗圈组冰碛层、古生界沉积岩、新生界陆相堆积组成，北亚带经历了前寒武纪中酸性火山喷发活动和酸性岩浆侵入活动、中生代燕山期酸性和中酸性岩浆侵入活动，构造由东西向、近东西向褶皱、高角度冲断层、片理、片麻理、劈理及伴生的南北向或北北东向张性破裂及北西向、北东向扭性断裂组成。

秦岭—昆仑构造带中段中亚带，即秦岭地轴，由秦岭群、宽坪群和陶湾群组成一套十分复杂的变质岩系，经历强烈的复杂的构造变动，经历了震旦亚代中酸性岩浆侵入、加里东期超基性基性中性酸性岩浆侵入、海西中晚期酸性岩浆侵入、印支期酸性岩浆侵入、燕山期酸性岩浆侵入活动，秦岭地轴构造主体由强大的东西向复杂褶皱和规模巨大具多期活动特征的压性断裂组成，伴生北东向、北西向扭断裂及近南北向张断裂规模及强度远低于东西向压性构造形迹，构造线东端受其他构造体系影响偏转为北西西至北西向。

秦岭—昆仑构造带中段南亚带由震旦亚界至三叠系以海相为主的浅变质岩系组成，经历了震旦亚代中基性岩浆喷发、早志留纪中酸性基性火山喷发、加里东期基性超基性岩浆侵入、印支期酸性岩浆侵入和燕山期酸性岩浆侵入活动，构造形迹多种构造体系联合复合现象纷杂，主体由东西向、近东西向褶皱、冲断层及伴生北东向、北西向扭断裂和近南北向张断裂组成。

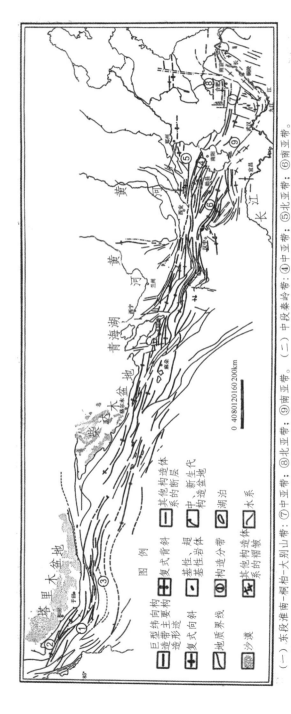

图 5-2　秦岭—昆仑构造带

（一）东段准南—桐柏-大别山带：⑦中亚带；⑧北亚带；⑨南亚带。（二）中段秦岭带：④中亚带；⑤北亚带；⑥南亚带。
（三）西段昆仑带：①中亚带；②北亚带；③南亚带。

秦岭—昆仑构造带西段，即昆仑带，属明显活动构造带，强大的近东西向褶皱和断裂形象非常突出；北亚带，组成地层包括前寒武纪变质岩系及寒武、奥陶、志留、泥盆系沉积岩，构造为明显东西向褶皱、走向断层，北亚带内仅前志留纪有岩浆活动，构造主体为岷县东西向褶皱、走向断层组成；中亚带，地层发育较全，包括分布于昆仑山主脊部位的前寒武系，即前震旦系喀拉喀什群变质杂岩、震旦亚界浅变质碎屑岩，和寒武—泥盆系碳酸盐岩建造及碎屑岩建造、石炭—二叠系碳酸盐岩建造及中基性火山熔岩及火山碎屑岩建造、侏罗系含煤碎屑岩、白垩—第三系含膏红色碎屑岩；南亚带岩浆活动不发育，仅局部地区见有规模不大的海西期、印支期酸性岩浆侵入，构造主要由东西向褶皱、断裂组成，经历晚海西、印支、燕山多次地壳运动作用。

昆仑山脉，构成了青藏高原北缘山系；秦岭山脉，则成为黄河与长江水系的分水岭。

秦岭—昆仑构造带是我国大陆地壳强烈活动的构造带，具有多次活动、长期发展及影响较深的特点，其既是强烈的构造形变带，又是强烈的动力变质带和强烈的岩浆活动带；秦岭—昆仑构造带，控制了分布区内侏罗系和第三系甚至第四系及其之前的所有地层；秦岭—昆仑构造带中，至少有些部分属活动构造带；秦岭—昆仑构造带西段与青藏歹字型构造呈明显斜接复合，东段与新华夏系呈重叠、截接复合。

（1）秦岭山脉

秦岭，分为狭义上的秦岭和广义上的秦岭。狭义上的秦岭，仅限于陕西省南部、渭河与汉江之间的山地，东以灞河与丹江河谷为界，西止于嘉陵江。广义的秦岭，西起昆仑，中经陇南、陕南，东至鄂豫皖—大别山以及蚌埠附近的张八岭，是长江和黄河流域的分水岭。

秦岭大致可分为西、中、东三段。西段分为三支，北支为秦岭，也称南岐山或大散岭；中支为凤岭，南支为紫柏山，在留坝的西北称柴关岭。中段称终南山，主要山岭有四方台、首阳山、终南山和东光秃山等，海拔均在 2 500～3 000 m。东段呈手指状，向东南展开，由北向南依次是太华山、蟒岭、流岭、鹘岭和新开岭，海拔均在 1 500～2 600 m。

秦岭北界为一大断裂，山脉在河南西部南阳中断，再向东现于湖北、河南与安徽三省边界的桐柏山和大别山。

在地质构造上，秦岭是一个掀升的地块，北麓为一条大断层崖，北坡短而陡峭，河流深切；南坡长而和缓。

秦岭山脉为古老的褶皱断层山脉，其北部早在 4 亿年前就已上升为陆地，遭受剥蚀；南部却淹于海水之中，接受了古生代海相沉积。加里东运动致南部隆起成为陆地，海西运动致北部上升，至三叠纪印支运动致秦岭基本成型，燕山运动致秦岭形成以断块活动为主的南北褶皱带构造格架，喜山运动致秦岭块断式垂直升降，形成了现今秦岭格局。

（2）昆仑山脉

昆仑山脉，亚洲中部大山系，也是中国西部山系的主干。山脉西起帕米尔高原东部，横贯新疆、西藏间，延伸至青海境内，全长约 2 500 km，平均海拔 5 500～6 000 m，宽 130～200 km，西窄东宽，最高峰是位于新疆克孜勒苏柯尔克孜自治州阿克陶县的公格尔峰。

昆仑山脉西高东低，按地势分西、中、东 3 段。西昆仑山海拔在 7 000 m以上的山峰有 3 座，6 000 m 以上的山峰有 7 座，平均海拔为 5 500～6 000 m；中昆仑山海拔 6 000 m 以上的山峰有 8 座，平均海拔 5 000～5 500 m，北坡雪线 5 100～5 800 m；东昆仑山海拔 6 000 m 以上的山峰有 4 座，5 000 m 以上的山峰有 8 座，平均海拔 4 500～5 000 m，积雪分布在 5 800 m 以上的山峰。

昆仑山脉与塔里木盆地和柴达木盆地间，均以深大断裂相隔。昆仑山地区以前震旦系为基底；古生代时为强烈下沉的海域，伴有火山活动；古生代末期经华力西运动褶皱上升，构成昆仑中轴和山脉的中脊；中生代产生拗陷，经燕山运动构成主脊两侧 4 000 m 以上的山体。

昆仑山脉的新构造运动极其强烈，晚第三纪以来上升大约 4 000～5 000 m；叶尔羌拗陷中的砾石层厚度 2 500 余米，河谷高阶地上则分布有第四纪火山凝灰岩和火山角砾岩；克里雅河与安迪尔河的上游均保存有中更新世玄武岩流与火山口，1951 年在于田县境昆仑山中的卡尔达西火山群的一号火山曾爆发，并伴有现代火山泥石流。东部昆仑山第四纪以来上升了 2 800余米，相关沉积物在柴达木盆地中的埋藏深度达 2 800 m。昆仑山的新构造运动具有间歇性。

3. 南岭山脉——南岭东西构造带

南岭山脉，坐落在巨型纬向构造体系南岭东西构造带内。

南岭东西构造带（图 5-3），位于北纬 23°30′～26°30′ 之间，属断续相连的东西向构造带，主要通过断续相连的东西向褶皱带、断裂带、潜伏的基底断裂、动力变质带、花岗岩带、火山岩带各个时代古构造上反映的隆起带和拗陷带，以及现今的温泉及地震震中的东西向展布，表现其东西构造带特征，南岭东西构造带与许多构造体系呈多种复合关系。南岭东西构造带东段和中段，主要由古生代及中生代岩层组成的褶皱和巨大的花岗岩带及早古生代变质岩系构成，西段主要由部分前震旦纪变质岩系和古生代及中生代岩层组成的褶皱，以及走向东西的晚近隆起带反映出来。受其他构造体系干扰极为强烈，往往以分散、片段的形式出现，不像天山—阴山和秦岭—昆仑两个纬向体系那样东西伸展、绵延不断，但其断续形迹仍表现出明显的纬向构造体系特征。南岭东西构造带与许多构造体系呈多种复合关系。

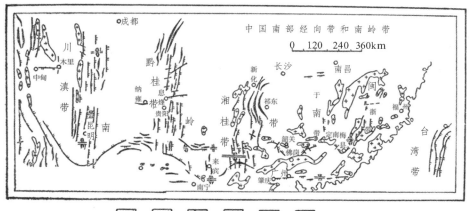

图 5-3　中国南部经向带和南岭东西构造带

南岭东西构造带滇段，受青藏歹字型构造、川滇南北向构造带和云南山字型构造的影响，或南岭东西构造带、青藏歹字型构造、川滇南北向构造带和云南山字型构造的联合作用，致南岭东西构造带滇段地质构造被包容在南北构造带中，展布较零散、片段，但三条纬向构造带在布格重力图上均有反映，且经历多次强烈构造运动，由东西向复式褶皱、断裂及酸性、基性、超基性岩浆侵入构成；南岭东西构造带滇段地质构造与青藏歹字型构造、川滇南北向构造带的复合部位与云南地区较大地震关系密切。

南岭东西构造带黔桂段东部受广西山字型、经向带和新华夏系影响，西部受广西山字型西翼、云南山字型东翼、滇东南文山一带帚状构造、青藏歹字型及经向带和新华夏系影响，致黔桂段纬向带西部宽东部较窄，东部主要为纬向断裂带。

南岭东西构造带粤闽段受广西山字型东翼、粤北山字型、梅县山字型、经向带、华夏系、新华夏系影响，主要特征是发育了三条花岗岩带，以及佛冈、花山—姑婆山—大东山—九连山和沙子岭—诸广山南部—大庾岭花岗岩带；粤闽段东部尽管强大的新华夏系占据主导地位，但东西构造带仍清晰可辨。

4. 台湾山脉、武夷山山脉、大兴安岭山脉、太行山山脉、雪峰山山脉、巫山山脉——新华夏构造体系

台湾山脉、武夷山山脉、大兴安岭山脉、太行山山脉、雪峰山山脉，分属新华夏构造体系之三条隆起带。新华夏构造体系是我国东部广大地区乃至东亚大陆濒太平洋规模宏大的多字型构造体系，体系主体走向为北北东，是中、新生代以来强烈活动并最终形成的构造体系，其控制了我国东部中、新生代以来的主要构造格局，属活动构造体系。

新华夏构造体系，亚洲东部濒太平洋地区特有的中生代形成并持续活动的一个巨型多字型构造体系。它由一系列北北东方向的大型隆起带和沉降带构成，并有斜交的扭断裂和直交的张断裂相伴生。主体是由总体走向北北东的 3 条巨大隆起带和 3 条巨大沉降带构成。第一隆起带是濒太平洋的一条岛弧褶带，自北而南，包括千岛群岛、日本群岛、琉球群岛、中国台湾、吕宋、巴拉望和由东北到西南穿过加里曼丹的诸山脉。第一隆起带以西的鄂霍次克海、日本海、黄海、东海、南海等，是第一沉降带。第一沉降带以西是第二隆起带，由朱格尔山脉、锡霍特山脉、张广才岭、老爷岭、长白山脉、狼林山脉和由辽东半岛穿过山东半岛直到江淮丘陵地带以及闽、赣两省的戴云山脉和武夷山脉所组成。第二隆起带以西的松辽平原、华北平原、江汉平原，再往西南，越过南岭，经广东西南部，直延伸到北部湾，构成了第二沉降带。第二沉降带以西，自北而南是由大兴安岭、太行山脉和湘鄂以西以及川东、滇东、黔东境内北北东走向的诸山脉，组成第三条隆起带。第三条隆起带以西，自北而南，为呼伦贝尔—巴音和硕盆地，越过阴山，为陕甘宁盆地，越过秦岭和大巴山，为四川盆地，它们构成了第三条沉降带。隆起带呈西缓东陡、沉降带呈现西陡东缓的特点。新华夏构造体系内岩浆活动强烈，尤以花岗岩浆的侵入为盛，酸性、中酸性火山熔岩的喷溢也很强烈。

（1）台湾山脉

台湾山脉，位于台湾省本岛，处于新华夏构造体系之第一隆起带内，是中央山脉、雪山、玉山、阿里山及台东山的总称。由亚欧板块和太平洋板块挤压形成。

中央山脉纵贯台湾岛，长约 320 km，宽约 80 km，有 62 座山峰高度在 3 000 m 以上，其中 22 座超过 3 500 m，最高峰为玉山，海拔 3 952 m，主要由片岩、石英岩和片麻岩所构成，中央山脉东侧台东裂谷将中央山脉与台湾西岸肥沃平原隔离。

雪山山脉位于中央山脉的西北方，东以兰阳溪断层谷与大甲溪上游纵谷

与中央山脉分界，长约 260 km，宽约 28 km。

玉山山脉，位于台湾岛中央偏南、阿里山东侧、中央山脉以西，区内拥有古老的地层，与峭壁、峡谷、断崖等多变的地形；阿里山山脉位于玉山山脉西方，两座山脉隔楠梓仙溪遥相呼应，呈北北东走向，长约 250 km，平均高度 2 500 m。

台东山脉，也称海岸山脉，位于台湾本岛之东缘，北起花莲，南迄台东，纵长 150 km，东西之平均宽度为 10 km，以秀姑峦溪为界分南北两段。

台湾山脉为第三纪末期，即喜山期地层隆褶形成，褶皱和压性断裂走向为 NNE；喜山期至现代岩浆活动以中基性火山喷发为主，见有超基性岩侵入。

（2）武夷山山脉、长白山山脉

武夷山山脉、长白山山脉，位于新华夏构造体系之第二隆起带内。

① 武夷山山脉

武夷山山脉，位于中国江西省、福建省两省边境，呈北东—南西走向，长约 550 km，海拔 1 000 m 左右，是赣江、抚河、信江与闽江的分水岭，处于新华夏构造体系之第二隆起带内。

武夷山脉山体主要由上元古界片岩、片麻岩、变粒岩、混合岩，震旦系片岩、片麻岩、变粒岩、角岩、石英岩、透镜状大理岩，二叠系粉砂岩、砂岩、硅质页岩、页岩、灰岩，侏罗系中酸性喷发岩、熔结凝灰岩、沉积碎屑岩，以及白垩系紫红色砾岩、砂岩等组成。区内岩浆活动强烈，其中包括奥陶纪钾长花岗岩、二长花岗岩、花岗闪长岩、英云闪长岩，志留晚世的二云二长花岗岩、黑云花岗闪长岩、英云闪长岩，二叠纪的红柱石黑云二长花岗岩，三叠纪的黑云二长花岗岩、黑云钾长花岗岩，早侏罗世的黑云钾长花岗岩、角闪黑云钾长花岗岩，中侏罗世的黑云二长（钾长）花岗岩、黑云二长花岗岩，早白垩世的钾长花岗斑岩、石英正长岩、石英二长岩，晚白垩世的黑云（二云）钾长花岗岩、花岗斑岩、石英斑岩，及老第三纪的黑云钾长—二长花岗岩、辉长岩、黑云角闪辉长岩等侵入。

② 长白山脉

长白山脉，位于吉林省东南部，海拔 2 749 m，中国境内最高峰白云峰，海拔 2 691 m，也是中国东北的最高峰。

长白山脉，由多列北东—南西走向平行褶皱、断层、山脉和盆、谷地组成。西列为吉林省境内的大黑山和向北延至黑龙江省境内的大青山；中列北起张广才岭，至吉林省境内分为两支：西支老爷岭、吉林哈达岭，东支威虎岭、龙岗山脉，向南伸延至千山山脉；东列完达山、老爷岭和长白山主脉。

大约 277 万年前，地壳深部高温高压岩浆沿断裂上升形成的火山喷发，形成了玄武熔岩长白山熔岩台地和白茂熔岩台地。距今 58 万年前的第二次火山喷发，形成碱性粗面岩堆积。距今约 44 万年前的第三次火山喷发碱性粗面岩在原有粗面岩上二次堆积。距今 21 万年前的第四次火山喷发碱性粗面岩又一次堆积，之后火山喷发末期火山口沉陷而形成了天池。

（3）大兴安岭山脉、太行山山脉、雪峰山山脉

大兴安岭山脉、太行山山脉、雪峰山山脉，处于新华夏构造体系之第三隆起带内。

① 大兴安岭山脉

大兴安岭山脉，东北起自黑龙江南岸，南止于赤峰市境内西拉木伦河上游谷地，呈东北—西南走向，最高峰黄岗梁，海拔 2 029 m，属新华夏系第三隆起带北段。

大兴安岭山脉所在地区，自上元古代至新生代，历经"五台运动"形成原始海洋——蒙古海漕，"加里东运动"海陆交互，"海西运动"海水退出升为陆地，形成北东、南西走向大兴安岭褶皱带与伊勒呼里山系雏形，"燕山运动"致地层强烈褶皱、断裂和火山喷发，西伯利亚板块与中国板块挤压、相撞致大兴安岭褶皱带进一步上升，形成北北东向新华夏隆起带和阶梯式断裂带，早第三纪大兴安岭隆起带和区域断裂带继续稳步上升，长期侵蚀剥蚀现"兴安期夷平面"，"喜马拉雅运动"致区内出现新褶皱、大断裂、激烈火山喷发，第四纪及其后，大兴安岭继续缓慢上升，发育成大兴安岭山脉。历经元古代晚期片麻状黑云母花岗岩、片麻状斜长花岗岩和片麻状白岗质花岗岩侵入，古生代加里东期斜长花岗岩、白云母花岗岩侵入，华里西晚期黑云母花岗岩、花岗闪长岩、白岗质花岗岩、斜长花岗岩和石英闪长岩侵入，中生代燕山期黑云母花岗岩、花岗闪长岩、白岗质花岗岩、花岗斑岩、橄榄岩和辉长岩侵入，以中生代燕山期中酸性火山喷发和大规模花岗岩侵入为主。

② 太行山脉

太行山脉，位于山西省与华北平原之间，纵跨北京、河北、山西、河南 4 省市，山脉北起北京市西山，向南延伸至河南与山西交界地区的王屋山，西接山西高原，东临华北平原，呈东北—西南走向，绵延 400 余千米。二叠纪前，太行山地区沉积了巨厚的海相碎屑岩、含铁硅质岩及碳酸盐地层，五台运动和吕梁运动致区内古老地层褶皱、断裂、岩石变质，吕梁运动后，本区进入差异升降阶段，海水进退往复形成了中元古代地台沉积盖层及上覆古生界寒武、奥陶、石炭和二叠系地层，燕山运动使太行山新华夏式褶皱带逐渐形成并发育太行山前深大断裂带，喜马拉雅运动使太行山强烈隆起成山脉。太行山脉基底为复式单斜褶皱，东侧为山前断裂构造。

③ 雪峰山山脉

雪峰山山脉，位于湖南省中西部，呈北东—南西走向，南接湘桂间的八十里大南山，西南起于邵阳市绥宁县城的巫水北岸、柘溪水库划分南北两大段、北到益阳县，西部在湖南省沅江以东（包括资水流域的北部），西侧是丘陵级的武雪山脉（雪峰山的西翼），东部伸出巨大支脉到新邵县的金龙山—天龙山。

雪峰山属"原始江南古陆"的西南段，呈一向北西突出的弧形构造，广泛分布前震旦系冷家溪群、板溪群一套由浅变质的板岩、变质砂岩及千枚岩组成的地层，震旦系变质碎屑岩亦发育良好，早古生代寒武—志留系的板岩、灰岩、细砂岩等组成的地层间有出露。受加里东运动的抬升，形成一系列北北东至北东向的隆起与拗陷；经燕山运动，产生一系列北北东向的断裂和褶皱。

④ 巫山山脉

巫山山脉，位于重庆、湖北、贵州三省边界，北东—南西走向，北与大巴山相连，南面深入武陵山地。主峰为湖北巴东县境内的乌云顶，海拔 2 400 m。长江横穿其间，形成长江三峡瞿塘峡、巫峡、西陵峡。自奉节白帝城到黛溪，长江横穿石灰岩山地，形成 8 km 长的瞿塘峡，两岸岩壁直立，江面狭窄，最窄处不过 100 多公尺。自巫山到官渡口长约 45 km，长江流向与岩层走向斜交，形成巫峡。

5. 祁连山山脉——祁吕贺兰山字型构造

祁连山山脉，位于中国青海省东北部与甘肃省西部边境，是中国境内主要山脉之一，由多条西北—东南走向的平行山脉和宽谷组成，东西长 800 km，南北宽 200~400 km，海拔 4 000~6 000 m，共有冰川 3 306 条。祁连山山脉西端在当金山口与阿尔金山脉相接，东端至黄河谷地与秦岭、六盘山相连。祁连山山脉，属褶皱断块山。山脉走向由西北而东南，包括大雪山、托来山、托来南山、野马南山、疏勒南山、党河南山、土尔根达坂山、柴达木山和宗务隆山，山峰海拔多 4 000~5 500 m，最高峰疏勒南山团结峰海拔 5 808 m。祁连山山脉为昆仑秦岭地槽褶皱系的一个典型加里东地槽，褶皱迴返于陆相泥盆系磨拉石建造之前。北祁连山及河西走廊见中、下泥盆统不整合于下古生界（如武威杂木寺）及加里东晚期花岗岩（如九条岭南马良沟等）之上；拉脊山见中、下泥盆统不整合于中、上奥陶统之上；南祁连山乌兰大坂见上泥盆统不整合于下志留统之上，代表祁连山主要于加里东晚期褶皱成山，基本由地槽变为地台发展阶段，故晚古生代—中、新生代均为地台盖层沉积。祁连山的北界为塔里木—阿拉善地台，以大断裂分界。南界与东昆仑和西秦岭褶皱系间也为大断裂所切。

祁连山山脉，地处祁吕贺兰山字型构造体系内。

祁吕贺兰山字型构造体系（图 5-4），是横亘于阴山—天山和秦岭—昆仑两个纬向构造带之间，前弧弧顶位置在六盘山南端的宝鸡以西的一个规模巨大的山字型构造。

祁吕贺兰山字型构造体系东翼，循汾渭谷地往北东方向发展，以吕梁山—恒山褶带为主体，为一系列平性的褶皱束，在华北平原北面的燕山地区形成反射弧；西翼从同仁、循化等地区往西北，在祁连山地区由一系列平行的褶带组成。祁吕贺兰山字型构造体系，以贺兰山、六盘山为脊柱。

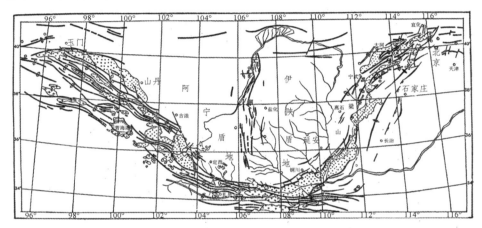

0 40 80 120 160 200km

1-复式背斜式陆梁；2-复式向斜式陆槽；3-冲断层；4-推测断裂带；5-河西系；
6-新华夏系；7-东西向褶带；8-康藏系；9-褶皱群；10-伴生及派生断裂；
11-中生代酸性侵入岩；12-中、新生代槽地。

图 5-4　祁吕贺兰山字型构造体系

6. 横断山脉——青藏歹字型构造体系

横断山脉，中国最长、最宽和最典型的南北向山系群体，唯一兼有太平洋和印度洋水系的地区。位于青藏高原东南部，通常为四川、云南两省西部和西藏自治区东部南北向山脉的总称。

横断山脉，位于康滇地轴、青藏歹字型构造体系的中段。印支运动使区内褶皱隆起成陆，并形成一系列断陷盆地。盆地中堆积有侏罗系、白垩系地层。燕山运动又发生褶皱和断裂。直到第三纪中期，地壳缓慢上升，经受了长期剥蚀夷平，形成广阔夷平面。第三纪末期至第四纪初期，构造运动异常活跃，统一的夷平面变形、解体，岭谷高差趋于明显。第四纪经历多次冰川作用。区内丘状高原面和山顶面可连接为一个统一的"基面"，"基面"上有山岭，下为河谷和盆地；横断山脉岭谷高差悬殊，山间盆地、湖泊众多，古冰川侵蚀与堆积地貌广布，现代冰川作用发育，重力地貌作用，如山崩、滑坡和泥石流屡见。同时，地震频繁，是中国主要地震带之一，著名的鲜水河、安宁河和小江等地震带都分布于本区。

青藏歹字型构造，全称青藏滇缅印尼歹字型构造，曾称康藏歹字型构造，是展布于中国西南部和东南亚地区的歹字型构造。其头部及外围褶带散布于我国甘、青、藏及川西北地区，中部经我国藏东、川滇西部，以及缅甸、泰国和越南，尾部在东南亚至印尼等地。头部，主体呈强烈压扭状态之巨大弯曲褶带，断裂发育且多自北向南逆冲推覆；中部，伴随南北向剧烈褶皱带和巨大冲断带，以低温高压构造动力变质带、构造岩浆变质带或高压动力变质带及蛇绿岩带为特征；尾部，终止于赤道附近，并有形态完美的班达海旋涡状构造伴随。它从晚古生代后期开始发育，三叠纪末印支运动基本成型，燕山运动及喜马拉雅运动为其活动的最高峰时期，导致青藏高原整体隆起，是中国主要活动构造体系之一。

青藏歹字型构造与秦岭—昆仑构造带呈斜接复合和部分重叠复合，与川滇南北带以斜接复合为主、局部重接，与帕米尔—喜马拉雅歹字型构造呈斜接、反接；青藏歹字型构造分布区内，岩浆活动包括震旦纪和加里东期、志留纪基性火山喷发、晚古生代基性岩浆为主局部酸性岩浆侵入、中生代印支期酸性岩浆侵入、中生代燕山期基性超基性岩浆侵入和新生代喜山期较小规模基性岩浆侵入，震旦纪和加里东期岩浆岩主要沿川滇南北向断裂带分布，中生代印支期酸性岩浆侵入主要沿金沙江断裂带及其东侧巴颜喀拉山褶皱带川滇断裂带分布，中生代燕山期酸性岩浆侵入体分布有逐渐向构造体系内带转移趋势，燕山期基性超基性岩浆侵入体在澜沧江、哀牢山断裂带较发育，喜山期较小规模基性岩浆侵入主要分布于高黎贡山断裂带西侧。

7. 喜马拉雅山脉——帕米尔—喜马拉雅歹字型构造

喜马拉雅山脉位于青藏高原南巅边缘，是世界海拔最高的山脉，是东亚大陆与南亚次大陆的天然界山，也是中国与印度、尼泊尔、不丹、巴基斯坦等国的天然国界，西起克什米尔的南迦—帕尔巴特峰，东至雅鲁藏布江大拐弯处的南迦巴瓦峰，全长 2 450 km，宽 200~350 km，主峰珠穆朗玛峰高 8848.86 m。喜马拉雅山脉是由印澳板块与欧亚大陆板块碰撞形成的，处于板块边界碰撞型地震构造带上。20 亿年前，喜马拉雅山脉所在的广大地区为一片汪洋大海，称古地中海。一直到 3 000 万年前的新生代早第三纪末期，这个地区地壳持续发生运动，但总的趋势是下降，在下降过程中海盆里堆积了厚达 30 000 m 的海相沉积岩层。到早第三纪末期，强烈的喜马拉雅运动造山运动，印度洋板块向北俯冲，产生强大的南北向挤压力，使这一地区逐渐隆起，形成了世界上最雄伟的山脉，至今仍在缓缓地上升之中。

喜马拉雅山脉所在构造带，为帕米尔—喜马拉雅歹字型构造，也称帕米尔—喜马拉雅反 S 型构造体系。

帕米尔—喜马拉雅歹字型构造（图 5-5），毗邻塔里木盆地西南坳陷区，其头部在帕米尔高原及其外围地区，主体沿喀喇昆仑山、喜马拉雅山脉和冈底斯山脉一带分布，往北包括藏北地块的一部分。以若干巨型反 S 型褶皱带、旋回带表现呈现，中酸性岩类和超基性岩类成带出现。

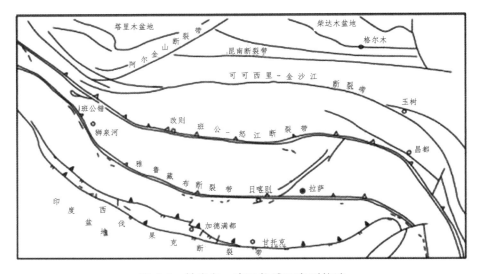

图 5-5　帕米尔—喜马拉雅歹字型构造

帕米尔—喜马拉雅歹字型构造头部在帕米尔高原及其外围地区，主体位于喜马拉雅山脉、喀喇昆仑山和冈底斯山、雅鲁藏布江一带，再北包括西藏北部高原一部分，由若干巨型反 S 型构造带或褶皱带表现出来，并有中、酸性岩类和超基性岩类掺杂其中，成带出现。

帕米尔—喜马拉雅歹字型构造头部，主要围绕帕米尔高原西、北、东 3 面，由一道一道半环状的弧形展布的褶皱和断裂带所组成，表现出极显明的旋扭特征。它由北而南可分为西昆仑山前坳褶带、北帕米尔—西昆仑复背斜带、中部帕米尔复向斜带和南帕米尔复背斜带等。褶皱、断裂均很发育，并有晚古生代和中生代晚期及新生代早期的花岗岩带掺杂其中。这些褶皱带和岩带多为反 S 型排列的次级背向斜褶皱、断裂和岩带组成，它们显示东部向南，西部向北的强烈扭动作用。歹字型的头部与秦岭—昆仑纬向体系及和田弧形构造相复合。它的外旋顺时针强烈旋扭运动，使纬向带显著挪动，也使和田弧形构造的西翼抬起，且紧密陡峻。和田弧形之东翼宽缓而曲度较小，因而使和田弧东西两翼极不对称。

帕米尔—喜马拉雅歹字型构造中部和尾部，主要展布在我国新疆西南边境和西藏南部及其以南的部分地区，包括喀喇昆仑、冈底斯山和整个喜马拉雅山等山系。中部在喀喇昆仑山和克什米尔地区，挤压甚为剧烈，褶皱、断裂皆发育而十分紧密，褶皱、断裂走向均由北北西—南南东向渐弯转成北西西—南东东向，由一系列大致平行且向西南突出的弧形褶皱带所构成，自北而南推挤，到达喜马拉雅山区更甚。向西南突出的弧形褶皱带，在我国境内大体可分成改则—伦坡拉褶皱带、冈底斯山裙皱带、雅鲁藏布江褶皱带、喜马拉雅褶皱带 4 个带。改则—伦坡拉褶皱带由以古生界为核、中生界为翼的复背斜及其两侧的断裂带所组成；冈底斯山褶皱带由以中新生界（白垩系—第三系、古近—新近系）火山岩为核的复向斜和断续分布的燕山—喜马拉雅期的中、酸性侵入岩带所组成，部分超基性岩体掺杂其中；雅鲁藏布江褶皱带，由雅鲁藏布江断裂带、超基性岩带和萨噶花岗岩带所组成，此带中之断裂、岩体、岩带规模都很巨大，持续性强，伸延达数百千米，而复背斜迹象不十分显著，但隐约可见；喜马拉雅褶皱带，由喜马拉雅复背斜带和两侧的巨型褶裂带所构成，喜马拉雅复背斜带是由震旦纪变质岩系为核组成的复背斜，呈反多字型排列的反 S 型褶皱群，有以喜马拉雅期为主的花岗岩类掺杂其中。整个喜马拉雅山系本身就是一个向南突出的弧形褶皱带。

可见，穿越高山峡谷区长大深埋隧道址区复杂的地质条件，具有以下特点：

（1）岩类齐全，包括沉积岩、火成岩和变质岩；

（2）构造齐全且复杂，包括岩体中发育分布的节理裂隙和地层的褶皱及断裂，褶皱、断裂构造形态各异且相互间关系复杂；

（3）地貌、地质构造、地下水构造单元多，特别是地质构造单元间、地下水构造单元间关系复杂；

（4）地层构造变动剧烈；

（5）隧道穿越位置不良地质体众多。

穿越高山峡谷地区深埋长大隧道的工程地质勘察，受限于：

（1）地形强烈起伏、陡峭；

（2）气候环境恶劣；

（3）交通极为不便；

（4）地质条件极为复杂；

（5）隧道深埋。

勘察设备及人员进场、勘察布置特别是地球物理勘探测线布置极为困难，工作条件极为艰苦，加之地质条件极为复杂及隧道深埋，要查清隧道穿越位置不良地质体分布、性质和规模难度极大。

5.2.2　下穿江河湖海隧道复杂的地质条件

泉水、雨水、雪水顺山势向低洼处流动形成溪流，溪流汇聚合成水道形成了小河流。小河水流经途中，溪流甚至小河流水的不断加入，水量越来越大，河面越来越宽，形成江、河。

不同岩类不同岩石其抗风化能力是不同的，不同高程位置的风化营力强度也是不同的。因此，地壳表面出露岩石及出露高程的不同，决定了地壳表面不同位置全强风化深度。泉水、雨水、雪水顺山势向低洼处流动的过程中，将全强风化层中的土、细小岩石颗粒逐渐带走，最后由大小不一破碎岩石块体构成的骨架在重力作用下塌落，顺地壳表面岩石全强风化深度较大处成沟，泉水、雨水、雪水顺沟流动形成溪沟水，溪沟水的汇聚及流经地溪沟水甚至小河流水的不断加入，将由大小不一破碎岩石块体构成的残留骨架逐渐带走，是水量越来越大河面越来越宽形成江、河的最终原因。

显然，由大小不一破碎岩石块体构成的残留骨架被带走后，河流的侧蚀和深切，是成就大江大河的一个原因。但不可否认，沿由大小不一破碎岩石块体或大小不一破碎岩石块体及其间空隙充填黏土或地下水的断裂带的走向，更容易成为大江大河，至少更容易成为大江大河段。

逢沟必断，或许有些牵强，但沿断裂、断层走向极易成沟，是不争的事实。沿断裂带、断层、节理密集发育带和背斜核部，岩体本来就已破碎，加上出露于地表的破碎岩体的风化作用，岩体更加破碎，抗流水侵蚀和搬运能力弱，易于为大气降雨形成的地表径流水搬走，或形成沟谷，或形成江河水系。

因此，除下穿深切完整地层岩石江河隧道外，下穿江河湖海隧道中穿越的断裂带或断层带、深大风化槽及穿越断裂带或断层带与隧道及上方湖水或水库水的相通，将构成下穿江河湖海隧道的复杂的地质条件，或使隧道施工遭遇围岩的变形、大变形、塌方、突水、涌水、突泥、涌泥、洞内泥石流等地质灾害的发生，诱发隧道上方江河水断流、湖和水库失水枯竭灾害的发生，严重时甚至导致越海隧道工程建设的失败。

下穿江河湖海隧道的工程地质勘察，需要进行水上勘探，本就给工程地质勘察带来了困难，加之复杂的地质条件，更给查清隧道穿越位置不良地质体分布、性质和规模造成极大的困难。

5.3　隧道施工地质与隧道施工地质不确定或不确定性

5.3.1　隧道施工地质

隧道施工地质，指隧道开挖断面及开挖轮廓线外一定距离范围内的土体、土石体、岩石、岩体、构造，特别是不良地质体等，包括：

（1）土体、岩体分布位置、接触关系、矿物成分、物理性质、化学性质、力学性质；

（2）岩层产状；

（3）构造（节理、裂隙、断层、断裂、褶皱）的分布位置、产状及断层带、断裂带和褶皱的构成；

（4）隧道施工开挖揭露后土、土体、岩石、岩体物理性质、化学性质、力学性质的变化；

（5）因隧道施工开挖接近（隧道施工掌子面前方和开挖轮廓线外一定距离范围内存在的）和揭露（隧道开挖断面范围内存在的）可能导致隧道施工地质灾害发生的不良地质体—隧道施工致灾构造（塌方、大变形、突涌水、突涌泥、突涌砂、煤与瓦斯突出、岩爆致灾构造）的分布位置、性质、规模及其可能引发的地质灾害类型（塌方、大变形、突涌水、突涌泥、突涌砂、煤与瓦斯突出、岩爆）、规模和危害。

5.3.2　隧道施工地质不确定或不确定性

1. 导致隧道施工地质不确定或不确定性产生的原因

应该承认，与地壳运动对地壳表面与地壳内部的改造、外动力地质作用对地壳表面的改造周期相比，隧道施工工期不过是一个时间点而已，除非在隧道所在区域发生强烈的地震，否则隧道穿越区域地下地质条件可视为确定不变的。

隧道施工工期内，隧道穿越区域人类生产活动仅剩下隧道上方地面的农业生产活动和隧道本身的施工。实事求是而言，如果说隧道上方地面农业生产活动对隧道所处位置地质条件有影响的话，应该就是隧道施工揭穿与隧道上方水库、河流、沟渠及农田相通的断层时，水库、河流、沟渠及农田水通过断层破碎带对隧道洞内施工突涌水的补给。因此，人类生产活动对隧道施工穿越区域地质条件的影响，可视为仅是隧道施工对隧道穿越区域地质条件的扰动和施工开挖导致的不良地质体的暴露。

结合导致隧道施工揭示实际地质与设计不符的实际和对前述隧道工程地质勘察内容及相关规定的分析，隧道施工地质不确定或地质不确定性产生的原因，不外：

（1）隧道址区地质条件的复杂性；

（2）勘察工作量不足；

（3）先进勘察技术手段未得以应用；

（4）地球物理勘探成果多解性和成果图件的畸变；

（5）对隧道施工开挖揭露后不良地质体物理性质、化学性质，特别是力学性质的变化研究深度不够；

（6）勘察设计人员能力不足或知识缺陷。

尽管我们认为，除非在隧道址区发生强烈的地震，否则隧道址区地质条件可视为确定不变，但我们也不否认，隧道址区地质条件的复杂性，是造成隧道施工地质不确定或不确定性产生的重要原因。即便在隧道工程地质勘察中，布置足够多的勘察钻孔，采用足够先进的勘察技术手段，因隧道址区地质条件的复杂性，对隧道施工开挖断面及其外一定距离范围内分布的不良地质体的遗漏仍不可避免，确定的不良地质体的分布位置、性质、规模存在偏差亦不可避免。

应该说，满足勘察规范要求的勘察工作量，对于地质条件简单的隧道，如穿越非可溶岩的水平岩层、单斜岩层隧道，完全可以查清隧道施工掌子面前方及隧道开挖轮廓线外一定距离范围内存在的，因隧道施工开挖接近和揭穿可能导致隧道施工地质灾害发生的不良地质体的分布位置、性质和规模。但对于地质复杂隧道，满足勘察规范要求的勘察工作量，要实现完全查清隧道施工掌子面前方及隧道开挖轮廓线外一定距离范围内存在的，因隧道施工开挖接近和揭穿可能导致隧道施工地质灾害发生的不良地质体的分布位置、性质和规模，仍显不足，由于有限的勘察点、勘探钻孔数量，未揭示或未完整揭示的情况普遍，造成因隧道施工开挖接近和揭穿可能导致隧道施工地质灾害发生的不良地质体遗漏和分布位置、构成、性质和规模偏差现象。

先进勘察技术手段未得以应用，造成隧道施工开挖断面及其外一定距离范围内分布的不良地质体的遗漏和分布位置、性质和规模偏差。

地球物理勘探成果多解性和成果图件的畸变，前者造成因工程施工开挖接近和揭穿可能导致施工地质灾害发生的不良地质体性质偏差甚至错误，后者造成不良地质体分布位置和规模的偏差。

对隧道施工开挖揭露后不良地质体物理性质、化学性质，特别是力学性质的变化研究不足，造成工程施工开挖揭露后，土、土体、岩石、岩体及因工程施工开挖接近和揭穿可能导致施工地质灾害发生的不良地质体物理性质、化学性质特别是力学性质的变化不能得到有效的控制，导致施工地质灾害发生。

勘察设计人员能力不足或知识缺陷，或造成对不良地质体性质判断的偏差甚至错误，导致对因工程施工开挖接近和揭穿不良地质体可能导致的施工地质灾害类型判断错误。

2. 隧道施工地质不确定或不确定性

综上所述，隧道施工地质不确定或不确定性，指由于隧道址区地质条件的复杂性及隧道穿越地区地形和环境条件的限制造成的隧道工程地质勘察布置困难和先进勘察技术手段难以得到应用，地球物理勘探成果中不良地质体形态的畸变和地球物理勘探成果的多解性，勘察设计人员能力不足或知识缺陷，以及对隧道施工开挖揭露后岩体状态和岩石性质变化及构成不良地质体的土、土体、岩石及岩体物理性质、化学性质特别是力学性质变化研究深度不足，隧道施工面对的因隧道施工开挖掌子面前方开挖断面及开挖轮廓线外一定距离范围内事实存在的不良地质体的遗漏，不良地质体分布位置、规模判断偏差及性质判断偏差甚至错误，隧道施工开挖揭露后岩体状态变化、岩石性质变化及构成不良地质体的土、土体、岩石及岩体物理性质、化学性质特别是力学性质变化，造成的实际揭示地质与设计的不符。

因此，隧道施工地质不确定或不确定性，包括：

（1）不良地质体遗漏导致的隧道施工地质不确定或不确定性；

（2）不良地质体分布位置偏差导致的隧道施工地质不确定或不确定性；

（3）不良地质体多重性质和性质错误导致的隧道施工地质不确定或不确定性；

（4）不良地质体规模偏差导致的隧道施工地质不确定或不确定性；

（5）不良地质体暴露后状态及性质改变导致的隧道施工地质不确定或不确定性。

实事求是地说，不良地质体的存在与否、分布位置、性质、规模是事实存在的，是因为勘察原因造成的。只有不良地质体多重性质导致的隧道施工地质不确定或不确定性和不良地质体暴露后状态及性质改变导致的隧道施工地质不确定或不确定性，才是真正意义上的隧道施工地质不确定或不确定性，是因研究不足、认识不清和判断失误造成的。

需要明确指出的是，隧道施工地质不确定或不确定性，与市场的不确定或不确定性截然不同。市场的不确定或不确定性，对于企业而言，是挑战也是机遇；隧道施工地质的不确定或不确定性，完完全全是对隧道施工企业的挑战，正确认识隧道施工地质不确定或不确定性，采取积极的应对措施，解决隧道施工地质不确定或不确定性问题，是确保隧道施工安全、避免隧道施工地质灾害发生、减少隧道施工地质灾害损失的需要。特别是地质复杂隧道施工，隧道施工地质预报本就要做，不过是在遇重大地质异常和在隧道施工图设计中显示无不良地质体存在隧道段施工地质预报出现地质异常时，增加了跟踪预报和超前钻孔精准探测的工作量。即便是隧道施工图设计中显示无不良地质体存在隧道段实施常规施工地质预报，也仅是投入了屈指可数的隧道施工地质预报经费而已；相反，如因隧道开挖掌子面前方隧道开挖断面及开挖轮廓线外一定距离范围内存在因隧道施工开挖接近、揭穿可能导致隧道施工地质灾害发生的不良地质体的遗漏，或位置提前，或性质偏差甚至错误，或规模变大，则可能给隧道施工带来极大的危害，或造成重大人员伤亡，或严重延误隧道施工工期，甚至导致隧道工程建设失败。

5.4　隧道施工地质不确定或不确定性的分类及其依据

5.4.1　隧道施工地质不确定或不确定性分类依据

隧道址区复杂的地质条件，是事实存在。因此，因隧道工程地质勘察工作量不足、先进勘察技术手段未得以应用、地球物理勘探成果多解性及成果图件畸变、勘察设计人员能力不足或知识缺陷和对隧道施工开挖揭露后不良地质体状态及性质的变化研究深度不够，导致的隧道施工地质不确定或地质不确定性，均属于认知不确定性或不确定性。

根据隧道施工地质不确定或地质不确定性问题解决的需要，隧道施工地质不确定或地质不确定性分类的依据包括：

（1）不确定或不确定性产生原因；

（2）不良地质体位置；

（3）不良地质体性质；

（4）不良地质体规模；

（5）不良地质体暴露后状态与性质改变。

5.4.2　隧道施工地质不确定或不确定性分类

1. 原因分类

根据隧道施工地质不确定或不确定性产生原因，将隧道施工地质不确定或不确定性分为：

（1）勘察未揭示或未完全揭示导致的隧道施工地质不确定或不确定性；

（2）地球物理勘探成果多解性和成果图件畸变导致的隧道施工地质不确定或不确定性；

（3）研究深度不够导致的隧道施工地质不确定或不确定性；

（4）勘察设计人员能力不足或知识缺陷导致的隧道施工地质不确定或不确定性；

（5）不良地质体暴露后状态与性质变化导致的隧道施工地质不确定或不确定性。

2. 位置分类

根据造成隧道施工地质不确定或不确定性的不良地质体实际分布位置与设计位置间的关系，将隧道施工地质不确定或不确定性分为：

（1）不良地质体位置提前导致的地质不确定或不确定性；

（2）不良地质体位置滞后导致的地质不确定或不确定性。

3. 性质分类

根据造成隧道施工地质不确定或不确定性的不良地质体的性质，将隧道施工地质不确定或不确定性分为：

（1）不良地质体性质错误导致的地质不确定或不确定性；

（2）不良地质体多重性质导致的地质不确定或不确定性。

4. 规模分类

根据造成隧道施工地质不确定或不确定性的不良地质体规模，将隧道施工地质不确定或不确定性分为：

（1）不良地质体偏大不确定或不确定性；

（2）不良地质体规模偏小不确定或不确定性。

5. 综合分类

综上所述，将隧道施工地质不确定或不确定性分为：

（1）不良地质体遗漏型地质不确定；

（2）不良地质体位置偏差型地质不确定；

（3）不良地质体性质偏差型地质不确定；

（4）不良地质体规模偏差型地质不确定；

（5）不良地质体暴露后状态与性质改变型地质不确定。

第6章　隧道施工风险与隧道施工地质不确定

隧道施工地质不确定性的存在，必将导致隧道施工风险的存在，需要进行风险管理；不同类型的隧道施工地质不确定性，导致的隧道施工风险的原因是不同的，但风险是相同的；风险应对措施中不良地质地质体处治措施应根据不良地质体的类型确定。

6.1　风险与风险管理

6.1.1　风　　险

风险，一般指生产目的与劳动成果之间的不确定性。一种含义强调风险表现为收益不确定性；另一种含义则强调风险表现为成本或代价的不确定性。风险表现为收益或者代价的不确定性，说明风险产生的结果可能带来损失、获利或是无损失也无获利，属于广义风险；风险表现为损失的不确定性，说明风险只能表现出损失，没有从风险中获利的可能性，属于狭义风险。

6.1.2　风险管理

所有人行使所有权的活动，对成本和收益的不确定性进行规避，视为风险管理。

6.2　隧道施工风险及其管理

6.2.1　隧道施工风险

隧道施工风险，指隧道施工期间人员伤亡、环境破坏、财产损失和工期延误等潜在不利事件发生的概率与后果的集合。

6.2.2　隧道施工风险管理

隧道施工参建各方开展风险识别、风险评估、风险处理和风险监测，以求达到减小风险影响并以较低的合理代价获得最大安全保障的行为，即隧道施工风险管理。

6.3　隧道施工风险与隧道施工地质不确定

6.3.1　隧道施工风险组成、风险后果或损失

隧道施工风险包括安全风险、环境风险、质量风险、投资风险、工期风险和第三方风险。

隧道施工安全风险后果或损失包括人员伤亡、经济损失、第三方人员伤亡、第三方经济损失和工期延误；工期风险后果或损失包括工期延误和经济损失；投资风险后果或损失包括经济损失和第三方经济损失；环境风险后果或损失包括环境破坏、经济损失和第三方经济损失；质量风险后果或损失包括人员伤亡、经济损失、工期延误、环境破坏和第三方经济损失。

6.3.2　隧道施工风险与隧道施工地质不确定

1. 隧道施工风险因素

可能导致隧道施工风险事件发生的潜在原因，即促使风险事件发生概率增大（或）损失幅度增加的因素，即隧道施工风险因素。

隧道施工风险因素包括：

（1）地质因素；

（2）隧道施工技术因素；

（3）隧道施工设备因素；

（4）隧道施工掘进因素；

（5）隧道施工进出洞因素；

（6）其他因素。

2. 风险事件与隧道施工风险事件

风险事件，指造成人身伤害或财产损失的偶发事件，是造成损失的直接的或外在的原因，是损失的媒介物，即风险通过风险事故的发生才能导致损失。

由于隧道施工地质因素导致的，造成隧道洞内外施工人员人身伤害、洞内外施工机具设备损坏的风险事件，即隧道施工地质灾害，包括隧道围岩变形、大变形、塌方和隧道施工涌突水、涌突泥、涌突砂、洞内泥石流、煤与瓦斯突出、瓦斯燃烧爆炸、岩爆等隧道施工洞内地质灾害和地表塌陷、地表水源枯竭、石漠化、沙漠化等因隧道施工洞内地质灾害发生引发的隧道上方地表灾害。

3. 隧道施工风险与隧道施工地质不确定

作为隧道施工风险第一大因素的地质因素，在隧道施工地质确定的条件下，包括安全厚度岩土盘留置、岩土盘加固、不良地质体本身超前处治在内的隧道施工掌子面前方不良地质体处治在隧道施工图设计中已然给出，但由于施工技术、施工设备、施工掘进、施工进出洞及其他因素的原因，仍然可能导致隧道施工风险事件的发生。

隧道施工地质不确定，意味着隧道工程设计者无法给出包括安全厚度岩土盘留置、岩土盘加固、不良地质体本身超前处治在内的隧道施工掌子面前方不良地质体处治方案，隧道施工风险高，隧道施工风险事件即隧道施工地质灾害发生的概率高。

6.3.3　不良地质体遗漏型地质不确定导致的隧道施工风险

不良地质体遗漏型地质不确定，在隧道施工风险评估中风险因素缺失，无风险评估结果，实施包括安全厚度岩土盘留置、岩土盘加固、不良地质体本身超前处治在内的隧道施工掌子面前方不良地质体处治措施方案的时间都没有，更谈不上在恰当的时间实施恰当的处治，隧道施工开挖接近或揭穿，极易导致施工地质灾害发生。

因不良地质体遗漏型地质不确定导致的隧道施工风险，包括安全风险、环境风险、质量风险、投资风险、工期风险和第三方风险。

6.3.4　不良地质体位置偏差地质不确定导致的隧道施工风险

不良地质体位置偏差地质不确定，特别是不良地质体位置滞后导致的地质不确定，尽管设计给出了包括安全厚度岩土盘留置、岩土盘加固、不良地质体本身超前处治在内的隧道施工掌子面前方不良地质体处治措施，但还没等不良地质体处治措施施工，施工地质灾害已然发生。

因不良地质体位置偏差型地质不确定，可导致包括安全风险、环境风险、质量风险、投资风险、工期风险和第三方风险全部在内的隧道施工风险的发生。

6.3.5　不良地质体多重性质和性质错误地质不确定导致的隧道施工风险

不良地质体多重性质和性质错误地质不确定，包括性质错误型地质不确定和多重性质型地质不确定。性质错误型地质不确定，直接导致设计给出的包括安全厚度岩土盘留置、岩土盘加固、不良地质体本身超前处治在内的隧道施工掌子面前方不良地质体处治措施的错误，隧道施工开挖接近或揭穿，极易导致施工地质灾害发生；多重性质型地质不确定，多因设计给出的包括安全厚度岩土盘留置、岩土盘加固、不良地质体本身超前处治在内的隧道施工掌子面前方不良地质体处治措施，或只考虑隧道施工接近、揭穿具多重性质不良地质体可能发生的其中一种地质灾害，或考虑了隧道施工接近、揭穿具多重性质不良地质体可能发生的多种地质灾害，但未考虑多种地质灾害的同时发生或多种地质灾害的复合，致使设计给出的包括安全厚度岩土盘留置、岩土盘加固、不良地质体本身超前处治在内的隧道施工掌子面前方不良地质体处治措施，或缺乏针对性，或强度不足，仍可能导致隧道施工地质灾害的发生。

因不良地质体多重性质和性质错误地质不确定导致的隧道施工风险，包括安全风险、环境风险、质量风险、投资风险、工期风险和第三方风险。

6.3.6　不良地质体规模偏差型地质不确定导致的隧道施工风险

不良地质体规模偏差型地质不确定，或导致设计给出的包括安全厚度岩土盘留置、岩土盘加固、不良地质体本身超前处治在内的隧道施工掌子面前方不良地质体处治措施偏强，造成投资浪费；或导致设计给出的包括安全厚度岩土盘留置、岩土盘加固、不良地质体本身超前处治在内的隧道施工掌子面前方不良地质体处治措施偏弱，造成隧道施工开挖或接近不良地质体时，包括安全厚度岩土盘留置、岩土盘加固、不良地质体本身超前处治在内的隧道施工掌子面前方不良地质体处治措施失效，隧道施工地质灾害发生。

当不良地质体规模与实际相比偏小时，不良地质体规模偏差型地质不确定仅造成投资的浪费；但当不良地质体规模与实际相比偏大时，不良地质体规模偏差型地质不确定可导致包括安全风险、环境风险、质量风险、投资风险、工期风险和第三方风险全部在内的隧道施工风险的发生。

6.3.7　不良地质体暴露后状态与性质改变型地质不确定导致的隧道施工风险

不良地质体暴露后状态与性质改变型地质不确定，因设计未预计到而没给出不良地质体暴露后状态与性质改变的控制措施，或给出的不良地质体暴露后状态与性质改变控制措施偏弱，隧道施工开挖揭露后，不良地质体状态与性质改变未得到控制或控制措施失效，导致施工地质灾害发生。

因不良地质体暴露后状态与性质改变型地质不确定导致的隧道施工风险，包括安全风险、环境风险、质量风险、投资风险、工期风险和第三方风险。

需要指出的是，较之于确定的施工地质而言，施工地质的不确定，导致隧道施工风险事件发生的概率更高，因风险事件发生造成的损失的幅度增加更大，而这也正是隧道风险评估中总是在风险事件发生后强调地质不确定的原因。

6.4 隧道施工风险接受准则

6.4.1 隧道施工风险分级

根据风险事件（事故）发生概率和后果等级，可将隧道施工风险等级划分为极高、高度、中度和低度 4 级（表 6-1）。

表 6-1 隧道施工风险等级划分

风险概率等级		风险事件（事故）发生后果等级				
		轻微的	较大的	严重的	很严重的	灾难性的
		1	2	3	4	5
很可能	5	高度	高度	极高	极高	极高
可能	4	中度	高度	高度	极高	极高
偶然	3	中度	中度	高度	高度	极高
不可能	2	低度	中度	中度	高度	高度
很不可能	1	低度	低度	中度	中度	高度

6.4.2 隧道施工风险接受准则

表 6-2 为隧道施工风险接受准则。

表 6-2 隧道施工风险接受准则

风险等级	接受准则	是否处理及监测
低度	可忽略	否
中度	可接受	不许处理但需监测
高度	不期望	是，且满足风险降低成本不高于风险事件（事故）发生造成的损失
极高	不可接受	规避，或不惜代价将风险降低到不期望的程度

应该指出的是，因隧道施工掌子面前方隧道施工开挖断面及开挖轮廓线外一定距离范围内存在的，因隧道施工开挖接近或揭穿可能导致隧道施工地质灾害发生的不良地质体的遗漏、位置偏差、性质偏差甚至错误，因隧道施工开挖接近、揭穿，发生地质灾害也即风险的概率等级为可能和很可能，风险事件（事故）发生后果等级绝大多数是高度和极高，属于不期望和不可接受的。因此，隧道施工地质不确定或不确定性问题，应采用包括隧道施工地

质预报和不良地质体处治工程措施在内的风险降低措施。

6.5　因隧道施工地质不确定引发的隧道施工风险应对措施及其构成

6.5.1　因隧道施工地质不确定引发的隧道施工风险应对措施构成

措施，指针对某种情况而采取的处理办法。

隧道施工风险应对措施，指应对隧道施工风险出现而采取的措施。因隧道施工地质不确定引发的隧道施工风险应对措施包括：

（1）组织措施；

（2）物资材料等准备措施；

（3）不良地质体位置、性质、规模预报；

（4）不良地质体处治措施。

6.5.2　因隧道施工地质不确定引发的隧道施工风险应对措施

1. 组织措施

组织措施，主要指为应对因隧道施工地质不确定、隧道施工开挖接近隧道施工掌子面前方及隧道开挖轮廓线外一定距离范围内存在的不良地质体、隧道施工开挖揭穿隧道施工掌子面开挖断面范围内存在的不良地质体可能引发隧道施工风险事件，由隧道工程施工单位成立的机构。其职责是组织隧道施工风险事故应急演练，督促隧道施工过程隧道施工掌子面前方不良地质体位置、性质、规模预报，督促隧道施工风险应对物资材料及现场准备，组织隧道施工风险应对工程措施实施。

2. 物资材料等准备措施

物资材料等准备措施，主要指为防止因隧道施工地质不确定、隧道施工开挖接近隧道施工掌子面前方及隧道开挖轮廓线外一定距离范围内存在的不良地质体、隧道施工开挖揭穿隧道施工掌子面开挖断面范围内存在的不良地质体引发隧道施工风险事件发生，实施隧道施工风险事件应急抢险、救援，进行的物资、材料、机具、设备和隧道洞内诸如排水沟等准备。

3. 不良地质体位置、性质、规模预报

不良地质体位置、性质、规模预报包括：

（1）遗漏型不良地质体位置、性质、规模预报；

（2）位置偏差型不良地质体位置预报；

（3）多重性质及性质错误型不良地质体性质预报；

（4）规模偏差型不良地质体规模探测。

需要指出的是，隧道施工开挖揭露和通过后，不良地质体因暴露状态与性质的改变，属于隧道工程地质研究的内容，隧道施工地质预报无法确定。

4．不良地质体处治措施

（1）致隧道施工围岩变形塌方灾害不良地质体处治措施

隧道施工开挖揭穿通过后，包括土质围岩、软岩、膨胀岩、半成岩、由薄层岩石及页岩构成的破碎岩体、未胶结断层破碎带破碎岩体、顺层错动破碎带破碎岩体、节理密集发育岩体破碎带破碎岩体、岩溶充填物围岩、废弃矿巷放顶松散堆积物、暴露后极易风化软化的岩石体、沉积岩及沉积变质岩与火成岩接触破碎带等不良地质体，因自稳能力低，极易发生围岩变形失稳塌方。

处治措施包括超前固结、超前支护和初期支护及时施工。

（2）致隧道施工围岩大变形灾害不良地质体处治措施

隧道施工开挖揭穿通过后，巨厚第四系松散堆积物、巨厚的第四系松散堆积与强烈风化破碎岩体复合体、膨胀岩、宽大压性活动断层带、地震活动区构造软岩围岩，在自重应力、膨胀应力、构造应力和地应力的单独或联合作用下，极易发生围岩大变形。

处治措施包括超前支护、适应围岩大变形的围岩加固及初期支护的及时施作。

（3）致隧道施工突涌水灾害不良地质体处治措施

隧道施工开挖接近富水未胶结富水压性断层强烈破碎带、富水未胶结的富水张性断层带、地下向斜储水构造、充水岩溶（地下暗河、洞穴、管道、溶缝、溶隙）、泥水混合充填岩溶（洞穴、管道、溶缝）、充水废弃矿巷、江河湖海，极易导致隧道施工突水灾害发生。

处治措施包括安全隔水岩土盘留置、隔水岩土盘加固、岩溶及废弃矿巷充填地下水截引排、在隧道开挖轮廓线外一定厚度破碎围岩超前注浆形成堵水帷幕。

隧道施工开挖揭穿富水未胶结压性断层强烈破碎带、富水未胶结的富水张性断层带、地下向斜储水构造、充水岩溶（地下暗河、洞穴、管道、溶缝、溶隙）、泥水混合充填岩溶（洞穴、管道、溶缝）、充水废弃矿巷、江河湖海、含水层、富水未胶结富水顺层错动破碎带、富水节理密集发育岩体破碎，极易发生隧道施工涌水灾害。

处治措施包括岩溶及废弃矿巷充填地下水截引排和在隧道开挖轮廓线外一定厚度破碎围岩超前注浆形成堵水帷幕。

（4）致隧道施工突涌泥灾害不良地质体处治措施

隧道施工开挖揭穿富水未胶结富水压性断层强烈破碎带、黏土充填岩溶、黏土夹块石充填岩溶、底部黏土上部地下水泥水混合充填岩溶，极易发生隧道施工突涌泥灾害。

处治措施包括隧道施工接近黏土充填岩溶、黏土夹块石充填岩溶、底部黏土上部地下水泥水混合充填岩溶前的安全隔泥岩土盘留置、隔泥岩土盘加固和岩溶中充填黏土、黏土夹块石的超前固结、超前支护，富水未胶结富水压性断层强烈破碎带富水夹黏土破碎岩石块体围岩的超前固结、超前支护，以及隧道施工通过后初期支护的及时施工。

（5）致隧道施工洞内泥石流灾害不良地质体处治措施

隧道施工开挖揭穿含水、饱水或过饱水黏土夹块石充填岩溶，下部含水、饱水黏土夹块石上部地下水充填岩溶，以及富水压性断层上盘强烈破碎带，极易发生隧道施工洞内泥石流灾害。

处治措施包括超前固结、超前支护。

（6）致隧道施工突涌砂不良地质体处治措施

隧道施工接近下部充填粉细砂上部充填水的混合充填岩溶，岩溶底部饱水粉细砂极易在施工（超前钻孔施工）扰动下液化与岩溶中充填的地下水突破隧道施工掌子面与岩溶间岩土盘形成隧道施工突砂；隧道施工揭穿饱水砂层或砂透镜体、富水粉细砂充填岩溶、下部充填粉细砂上部充填水的混合充填岩溶、饱水全风化花岗岩及花岗岩脉、半成砂岩、火成岩体中的热液蚀变带，极易发生隧道施工涌砂灾害。

处治措施包括岩溶充填地下水截引排，岩溶充填粉细砂等的超前固结、超前支护，砂层或砂透镜体、全风化花岗岩及花岗岩脉、半成砂岩、火成岩体中的热液蚀变带超前固结、超前支护。

（7）致煤与瓦斯突出处治措施

隧道施工开挖接近煤层、窝煤，遇煤瓦斯浓度高压力大，加之地应力、构造应力作用，煤与瓦斯突破隧道施工掌子面与煤层、窝煤间岩土盘，形成煤与瓦斯突出灾害。

处治措施包括隧道施工掌子面与煤层、窝煤体间安全防突岩土盘留置、防突岩土盘加固、煤层或窝煤瓦斯抽放。

（8）致有害气体及放射性涌出处治措施

隧道施工接近或通过天然气田、有害矿体、富集有害气体地层、富集放射性物质地层，有害气体及放射性近或经岩体中分布的贯通性节理裂隙、断层破碎带、顺层错动破碎带等通道涌入已开挖隧道，或直接在已开挖隧道中集聚，极易造成洞内施工人员人身伤害。

处治措施包括贯通性节理裂隙、断层破碎带、顺层错动破碎带等有害气体及放射性涌通道的封堵和闭气性初期支护的及时封闭成环。

（9）致隧道施工岩爆灾害围岩岩体处治措施

隧道施工开挖通过高地应力环境条件下的深埋脆性完整岩体、隧道地面地形陡变点下方脆性完整岩体后，围岩岩体中集聚的应变势能的急剧释放，极易形成岩爆灾害。

对隧道施工掌子面前方高地应力环境条件下深埋脆性完整岩体、隧道地面地形陡变点下方脆性完整岩体的处治措施，包括超前钻孔应力释放和隧道施工开挖暴露后的岩面洒水及初期支护的及时施工。

（10）隧道施工开挖揭穿通过暴露后状态及性质改变型不良地质体处治措施

隧道施工开挖揭穿通过后，一些不良地质体，如富水压性断层强烈挤压破碎带、岩溶充填富水破碎岩石块体夹含水黏土，属隧道施工开挖揭穿通过状态改变型不良地质体，由于其中地下水、黏土的流出，作为富水压性断层强烈挤压破碎带、岩溶充填富水破碎岩石块体夹含水黏土骨架的破碎岩石块体，自稳能力迅速下降，失稳形成塌方灾；一些岩石体，如凝灰岩脉、黏土岩，属隧道施工开挖揭穿通过性质改变型不良地质体，或迅速风化软化，或吸水膨胀变形，最终失稳形成塌方灾害。

参考文献

[1] 国家铁路局. 铁路工程地质勘察规范：TB 10012—2019[S]. 北京：中国铁道出版社，2019.

[2] 何发亮，郭如军，吴德胜，等. 隧道工程地质学[M]. 成都：西南交通大学出版社，2014.

[3] 何发亮，吴德胜，郭如军，等. 隧道施工地质灾害与致灾构造及其致灾模式[M]. 成都：西南交通大学出版社，2015.

［4］长春地质学院地质力学教研室区域构造组.区域构造学[M].北京：地质
出版社，1979.

［5］中华人民共和国铁道部.铁路隧道风险评估与管理暂行规定（铁建设
〔2007〕200 号）[M].北京：中国铁道出版社，2008.

第4篇

隧道施工地质不确定性与
隧道施工地质灾害

第 7 章　隧道施工地质灾害

隧道工程实践表明，我国隧道工程建设遇到了众多的地质灾害问题。隧道洞内地质灾害的发生，与隧道洞身施工开挖揭穿通过的不良地质体及隧道洞身外一定距离范围内存在的不良地质体密切相关，不良地质体的性质决定了隧道洞内地质灾害的性质，不良地质体的规模和不良地质体的施工处理及隧道支护的及时有效性决定了隧道洞内地质灾害的发生与否及灾害规模。因此，了解和掌握不同性质不良地质体的基本概念、不良地质体介质构成及其工程特性、不良地质体与隧道洞内地质灾害的关系，既是隧道工程地质勘察、隧道设计的需要，更是隧道施工针对不良地质体实施加固治理措施确保隧道施工安全的需要。

纵观国内外隧道工程建设，隧道施工地质灾害主要包括洞内施工地质灾害和洞内施工地质灾害诱发地面地质灾害。

洞内施工地质灾害包括：

（1）塌方；

（2）涌突水；

（3）涌突泥；

（4）涌砂；

（5）洞内泥砂石流；

（6）瓦斯突出、爆炸；

（7）岩爆。

洞内施工地质灾害诱发地面地质灾害包括：

（1）地面塌陷；

（2）地表水源枯竭；

（3）沙（石）漠化。

7.1　隧道施工围岩塌方

7.1.1　基本概念

变形，指物体在外来因素作用下产生的形状和尺寸的改变。

隧道围岩（包括节理化岩体、断层破碎带岩体、软质岩体和岩溶充填土、石、砂及其混合物）的变形，指由于隧道的开挖，在围岩自重应力、构造应力、节理裂隙发育分布和地下水等因素作用下产生的隧道周边位移和拱顶下沉。

土质围岩（包括岩溶充填土体）的变形，指由于隧道的开挖，土体在自重应力、节理裂隙发育分布和地下水等因素作用下塑性变形造成的隧道周边位移、拱顶下沉。

塑性软质围岩，在围岩自重应力、构造应力、节理裂隙发育分布等因素作用下产生的周边位移和拱顶下沉，可以达到一定的量值且持续相当长的时间，当周边位移和拱顶下沉超过一定限值时，称为大变形。

隧道施工围岩塌方，指由于隧道施工开挖揭穿、通过围岩变形塌方致灾构造，围岩（土）变形达到或超过极限，失去其自身稳定性的坠落。

7.1.2 围岩塌方及其危害

无论是塑性还是脆性围岩，在围岩自重应力、构造应力、节理裂隙发育分布等因素作用下产生的周边位移和拱顶下沉，当其变形达到一定限值（硬质、脆性围岩的变形限值远小于塑性围岩）后，将失去其自身的稳定性并发生围岩的塌方，称为围岩的失稳塌方。

隧道围岩的失稳塌方，除了因变形达到一定限值后围岩失去其自身稳定性发生的塌方，还有块状镶嵌结构岩体因处于临空面倒楔形块体（关键块体，Key block）坍落引发的隧道围岩塌方、倾斜岩层隧道边墙和拱部的张拗折坍落造成的塌方等。

围岩失稳坍方的直接危害主要表现为对施工机具、施工人员的安全威胁，间接危害是导致隧道上方地面塌陷。

7.2 隧道施工围岩大变形

7.2.1 基本概念

直至今天，关于围岩大变形，未见明确的定义，更遑论多大的变形是大变形。

众多学者和隧道工程师对软岩大变形产生的原因、机理及其预测方法和治理进行了大量的总结和研究。基于围岩变形机制、判别方法和变形特征，王建宇等提出了区别于松散型大变形和膨胀性围岩大变形的高地应力软弱围岩挤压型变形及其可让性支护原理；结合高地应力条件下挤压性大变形隧道——乌鞘岭隧道围岩大变形监测成果，刘志春等在分析挤压性大变形基本特征及形成机理的基础上，以实际监测数据为依托，结合理论计算，参考以往类似隧道经验，提出了挤压性围岩大变形分级标准建议（表 7-1、表 7-2）；俞渝结合南昆铁路家竹箐隧道工程实际，提出了隧道设计阶段应力比临界值法围岩大变形预测方法；姜云、李永林认为，隧道工程围岩大变形是一种具有累进性和明显时间效应的塑性变形。

表 7-1　设计阶段围岩大变形分级标准建议

分级指标	围岩大变形等级		
	Ⅰ	Ⅱ	Ⅲ
强度应力比	0.25 ~ 0.5	0.15 ~ 0.25	<0.15
原始地应力 /MPa	5.0 ~ 10.0	10.0 ~ 15.0	>15.0

表 7-2　施工阶段围岩大变形分级标准建议

分级指标	围岩大变形等级		
	Ⅰ	Ⅱ	Ⅲ
相对变形 /%	3 ~ 5	5 ~ 8	>8
强度应力比	0.25 ~ 0.5	0.15 ~ 0.25	<0.15
原始地应力 /MPa	5.0 ~ 10.0	10.0 ~ 15.0	>15.0
弹性模量 /MPa	1 500 ~ 2 000	1 000 ~ 1 500	<1 000
综合系数 α	30 ~ 60	15 ~ 30	<15
围岩支护特征	开挖后洞壁围岩变形较大，持续时间较长；一般支护开裂或破损较严重	开挖后洞壁围岩变形大，持续时间长；一般支护开裂或破损严重	开挖后洞壁围岩变形很大，持续时间很长；一般支护开裂或破损很严重

　　显然，松散型围岩大变形，是松散型围岩在自重应力作用和无支护限制条件下的大变形或有支护限制但支护强度不足条件下的大变形，其结果是当变形达到一定限值后，或是围岩的失稳坍塌，或是支护失效围岩坍塌；膨胀性围岩大变形，指无支护限制或有支护限制但支护强度不足条件下含亲水矿物岩石体暴露在空气中吸水膨胀导致的变形，但当含亲水矿物岩石体吸水达到一定限值后，岩石体膨胀现象不再继续；挤压性围岩大变形，应是由于隧道及地下工程的施工开挖、由软弱岩体构成的围岩，在高或相对高地应力、构造应力、地下水作用下产生的具有累进性和明显时间效应的且在相当长一段时间内得不到有效约束的塑性变形。

因此，隧道施工围岩大变形，包括松散型围岩大变形、膨胀性围岩大变形和挤压性围岩大变形。

7.2.2　围岩大变形危害

围岩大变形是围岩与隧道初期支护共同作用的结果，与隧道围岩所处应力场、开挖方法、初期支护强度相关，其直接危害主要表现为：

（1）对初支的破坏；

（2）隧道限界的侵限。

7.3　隧道施工突涌水

7.3.1　基本概念

涌水，指在地下水面以下岩（土）体中采矿、开挖基坑或地下硐室时，地下水不断地流入场地的现象。

围岩空隙中的地下水（孔隙水水源、裂隙水水源、岩溶水水源）、地表水水源，在压力作用下涌出，称为涌水。量大、势猛，突发的涌水，称为突水。

严格地说，隧道施工涌水，指隧道施工开挖揭穿突水、涌水致灾构造，突水、涌水致灾构造中地下水向已开挖隧道空间的渲泄；隧道施工突水，指由于隧道的开挖接近，隧道开挖工作面与突水致灾构造间隔水岩土盘厚度小于最小安全隔水岩土盘厚度，或由于隧道所在地区大气降雨地下水位的上升致隧道开挖工作面与突水致灾构造间隔水岩土盘厚度小于新地下水位状态下的最小安全隔水岩土盘厚度，突水致灾构造中地下水突破隔水岩土盘向已开挖隧道空间的渲泄。

7.3.2　突涌水危害

突涌水的直接危害表现为淹没施工隧道、导坑、洞内的施工机具设备，冲毁洞内施工机具、设备、设施、材料，对洞内施工人员造成生命直接威胁，严重者甚至冲毁洞口外工程、堆放材料及临时设施；间接危害是造成隧道上方地表水源的流失乃至枯竭和地面塌陷。

在在建和已建铁路隧道中，80%以上的隧道在施工过程中遭遇过涌水灾害，至今仍有30%的隧道工程处于地下水的威胁中，岩溶隧道更以涌水量大且突然著称。

7.4　隧道施工突涌泥

7.4.1　基本概念

隧道施工涌泥，指由于隧道施工开挖，揭穿突泥、涌泥致灾构造，突泥、涌泥致灾构造中黏土、含水黏土、饱水或过饱水黏土向已开挖隧道空间的涌流。

隧道施工突泥，指由于隧道施工开挖接近突泥致灾构造，因开挖工作面与突泥致灾构造间隔泥岩土盘厚度小于最小安全隔泥岩土盘厚度，或由于隧道所在地区大气降雨致突泥致灾构造中黏土含水量增大、上部地下水位上升，致隧道开挖工作面与突泥致灾构造间隔泥岩土盘厚度小于新状态下的最小安全隔泥岩土盘厚度，突泥致灾构造中黏土、含水黏土、饱水或过饱水黏土突破隔泥岩土盘向已开挖隧道空间的突出。

7.4.2　突涌泥危害

涌突泥的危害表现为：

（1）淤塞隧道、导坑；

（2）掩埋洞内施工机具设备设施和施工人员；

（3）间接导致隧道上方地面塌陷。

7.5　隧道施工洞内泥石流

7.5.1　基本概念

隧道施工洞内泥石流，指由于隧道施工开挖揭穿隧道施工洞内泥石流致灾构造，含水、饱水或过饱水黏土夹块石向已开挖隧道或导坑空间的涌流，或含水、饱水或过饱水黏土夹块石坍塌后坍体在已开挖隧道或导坑空间内的流洞。

与地面泥石流灾害发生的降雨诱发不同，隧道施工洞内泥石流是隧道施工揭穿开挖揭穿充填饱水或过饱水黏土夹块石岩溶、压性断层上盘强烈破碎带饱水或过饱水黏土夹块石，岩溶中充填的饱水或过饱水黏土夹块石、压性断层上盘强烈破碎带饱水或过饱水黏土夹块石在重力作用下产生塑性流动的结果。

7.5.2　洞内泥石流危害

隧道施工洞内泥石流的危害表现为：

（1）淤塞隧道、导坑；

（2）掩埋隧道洞内施工机具、设备、设施和施工人员；

（3）间接导致隧道上方地面塌陷。

7.6　隧道施工突涌砂

7.6.1　基本概念

隧道施工涌砂，指由于隧道施工开挖或超前钻孔揭穿突砂、涌砂致灾构造，突砂、涌砂致灾构造中携带粉细砂（含砂量>10%）地下水向隧道的涌出。

隧道施工突砂，则指由于隧道施工开挖接近突砂致灾构造，因隧道开挖工作面与突砂致灾构造间岩土盘厚度小于最先安全岩土盘厚度，携带粉细沙砂（含砂量>10%）地下水突破隧道开挖工作面与突砂致灾构造间岩土盘，向已开挖隧道空间的突出。

需要指出的是，在我国北方弱胶结第三系半成岩的砂岩地层隧道施工中，由于砂岩遇水极易软化，加之节理裂隙的富水，亦曾发生涌砂灾害。

突涌砂灾害多与涌水灾害伴生。

7.6.2　突涌砂危害

隧道洞内突涌砂的危害表现为：

（1）淤塞隧道、导坑；

（2）掩埋隧道洞内施工机具、设施、设备和施工人员；

（3）间接导致隧道上方地面塌陷。

7.7　隧道施工煤与瓦斯突出、瓦斯燃烧爆炸

7.7.1　基本概念

煤与瓦斯突出，指在煤层瓦斯压力作用下，破碎的煤与瓦斯由煤体内突然向采掘空间大量喷出的现象。煤与瓦斯突出是一种严重威胁着煤矿安全生产的煤矿井下特殊瓦斯涌出现象，具有极大的破坏性。

煤与瓦斯突出具有 6 个基本特征：

（1）突出的煤向外抛出距离较远，具有分选现象。

（2）抛出的煤堆积角小于煤的自然安息角。

（3）抛出的煤破碎程度高，含有大量的块煤和手捻无粒感的煤粉。

（4）有明显的动力效应，破坏支架，推倒矿车，破坏和抛出安装在巷道内的设施。

（5）有大量的瓦斯涌出，瓦斯涌出量远远超过突出煤的瓦斯含量，有时会使风流逆转。

（6）突出孔洞呈口小腔大的梨形、倒瓶形以及其他分岔形等。

瓦斯燃烧爆炸，指瓦斯气体溢出进入采掘矿巷、运输巷道、隧道、隧洞，因通风原因在一定空间位置集聚，当瓦斯浓度达到 5.5% ~ 16%时遇明火发生的产生高温、高压、冲击波并放出有毒气体的燃烧爆炸。瓦斯燃烧爆炸，是煤矿中最严重的灾害，具有较强的破坏性、突发性，往往造成大量的人员伤亡和财产损失。

隧道施工煤与瓦斯突出，指由于隧道施工开挖接近，在煤层（窝煤）瓦斯压力作用下，瓦斯气体与破碎的煤突破隧道开挖工作面与煤层（窝煤）间防突岩土盘连同岩土盘破碎岩石块体一并向已开挖隧道空降的突出。

隧道施工瓦斯燃烧爆炸，指由于隧道施工开挖接近或揭穿煤层、窝煤、还原环境条件中的炭质泥岩炭质页岩、气田等产气体，其中瓦斯气体或沿隧道开挖工作面与产气体间岩体中发育的贯通性节理裂隙、断层破碎带等运移通道运移进入已开挖隧道空间，或直接溢出进入已开挖隧道空间，并因隧道施工通风原因在已开挖隧道空间中一定位置集聚，当瓦斯浓度达到 5.5% ~ 16%时遇明火发生爆炸，产生高温、高压、冲击波并放出有毒气体。

7.7.2　煤与瓦斯突出、瓦斯燃烧爆炸危害

煤与瓦斯突出、瓦斯燃烧爆炸灾害表现为：

（1）直接构成对洞内施工机具、设施、设备的破坏；

（2）危及洞内甚至是洞口外一定范围内施工人员生命安全。

7.8　隧道施工岩爆

7.8.1　基本概念

隧道施工岩爆，指由于隧道的施工开挖，在局部应力集中或高、极高应力状态环境条件下的高强度脆性完整岩体中形成洞室临空面，沿临空面应力约束解除，隧道围岩岩体中应力重分布、集聚在围岩岩体中的弹性变形势能突然猛烈释放，致临空面附近岩体脱离临空面的应力远大于抵抗临空面附近岩体脱离临空面的岩体内聚力，临空面附近岩体以片、块状脱离临空面向外抛弹、弹射的现象，也称冲击地压。

岩爆产生条件包括：

（1）近代构造活动致岩体内地应力高，或因隧道上方地表地形陡变造成局部应力集中，岩体内储存着很大的应变能。

（2）围岩新鲜完整，裂隙极少或仅有隐裂隙，属坚硬脆性岩体。

（3）隧道的开挖，在局部应力集中或高应力状态环境条件下的高强度脆性完整岩体中形成洞室临空面，导致岩体应力重分布。

7.8.2　岩爆危害

隧道施工岩爆灾害发生的直接危害表现为：

（1）直接构成对洞内施工机具、设施设备的破坏；

（2）危及洞内施工人员生命安全。

7.9　隧道洞内施工地质灾害诱发地面地质灾害

7.9.1　地面塌陷

1. 基本概念

地面塌陷，是指地表岩、土体在自然或人为因素作用下，向下陷落，并在地面形成塌陷坑（洞）的一种地质现象。

地面塌陷可分为：

（1）岩溶塌陷

可溶岩上松散覆盖土层在地表水下渗过程中局部土层被下渗水携带通过土层下岩溶洞隙流失，形成的地面塌陷。

（2）采空塌陷

非金属及金属矿山的地下采空区顶板塌落造成的地面塌陷。

（3）黄土湿陷

在地表水容易汇集的沟间地或谷坡上部，由于地表水下渗潜蚀作用，沿黄土中节理进行侵蚀，潜蚀，并把可溶性盐带走，使下部蚀空表层黄土崩陷而形成的地面塌陷。

隧道洞内施工地质灾害诱发地面塌陷，主要因下列隧道施工地质灾害诱发：

（1）浅埋隧道拱部坍塌；

（2）隧道洞内与隧道上方地面连贯分布的软弱岩脉通天塌方；

（3）隧道洞内涌突水；

（4）隧道洞内涌突泥。

　　隧道洞内涌突水，使地下水位急剧下降产生真空负压，水流潜蚀冲蚀又造成隧道上方覆盖土层和岩溶充填无中沙、土颗粒物质不断流失，使上部岩溶中的充填土层失去上托力，上覆土层在自重应力、真空吸蚀等作用下失稳。

　　隧道洞内涌突泥，使隧道上方松散覆盖土层中形成的自然拱失稳，是隧道上方地表出现地面塌陷的主要原因。

　　2. 地面塌陷危害

　　地面塌陷危害包括：

　　（1）破坏城镇建筑设施，危害人民生命财产；

　　（2）影响交通和安全运输；

　　（3）影响对自然资源的开发利用；

　　（4）造成水库渗漏甚至枯竭；

　　（5）造成河水流失甚至河道断流。

7.9.2　地表水源枯竭

　　1. 基本概念

　　地表水源枯竭，指因自然或人为原因导致供水水源的出水量减少以至完全断水的现象。

　　隧道洞内施工地质灾害引发的隧道上方地表水源枯竭，主要因隧道施工突水、涌水灾害引起。

　　隧道施工突水、涌水，前者因隧道施工开挖接近突水致灾构造、突水致灾构造中地下水突破隧道开挖工作面与突水致灾构造间隔水岩土盘造成，后者因隧道施工开挖揭穿突水致灾构造和涌水致灾构造、突水致灾构造和涌水致灾构造中地下水向已开挖隧道空间涌流。隧道施工突水、涌水，或导致隧道所在地区地下水位下降，或因突水、涌水致灾构造与隧道上方地表水源（井、泉、江、河、湖、水库）连通，导致地表供水水源出水量减少甚至完全断水。

　　2. 地表水源枯竭危害

　　地表水源枯竭危害包括：

　　（1）造成地表生态环境的破坏；

　　（2）造成当地居民生产生活用水困难。

7.9.3　隧道上方土地荒（沙、石）漠化

　　1. 基本概念

　　土地荒漠化，指由于干旱少雨或各种原因导致的地下水位下降、植被破

坏、过度放牧、大风吹蚀、流水侵蚀、土壤盐渍化等因素造成的大片土壤生产力下降或丧失的自然或非自然现象。

土地石漠化，亦称石质荒漠化，指因水土流失而导致地表土壤损失，基岩裸露，土地丧失农业利用价值和生态环境退化的现象。石漠化多发生在石灰岩地区，土层厚度薄（多数不足 10 cm），地表呈现类似荒漠景观的岩石逐渐裸露的演变过程。

土地沙漠化，指在脆弱的生态系统下，由于人为过度的经济活动，破坏其平衡，使原非沙漠的地区出现了类似沙漠景观的环境变化过程。

隧道上方土地荒（沙、石）漠化，主要因隧道施工洞内突涌水灾害引起。隧道施工洞内突涌水，导致隧道所在地区地下水位严重下降、水源枯竭，致生态环境恶化甚至破坏，土地生产力衰退或丧失，自然植被不断遭到破坏。

2. 土地荒（沙、石）漠化危害

土地荒漠化的危害主要表现为：

（1）环境恶化；

（2）植被退化；

（3）加剧了沙尘暴的发生；

（4）流入河流的泥沙增加。

石漠化的危害主要表现为：

（1）极易发生山洪、滑坡、泥石流等地质灾害；

（2）因地下岩溶发育，导致水旱灾害频繁发生，旱涝相伴；

（3）水土流失严重；

（4）生态环境脆弱。

沙漠化的危害主要表现为：

（1）侵吞农田、牧场；

（2）土地质量降低；

（3）破坏建设工程和生产设施；

（4）污染环境。

第 8 章　隧道施工不良地质体介质构成及其工程特性

8.1　不良地质体

地质体，指在地壳中占有一定空间的、具有一定成分的与其周围物质具明显差别的地质作用的产物。各类岩体、岩石、地质构造、矿体、火山体、断块、蚀变带、构造透镜体、地层中的各种残余有机体，大到一个岩体，小到一个包裹体，都可称为地质体。

不良地质体，指在自重应力、自然营力和人力作用下可导致地质灾害发生的地质体。

8.2　隧道施工不良地质体及其类型

8.2.1　隧道施工不良地质体定义

隧道施工不良地质体，也称隧道施工致灾构造，指在隧道开挖断面及开挖轮廓线外一定距离范围内存在的，因隧道施工开挖接近扰动、揭穿暴露，在没有预先采取处理工程措施或处理工程措施不当或强度不够情况下，在自重应力、煤层瓦斯气囊压力、地应力、构造应力、震动触发作用下，其中介质（气、水、黏土、黏土夹破碎岩石块体或颗粒、岩体等）因流出、变形、失稳、流动、应力急剧释放、溢出集聚遇一定条件，或突破其与隧道开挖工作面（掌子面、开挖轮廓面）间岩土盘，造成有害气体溢出、煤与瓦斯突出、瓦斯燃烧爆炸、突水、突泥、涌水、涌泥、洞内泥石流、围岩变形、围岩大变形、塌方、岩爆等灾害，对隧道工程施工、施工人员人身安全、施工机具设备安全造成危害的地质体。

8.2.2　隧道施工不良地质体类型

纵观国内外隧道工程实践，导致隧道施工地质灾害发生的不良地质体包括以下类型：

（1）第四系沉积物；

（2）全强风化岩体；

（3）破碎岩体；

（4）岩溶及其充填物；

（5）软岩；

（6）煤层；

（7）废弃矿巷及其充填物；

（8）含水层；

（9）江河湖海；

（10）饱水全风化及暴露后极易风化软化岩脉。

其中，全强风化岩体包括：

（1）土体；

（2）土夹石。

破碎岩体包括：

（1）节理密集发育破碎岩体；

（2）未胶结张性断层带破碎岩体；

（3）未胶结压性断层破碎带破碎岩体；

（4）顺层错动破碎带破碎岩体。

岩溶及其充填物包括：

（1）地表黏土充填岩溶沟槽；

（2）无充填岩溶漏斗；

（3）无充填岩溶竖井；

（4）黏土充填岩溶漏斗岩溶竖井；

（5）地下空岩溶；

（6）充水岩溶（岩溶地下暗河、洞穴、管道、溶缝）；

（7）黏土充填岩溶（洞穴、管道、溶缝）；

（8）黏土夹破碎岩石块体充填岩溶（洞穴、管道、溶缝）；

（9）黏土质粉细砂充填岩溶（洞穴、管道、溶缝）；

（10）破碎岩石块体充填岩溶；

（11）混合充填岩溶（洞穴、管道、溶缝）。

废弃矿巷及其充填物包括：

（1）空废弃矿巷；

（2）底部放顶松散破碎岩石块体充填废弃矿巷；

（3）充水废弃矿巷；

（4）混合充填废弃矿巷。

8.3　隧道施工不良地质体介质构成及其工程特性

8.3.1　第四系沉积物

第四系沉积物，指新生代第四纪松散堆积物形成的地层。

第四系沉积物分布极广，除基岩裸露的陡峻山坡外，全球几乎到处被第四纪沉积物覆盖。因此，第四系沉积物也称第四系覆盖层。

第四系覆盖层包括冰川沉积、河流沉积、湖相沉积、风成沉积、洞穴沉积、海相沉积、冰水沉积、残积、坡积、洪积、生物沉积和火山沉积等。

第四系覆盖层主要有土、冻土、土夹石、岩堆、冰渍石、砂、砂夹卵石、淤泥、火山灰、破碎岩石块体等，除冻土有流变、和融沉性且长期强度远低于瞬时强度外，第四系覆盖层因形成较晚，大多未胶结，由土及土粒间/土粒、大小不一的破碎岩石块体及土粒间及土粒与破碎岩石块体间/砂粒及砂粒间空隙/砂颗粒、大小不一卵石及砂粒间及砂粒与卵石间空隙/大小不一的破碎岩石块体及岩石块体间/富含有机质的细粒土及土粒间/直径小于 2 mm 的火山喷发出碎石和矿物质粒子及碎石颗粒间及碎石颗粒与矿物质粒子间空隙中充填的空气或地下水构成。

作为隧道围岩，无水时自稳能力差，有水更差，在自重应力作用下，极易发生变形、失稳塌方。在巨厚的第四系覆盖层中的隧道施工，甚至可发生围岩大变形灾害。

8.3.2　全强风化岩体

全风化岩石，指颜色已完全改变、光泽消失、结构已完全破坏，呈松散状或仅外观保持原岩状态，用手可断、捏碎，除石英晶粒外其余矿物大部分风化变质形成次生矿物的岩石。

全风化岩体，由全风化岩石构成的岩体。

强风化岩石，指颜色已经改变，唯岩块断口中心尚保持原有颜色，外观具原岩结构但裂隙发育、岩体呈干砌块石状、岩块上裂纹密布、疏松易碎、易风化矿物均已风化变质形成风化次生矿物，但其他矿物仍部分保持原矿物特征的岩石。

强风化岩体，由强风化岩石构成的岩体。

全强风化岩体，由全风化和强风化岩体构成。

全风化岩体，浸水崩解，与松软土体特性近似；强风化岩体，物理力学性质显著减弱，具有某些半坚硬岩石的特性，变形模量小，承载强度低。

作为隧道围岩，全强风化岩体自稳能力差，在自重应力作用下，极易发生变形、失稳塌方。在上方存在巨厚的第四系覆盖层的全强风化岩体中的隧道施工，甚至可发生围岩大变形灾害。

8.3.3　破碎岩体

未胶结的节理密集发育破碎岩体，由密集发育节理切割而成的大小不一的破碎岩石块体及岩石块体间空隙充填的空气或地下水构成。

未胶结张性断层带破碎岩体，由形状大小不一、棱角明显且无定向排列的破碎岩块和破碎岩块间空隙充填的空气或地下水构成。

未胶结的压性断层破碎带破碎岩体，由具有一定方向排列的破碎岩块（长轴方向平行于断层面）和破碎岩块间空隙充填的黏土和空气或地下水构成。

顺层错动破碎带破碎岩体，由具有一定方向排列的破碎岩块（长轴方向平行于断层面）和破碎岩块间空隙中充填的空气或地下水构成。

破碎岩石块体间空隙无水时，即破碎岩石块体间空隙充填空气或充填黏土和空气时，作为隧道围岩，节理密集发育破碎岩体、未胶结张性断层带破碎岩体、未胶结的压性断层破碎带破碎岩体和顺层错动破碎带破碎岩体，围岩自稳能力低，围岩易变形、失稳塌方，关键块体的失稳可引起大的坍方。

破碎岩石块体间空隙充水时，节理密集发育破碎岩体带、未胶结张性断层带、未胶结压性断层破碎带和顺层错动破碎带成为隧道施工涌水致灾构造；充水未胶结压性断层破碎带破碎岩石块体间充填黏土的涌出使之成为隧道施工涌泥致灾构造；宽大充水未胶结张性断层带、未胶结压性断层破碎带甚至可能成为隧道施工突水致灾构造；宽大充水未胶结压性断层破碎带甚至可能成为隧道施工突水、突泥和洞内泥石流致灾构造。

8.3.4　岩溶及其充填物

地表黏土充填岩溶沟、槽，由地表岩溶沟、槽及其中充填的黏土构成。其中充填黏土作为隧道围岩，自稳能力差，在自重应力作用下，易发生变形、失稳塌方；地表黏土充填岩溶沟、槽还是隧道施工涌泥、突泥致灾构造。

空岩溶，包括无充填地表岩溶漏斗、岩溶竖井，由岩溶（洞穴、管道、溶缝）、漏斗、竖井及其中充填的空气构成。仅当空岩溶位于施工隧道底部时，才可能构成对洞内运输车辆和洞内行走施工人员安全的威胁。

黏土充填岩溶漏斗、竖井，由岩溶漏斗、竖井和其中充填的黏土构成。其中充填黏土作为隧道围岩，自稳能力差，在自重应力作用下，易发生变形、失稳塌方；黏土充填岩溶漏斗、竖井还是隧道施工涌泥、突泥致灾构造。

充水岩溶由岩溶（洞穴、管道、溶缝）及其中充填的地下水构成，为隧道施工涌水、突水致灾构造。

黏土充填岩溶由岩溶（洞穴、管道、溶缝）及其中充填的黏土构成。充填黏土作为隧道围岩，其自稳能力差，在自重应力作用下，易发生变形、失稳塌方；黏土充填岩溶还是隧道施工涌泥、突泥致灾构造。

黏土夹破碎岩石块体充填岩溶，由岩溶（洞穴、管道、溶缝）和其中充填的黏土夹块石构成。其中充填黏土夹破碎岩石块体作为隧道围岩，自稳能力差，在自重应力作用下，易发生变形、失稳塌方；黏土夹破碎岩石块体充填岩溶还是隧道施工涌泥、洞内泥石流致灾构造。

黏土质粉细砂充填岩溶，由岩溶（洞穴、管道、溶缝）和其中充填的黏土质粉细砂构成。其中充填的黏土质粉细砂作为隧道围岩，其自稳能力差，在自重应力作用下，易发生变形、失稳塌方；黏土质粉细砂充填岩溶还是隧道施工涌砂、突砂致灾构造。

破碎岩石块体充填岩溶，由岩溶（洞穴、管道、溶缝）和其中充填的破碎岩石块体构成。其中充填的破碎岩石块体作为隧道围岩，其自稳能力极差，在自重应力作用下，极易发生失稳塌方。

混合充填岩溶（洞穴、管道、溶缝），由岩溶（洞穴、管道、溶缝）和其中充填的水和黏土/黏土夹破碎岩石块体/黏土质粉细砂/破碎岩石块体等固体物质构成。混合充填岩溶既是隧道施工突水、涌水致灾构造，也是隧道施工围岩塌方、涌泥、突泥/塌方、洞内泥石流/塌方、涌砂、突砂/塌方致灾构造。

8.3.5　软　岩

软岩，指饱和单轴抗压强度小于 30 MPa 的岩石。

软岩是一种特定环境下的具有显著塑性变形的复杂岩石力学介质，可分为地质软岩和工程软岩两大类别。地质软岩指强度低、孔隙度大、胶结程度差、受构造面切割及风化影响显著或含有大量膨胀性黏土矿物的松、散、软、弱岩层，该类岩石多为泥岩、页岩、粉砂岩和泥质矿岩，是天然形成的复杂的地质介质；工程软岩是指在工程力作用下能产生显著塑性变形的工程岩体。工程软岩强调软岩所承受的工程力荷载的大小，强调从软岩的强度和工程力荷载的对立统一关系中分析、把握软岩的相对性实质。

工程软岩和地质软岩的关系是：当工程荷载相对于地质软岩（如泥页岩等）的强度足够小时，地质软岩不产生软岩显著塑性变形力学特征，即不作为工程软岩，只有在工程力作用下发生了显著变形的地质软岩，才作为工程软岩；在大深度、高应力作用下，部分地质硬岩（如泥质胶结砂岩等）也呈现了显著变形特征，则应视其为工程软岩。

根据软岩特性的差异及产生显著塑性变形的机理，软岩可分为膨胀性软岩、高应力软岩、节理化软岩和复合型软岩四类。

根据高应力类型的不同，高应力软岩可细分为自重应力软岩和构造应力软岩。前者的特点是与深度有关，与方向无关；而后者的特点是与深度无关，而与方向有关。高应力软岩根据应力水平分为高应力软岩、超高应力软岩和极高应力软岩三级。

作为隧道围岩，极易发生围岩变形、失稳塌方甚至围岩大变形灾害。

8.3.6 煤层

煤层，沉积岩系中赋存的层状煤体。煤层一般呈层状、似层状，也有呈透镜状、豆饼状、鸡窝状、串珠状的。

煤层由煤块和充填在煤块间空隙中的瓦斯、硫化氢气体或煤块、充填在煤块间空隙中的瓦斯和硫化氢气体及夹石（也称夹矸）构成。

作为隧道围岩，煤层破碎，自稳能力低，隧道施工开挖揭露后易变形失稳塌方。

煤层中赋存的瓦斯气体，在瓦斯压力、上覆地层荷载和地应力作用下，随着隧道施工开挖掌子面的接近，可能突破煤层与隧道施工掌子面间岩盘发生煤与瓦斯突出灾害；沿煤层与隧道间岩体中发育分布的贯通性节理裂隙溢出的瓦斯，在已开挖隧道中合适部位（隧道拱部坍腔、通风死角）集聚遇合适条件（瓦斯浓度 5%～16%、氧气浓度≥12%、650～750 ℃高温火源）发生瓦斯燃烧爆炸。

8.3.7 废弃矿巷及其充填物

废弃矿巷，指已废弃的地下矿床探矿、采矿、运矿、行人、通风、排水、应急救援用巷道。

在我国国营矿山，废弃矿巷严格实行放顶处理，但私营矿山，多不做放顶处理；无论是国营还是私营矿山，废弃矿巷均不再进行排水和通风。

因此，废弃矿巷及其充填物，由矿巷、矿巷底放顶松散破碎岩石块体堆积体、矿巷底放顶松散破碎岩石块体间空隙及堆积体与矿巷顶间空间充填的空气/地下水，或矿巷、矿巷中充填的空气/地下水构成，矿巷底放顶松散破碎岩石块体间空隙、堆积体与矿巷顶间空间和矿巷中充填的空气，包括甲烷（CH_4）、一氧化碳（CO）、硫化氢（H_2S）、二氧化硫（SO_2）、二氧化氮（NO_2）等有害气体。

作为隧道围岩，废弃矿巷底放顶松散破碎岩石块体堆积体无自稳能力，为隧道施工塌方致灾构造；充水废弃矿巷为隧道施工涌水、突水致灾构造；集聚有害气体废弃矿巷，为隧道施工有害气体溢出致灾构造；集聚高浓度瓦斯气体的废弃煤矿矿巷，甚至是隧道施工瓦斯燃烧爆炸致灾构造。

8.3.8　含水层

含水层，在地质学上指土壤通气层以下介质孔隙/空隙完全充满水分的地层或岩层。

按含水岩（土）层空隙类型分为孔隙含水层、裂隙含水层和喀斯特含水层三类。孔隙含水层，指以含孔隙水为主的含水层，主要是松散沉积物（砂砾石含水层、砂含水层）；裂隙含水层，指以含裂隙水为主的含水层，主要由各种坚硬岩石所构成；喀斯特含水层，指以含喀斯特水为主的含水层，由可溶岩层溶隙发育而构成。

按含水层根据埋藏条件及水力学状态分为承压含水层与潜水（无压）含水层。承压含水层，指两个不透水层或弱透水层之间所夹的完全饱水的含水层；潜水含水层，指具有自由水面的含水层。

按含水层渗透性空间变化分为均质含水层和非均质含水层。均质含水层，其透水性能是一个常量，与空间坐标无关；非均质含水层，其透水性在空间是变化的，或沿水平方向变化，或沿垂直方向变化，或渐变，或突变。

含水层由松散沉积物（砂砾石、砂、土石）及砂砾石间、砂粒间、土石颗粒间/岩体及岩体裂隙中/岩石及岩石孔隙中/可溶岩及可溶岩溶隙中充填的地下水构成。

松散沉积物孔隙含水层，为隧道施工涌水致灾构造，含水松散沉积物作为隧道围岩自稳能力差，易失稳塌方；岩石孔隙含水层和喀斯特含水层，为隧道施工涌水致灾构造；但当多层岩石孔隙含水层通过构造（断层）连通时，如地下向斜蓄水构造，则成为隧道施工涌水、突水致灾构造。

8.3.9　江河湖海

作为隧道施工不良地质体的江河湖海，指隧道下穿施工揭穿与上方江河湖海（包括地面水库等地面水体）间连通的不良地质体，如深大风化槽、断层及其破碎带，因深大风化槽、断层及其破碎带渗涌水、塌方等原因，江河湖海水通过深大风化槽、断层及其破碎带向隧道施工涌水补给，或突破由深大风化槽、断层及其破碎带构成的隔水岩土盘向已开挖隧道空间的突出，成为跨江越海隧道施工涌水、突水致灾构造。

8.3.10 饱水全风化及暴露后极易风化软化岩脉

岩脉，地球深部高温高压岩浆沿构造、岩体裂隙侵入冷凝形成的脉状火成岩体。

花岗岩，是一种岩浆在地表以下冷却凝结形成的火成岩，主要成分是长石和石英。其全风化后往往成为砂状，饱水后具有流动性。

凝灰岩，是一种火山碎屑岩，其组成的火山碎屑物质有 50%以上的颗粒直径小于 2 mm，成分主要是火山灰，外貌疏松多孔，暴露在空气中极易风化，遇水软化。

辉绿岩，暴露在空气中极易风化，遇水软化。

第 9 章　隧道施工地质不确定性与隧道施工地质灾害

隧道施工地质灾害的发生原因，不外：

（1）隧道施工开挖断面内和开挖轮廓线外一定距离范围内存在因隧道施工开挖接近和揭穿可能导致隧道施工地质灾害发生的不良地质体；

（2）隧道工程地质勘察给出的因隧道施工开挖接近、揭穿可能导致隧道施工地质灾害发生的掌子面前方和开挖轮廓线外存在的不良地质体的遗漏，或不良地质体位置、规模和性质存在偏差；

（3）对不良地质体因隧道施工开挖暴露后状态及性质变化认识的不足；

（4）对包括安全岩土盘留置、岩土盘加固、不良地质体本身处治在内的不良地质体处置不及时不到位。

不良地质体处置不及时不到位的问题，不属于隧道施工地质不确定问题。因此，在隧道施工地质不确定性与隧道施工地质灾害间的关系，则主要表现为以下五类：

（1）不良地质体事实存在而勘察遗漏导致的隧道施工地质灾害；

（2）不良地质体位置偏差导致的隧道施工地质灾害；

（3）不良地质体多重性质及性质错误导致的隧道施工地质灾害；

（4）不良地质体规模偏差导致的隧道施工地质灾害；

（5）不良地质体暴露后状态与性质改变导致的隧道施工地质灾害。

9.1　不良地质体事实存在而勘察遗漏导致的隧道施工地质灾害

隧道工程设计的基本依据是地质勘察资料，而隧道施工的依据主要是设计文件。大量的隧道工程建设实践表明，由于经费和勘察周期等的限制，加之隧道穿越区域极为复杂的地质条件，特别在崇山峻岭中或水上进行工程地质勘察，大量先进的地球物理勘探技术或无法采用，或来不及采用，甚至连钻探也无法展开，造成对隧道开挖断面内及隧道开挖轮廓线外一定距离范围内存在的、因隧道施工开挖接近和揭穿可能导致隧道施工地质灾害发生的不良地质体的遗漏在所难免。

在我国，对隧道施工掌子面前方的地质情况，经历了挖开看、采用地质调查分析法预测、采用超前钻孔进行精准探测三个阶段；隧道工程地质勘察，经历了两个阶段。第一阶段以地质调查法为基础辅以少量地球物理探测，该阶段以地面钻探槽探坑探为主；第二阶段以地质调查法为基础，广泛采用地球物理探测结合地面钻探槽探坑探。

在我国隧道施工地质挖开看阶段，即使是对隧道施工掌子面前方隧道开挖断面范围内的不良地质体也无超前处治措施，更遑论隧道开挖轮廓线外一定距离范围内存在的、因隧道施工开挖接近可能导致隧道施工地质灾害发生的不良地质体的处治，隧道施工地质灾害的发生也就在所难免。

即便是当下的隧道工程建设，充足的经费和足够充裕的时间，确保了先进地球物理勘探技术的采用和工程地质勘察工作的规范实施，但隧道穿越区域极为复杂的地质条件，以及工程地质勘察相关规范中诸如勘探点、勘探孔、控制钻孔、验证钻孔布置与数量规定中存在的问题，对隧道开挖断面内及隧道开挖轮廓线外一定距离范围内存在的、因隧道施工开挖接近和揭穿可能导致隧道施工地质灾害发生的不良地质体的遗漏仍然存在。

隧道开挖断面内及隧道开挖轮廓线外一定距离范围内存在的、因隧道施工开挖接近和揭穿可能导致隧道施工地质灾害发生的不良地质体，并不因为勘察的遗漏而不存在。特别在我国隧道施工地质挖开看阶段，因隧道施工开挖接近隧道施工掌子面前方、隧道开挖轮廓线外一定距离范围内存在的可能导致隧道施工地质灾害发生的不良地质体，揭穿隧道施工掌子面前方隧道开挖断面范围内存在的可能导致隧道施工地质灾害发生的不良地质体，在缺失包括安全岩土盘预留、岩土盘加固、不良地质体本身处治（超前支护，超前固结、堵、截、引）在内的不良地质体处治条件下，隧道施工开挖的接近、揭穿，势必导致隧道施工地质灾害的发生。

因不良地质体遗漏造成施工地质不确定导致的隧道施工地质灾害，包括了所有的隧道施工地质灾害类型。

典型不良地质体遗漏导致的隧道施工地质灾害，如衡广复线南岭隧道生潮垅至下连溪段 DK1935+745 和 DK1936+269 涌泥。前者掌子面开挖揭穿一宽 2 m 可见深度约 50 m 的充填饱水黏土的溶槽，三次涌泥共 2 130 m³，在 3 min 内淤塞下导坑 60 余米，地表河道中心长 30 m、宽 20 m、深 7 m 的 40 号陷坑致连溪河道断裂；后者掌子面开挖揭穿沿短裂发育的充填饱水黏土的岩溶，涌泥 2 000 m³，致地表出现 9 个陷坑，地表连溪河水由 1 号陷坑灌入隧道，隧道施工受阻达两年。

9.2　不良地质体位置偏差导致的隧道施工地质灾害

隧道施工掌子面前方隧道开挖断面范围内或开挖轮廓线外一定距离范围内存在的不良地质体，因位置偏差，特别是位置提前或距离更靠近开挖轮廓线，形成的施工地质不确定，或导致岩土盘预留厚度达不到安全岩土盘要求，导致岩土盘加固和不良地质体本身处治施工滞后，甚至岩土盘被突破，造成隧道施工地质灾害的发生。

因不良地质体位置偏差特别是位置滞后形成施工地质不确定导致的隧道施工地质灾害，包括了所有的隧道施工地质灾害类型。

贵州镇（宁）胜（境关）高速公路五龙山隧道左洞出口 ZK112+744 突泥灾害属典型不良地质体位置偏差导致的隧道施工地质灾害。隧道施工地质预报指出在施工掌子面前方 ZK112+744 附近存在黏土充填岩溶可能出现施工突涌泥灾害，但隧道施工开挖直至 ZK112+734，未揭示黏土充填岩溶。ZK112+734 掌子面放炮后，在 ZK112+744 发生突泥。现场勘察发现，ZK112+744 右拱腰（正对掌子面左侧拱腰）位置为孔径约 2 m 的突泥口，突泥造成隧道上方地表开裂，裂缝宽达到 40 cm。分析认为，由突泥口向上，可能为延伸至隧道上方地表覆盖层下的充填黏土岩溶或充填黏土深大岩溶沟槽；在隧道施工通过 ZK112+744 时，充填黏土溶洞壁与隧道开挖轮廓线间的灰岩隔泥岩盘厚度接近于确保岩溶内充填黏土稳定的最小安全岩（土）盘厚度，ZK112+734 掌子面放炮震动造成充填黏土的瞬间下坐，导致隔泥岩盘的破坏和充填黏土的突出。

9.3　不良地质体多重性质及性质错误导致的隧道施工地质灾害

隧道施工掌子面前方隧道开挖断面范围内或开挖轮廓线外一定距离范围内存在的不良地质体，因性质偏差，形成的施工地质不确定，直接导致不良地质体处治方案的偏差甚至错误，造成隧道施工地质灾害的发生。

因不良地质体多重性质及性质错误造成施工地质不确定导致的隧道施工地质灾害，包括了所有的隧道施工地质灾害类型。

典型不良地质体多重性质导致的隧道施工地质灾害，如遂渝铁路荆竹岭隧道 DK109+836 洞内泥石流灾害。施工地质预报指出了施工进入 DK109+836 可能发生塌方和涌水，但未能预料到塌方和涌水同时发生。施工单位根据预报采取了防坍方和防涌水措施，但由于防坍方措施偏弱，未能阻止断层上盘富水黏土夹破碎岩石块体围岩坍方，坍体流动形成隧道施工洞内泥石流灾害。

9.4 不良地质体规模偏差导致的隧道施工地质灾害

隧道施工掌子面前方隧道开挖断面范围内或开挖轮廓线外一定距离范围内存在的不良地质体，因规模预测偏差，形成的施工地质不确定，直接导致不良地质体处治方案的偏差、错误甚至隧道施工方案的错误，造成隧道施工地质灾害的发生。

因不良地质体规模偏差造成施工地质不确定导致的隧道施工地质灾害，包括了所有的隧道施工地质灾害类型。

典型如衡广复线大瑶山隧道班古坳竖井岩溶涌水淹井。班古坳竖井的设置，乃为增加隧道施工掌子面而设，但勘察设计阶段对班古坳竖井段隧道穿越位置岩溶发育程度及其与上部岩溶及地表水的联系估计严重错误，竖井段隧道施工在 DK1994+213 位置揭穿充水岩溶管道，涌水致使平导和竖井被淹长达数月之久；F_9 断层上盘破碎带 DK1994+840 ~ +775 段，施工开挖揭穿充水溶管，掌子面大股涌水曾造成洞内施工设备被淹。

9.5 不良地质体暴露后状态性质改变导致的隧道施工地质灾害

因不良地质体暴露后状态和性质改变造成施工地质不确定导致的隧道施工地质灾害，包括了隧道施工围岩变形、大变形、塌方和岩爆。

隧道施工岩爆，乃是隧道施工开挖通过高地应力环境条件下干燥无水完整坚硬脆性岩体，隧道洞室的形成使岩体结构应力平衡状态破坏，岩体中聚积的高弹性应变能远大于岩体破坏所需要的能量，位于隧道开挖轮廓面附近岩体中聚积的弹性变形势能在应力重分布过程中猛烈释放，岩石碎片从岩体中剥离、崩出形成。

隧道施工围岩变形、大变形、塌方，乃是隧道施工开挖通过隧道围岩变形致灾构造、围岩塌方致灾构造、大变形致灾构造，隧道洞室的形成，改变了致灾构造岩体的约束条件，或围岩自稳能力下降形成的变形、失稳塌方，或围岩在自重应力、膨胀应力、构造应力作用下、产生的具有累进性和明显时间效应的且在相当长一段时间内得不到有效约束的塑性变形。

隧道施工开挖揭穿后，暴露在空气中的膨胀岩、土，吸水软化膨胀变形直至塌方，暴露在空气中的辉绿岩脉迅速风化软化变形直至塌方，均属于性质改变导致的施工地质灾害。

参考文献

[1] 何发亮，张玉川. 隧道施工地质灾害与不良地质体及其预报[M]. 成都：西南交通大学出版社，2011.

[2] 何发亮，卢松，丁建芳，等.地质复杂隧道施工预报研究与工程实践[M].成都：西南交通大学出版社，2019.

[3] 吴治生，傅伯森. 南岭隧道岩溶管道涌泥及治理经验[C]//中国地质学会工程地质专业委员会. 全国第三次工程地质大会论文集（上卷）. 成都：成都科技大学出版社，1988：637-644.

[4] 陈成宗，牟瑞芳. 大瑶山隧道岩溶涌水系统分析[J]. 工程地质学报，1993（1）：36-46.

[5] 王建宇，胡元芳，刘志强. 高地应力软弱围岩隧道挤压型变形和可让性支护原理[J]. 现代隧道技术，2012（3）：9-17.

[6] 刘志春，朱永全，李文江，等. 挤压性围岩隧道大变形机理及分级标准研究[J]. 岩土工程学报，2008（5）：690-697.

[7] 俞渝.挤压性围岩支护大变形的机理及判定方法[J].世界隧道，1998（1）：46-51.

[8] 姜云. 公路隧道围岩大变形的预测预报与对策研究[D]. 成都：成都理工大学，2004.

[9] 姜云，李永林，李天斌，等. 隧道工程围岩大变形类型与机制研究[J]. 地质灾害与环境保护，2004（4）：46-51.

第 5 篇

隧道施工地质不确定性问题及其解决

前述表明，隧道施工地质不确定问题包括：

（1）不良地质体事实存在而勘察遗漏型地质不确定问题；

（2）不良地质体位置偏差型地质不确定性问题；

（3）不良地质体规模偏差型地质不确定问题；

（4）不良地质体多重性质及性质错误型地质不确定性问题；

（5）不良地质体暴露后状态及性质改变型地质不确定问题。

如前所述：

（1）隧道，特别是穿越高山峡谷地区长大深埋隧道和下穿江河湖海隧道，穿越地区复杂的地形、地貌和地质条件及其给工程地质勘察带来的困难，即便严格按照现行隧道工程地质勘察规范采用先进的地球物理勘探技术开展隧道工程地质勘察，仍难免存在因隧道开挖断面及开挖轮廓线外一定距离范围内存在的，因隧道施工开挖接近、揭穿可能导致隧道施工地质灾害发生的不良地质体的遗漏，不良地质体在隧道开挖断面穿越位置偏差、不良地质体多重性质及性质错误、不良地质体规模偏差及不良地质体暴露后状态及性质改变造成的地质不确定或不确定性。

（2）隧道开挖断面及开挖轮廓线外一定距离范围内存在的因隧道施工开挖接近、揭穿可能导致隧道施工地质灾害发生的不良地质体的遗漏，不良地质体在隧道开挖断面穿越位置偏差、不良地质体多重性质及性质错误、不良地质体规模偏差及不良地质体暴露后状态及性质改变造成的地质不确定或不确定性，极易导致隧道施工地质灾害的发生，或严重威胁隧道洞内施工人员、机具设备的安全，或导致隧道施工工期的严重延误，严重者甚至导致隧道工程建设的失败。

因此，基于不同类型地质不确定问题包括的内容、产生原因，提出针对性的解决措施办法，是隧道施工地质不确定性问题解决的关键。

第 10 章　不良地质体遗漏型地质不确定问题及其解决

10.1　不良地质体遗漏型地质不确定

不良地质体遗漏型地质不确定，即因对隧道施工开挖掌子面前方开挖断面及开挖轮廓线外一定距离范围内存在的、因隧道施工开挖接近和揭穿可能导致隧道施工地质灾害发生的不良地质体的遗漏，导致的地质不确定。

不良地质体遗漏型地质不确定包括以下内容：

（1）不良地质体分布位置不确定导致的地质不确定；

（2）不良地质体性质不确定导致的地质不确定；

（3）不良地质体规模不确定导致的地质不确定；

（4）因隧道施工开挖揭穿后不良地质体状态与性质改变不确定导致的地质不确定。

不良地质体遗漏型地质不确定，最终导致因隧道施工开挖接近和揭穿可能导致的隧道施工地质灾害类型、位置和规模的不确定。

10.2　不良地质体遗漏型地质不确定问题产生的原因

在不良地质体遗漏型地质不确定问题中，因隧道施工开挖接近和揭穿可能导致隧道施工地质灾害发生的不良地质体在隧道开挖断面及开挖轮廓线外一定距离范围内是事实存在的，导致因不良地质体遗漏产生地质不确定的原因（不考虑勘察人员经验不足与地学知识偏弱原因）包括：

（1）隧道穿越地区地质的复杂性；

（2）隧道上方地形条件复杂导致隧道工程地质勘察工作困难；

（3）不良地质体地表露头为隧道上方地表第四系覆盖而未被发现；

（4）不良地质体未被隧道工程地质勘察钻孔揭示；

（5）不良地质体未被隧道工程地质勘察地球物理勘探发现。

10.2.1　隧道穿越地区地质的复杂性

如前所述，在漫长的地质历史过程中，各异的成岩作用、应力作用下地层岩石体的弯曲断裂、造山运动、造陆运动、变质作用、岩浆作用、地下水作用、地壳表面表生改造作用及其联合作用，形成的各异的构造体系，构造体系间的联合、复合、叠合、交接、穿插，各异的地下岩溶系统，构成了隧道穿越区极为复杂的地质条件，给地质复杂隧道工程地质勘察带来极大的困难，极易造成隧道穿越位置不良地质体的遗漏。

10.2.2　隧道上方地形条件复杂导致隧道工程地质勘察工作困难

长大深埋隧道多穿越高山峡谷地区，而高山峡谷地区恰恰是历经不同成岩作用、应力作用下地层岩石体的弯曲断裂、造山运动、造陆运动、变质作用、岩浆作用、地下水作用、地壳表面表生改造作用及其联合作用的地带。各异的构造体系、岩溶系统，构造体系间的联合、复合、叠合、交接、穿插，本就给地质复杂隧道工程地质勘察带来极大的困难。隧道上方地面复杂多变的地形条件，特别是陡变的地形，更是给地质调查、勘察钻孔及地球物理勘探测线布置造成了极大困难，加大了工程地质勘察的难度，造成隧道穿越位置不良地质体的遗漏在所难免。

10.2.3　不良地质体地表露头为隧道上方地表第四系覆盖而未被发现

不良地质体地表露头，是进行地表地下构造相关分析的重要依据。因隧道上方地表第四系覆盖而未被发现的不良地质体，主要因不良地质体地面出露特征为第四系覆盖层覆盖，工程地质勘察工作量中探槽、探坑数量不足所致。因隧道上方地表第四系覆盖而未被发现的不良地质体包括：

（1）软岩层；

（2）煤层；

（3）节理密集发育岩体破碎带；

（4）顺层错动破碎带；

（5）断层及其破碎带；

（6）岩溶漏斗、竖井。

10.2.4　不良地质体未被隧道工程地质勘察钻孔揭示

工程地质勘察钻孔的揭示，是不良地质体分布位置、性质及其规模确定的直接依据。

工程不良地质体未被隧道工程地质勘察钻孔揭示，主要因隧道穿越区地层岩石构造变动程度高，地层中断层、褶皱等构造发育，岩层及构造陡倾，地下岩溶发育分布复杂，以及勘察钻孔数量少所致。

　　未被隧道工程地质勘察钻孔揭示的不良地质体包括：

（1）软岩层；

（2）煤层；

（3）节理密集发育岩体破碎带；

（4）顺层错动破碎带；

（5）断层及其破碎带；

（6）岩溶（暗河、溶洞、溶管、溶缝）；

（7）废弃矿巷；

（8）窝煤。

10.2.5　不良地质体未被隧道工程地质勘察地球物理勘探发现

　　尽管不良地质体在地球物理勘探异常场中存在畸变问题，地球物理勘探异常场也存在多解性问题，但不可否认，在隧道上方地面进行的地球物理勘探，仍是除勘察钻孔外地下不良地质体勘察的重要手段，甚至起到指导勘察钻孔布置进行不良地质体性质确定的重要作用。

　　不良地质体未被隧道工程地质勘察地球物理勘探发现，主要因隧道穿越区地层岩石构造变动程度高，地层中断层、褶皱等构造发育，地下岩溶发育分布复杂，以及地球物理勘探覆盖不足、探测深度不够、先进地球物理勘探技术未能得到应用所致。

　　未被隧道工程地质勘察地球物理勘探发现的不良地质体包括：

（1）节理密集发育岩体破碎带；

（2）顺层错动破碎带；

（3）断层及其破碎带；

（4）岩溶（暗河、溶洞、溶管、溶缝）；

（5）废弃矿巷；

（6）窝煤。

10.3　不良地质体遗漏型地质不确定问题解决

　　根据不良地质体遗漏型地质不确定问题产生的原因，其解决的方法包括：

（1）开展隧道施工地质预报工作；

（2）强化隧道工程地质勘察工作。

10.3.1　开展隧道施工地质预报工作

在漫长的地质历史过程中，各异的成岩作用、应力作用下地层岩石体的弯曲断裂、造山运动、造陆运动、变质作用、岩浆作用、地下水作用、地壳表面表生改造作用及其联合作用，造就了我国高山峡谷地区各异的构造体系及构造体系间的联合、复合、叠合、交接、穿插，和各异的地下岩溶系统，形成了穿越高山峡谷区隧道极为复杂的地质条件，给穿越高山峡谷区隧道工程地质勘察工作带来极大的困难。在穿越高山峡谷区隧道工程地质勘察中，即便严格执行了隧道工程地质勘察规范关于勘探钻孔、坑探、槽探、地球物理勘探数量及质量相关规定外，也在陡倾地层岩层地区适当加密了勘察钻孔，还采用了先进的地球物理勘探技术进行地球物理勘探，仍不免遗漏有隧道开挖断面及开挖轮廓线外一定距离范围内存在的不良地质体的现象。因此，避免因不良地质体遗漏导致的隧道施工地质灾害的发生、降低施工地质灾害损失，成为隧道施工期地质工作的重中之重。

作为隧道工程建设全过程地质工作的一部分和施工期地质工作重要组成部分的隧道施工地质预报，其作用除对勘察设计给出的因隧道施工开挖接近、揭穿可能导致隧道施工地质灾害发生的不良地质体分布位置、性质及规模进行确认，对可能导致隧道施工地质灾害发生的不良地质体分布位置、性质及规模的偏差进行修正外，更重要的是对勘察设计未能给出的，即勘察遗漏的隧道开挖断面及开挖轮廓线外一定距离范围内存在的不良地质体进行探测预报。

隧道施工地质预报，指在隧道施工阶段，采用地质调查、物探、钻探、导洞等手段，对隧道开挖掌子面前方存在的、因隧道施工开挖接近或揭穿可能导致隧道施工地质灾害发生的不良地质体分布位置、性质、规模及可能发生地质灾害位置、性质和规模的预报。

1. 隧道施工图设计无不良地质体分布隧道段施工地质预报

对勘察设计给出的无因隧道施工开挖接近或揭穿可能导致隧道施工地质灾害发生的不良地质体分布的隧道段，隧道施工地质预报工作应遵循以下原则：

（1）探测预报覆盖原则；

（2）遇异常随施工掌子面前移跟踪预报原则；

（3）地质调查法与地球物理探测法相结合、长中短距离预报相结合、洞外预报与洞内预报相结合三结合原则；

（4）跟踪预报重大异常超前钻孔法精准预报原则。

对勘察设计给出的无因隧道施工开挖接近或揭穿可能导致隧道施工地质灾害发生的不良地质体分布的隧道段，采用弹性波反射法进行长距离探测，遇异常采用弹性波反射法、弹性波反射层析成像法、电磁波反射法进行中长距离、短距离跟踪探测，条件许可时采用隧道上方地面地球物理方法进行探测，采用岩体温度法、激发极化法、瞬变电磁法、BEAM 法等进行不良地质体含/充水性探测，结合不良地质体出现前兆进行不良地质体性质判断，遇重大异常依跟踪探测结果和不良地质体前兆在适当位置采用超前钻孔法进行不良地质体分布位置、性质及规模的精准探测。

需要指出的是，对于掌子面前方存在的如顺层错动破碎带、断层及其破碎带、软岩层、煤层等层带状不良地质体，采用单个超前钻孔即可完成分布位置、性质及规模的精准探测；对于掌子面前方存在的如窝煤、节理密集发育岩体破碎带、岩溶（溶穴、溶管、溶缝等）及废弃矿巷等体状不良地质体，应视地球物理探测结果布置多个超前钻孔进行分布位置的精准探测。

2. 隧道施工图设计存在不良地质体分布隧道段施工地质预报

对勘察设计给出的存在因隧道施工开挖接近或揭穿可能导致隧道施工地质灾害发生的不良地质体分布的隧道段，隧道施工地质预报工作应遵循以下原则：

（1）严格遵循设计施工地质预报方案原则；

（2）遇发现新异常随施工掌子面前移跟踪预报原则；

（3）地质调查法与地球物理探测法相结合、长中短距离预报相结合、洞外预报与洞内预报相结合三结合原则；

（4）重大异常超前钻孔法精准预报原则。

对勘察设计给出的存在因隧道施工开挖接近或揭穿可能导致隧道施工地质灾害发生的不良地质体分布的隧道段，严格遵循设计施工地质预报方案，采用设计确定的施工地质预报方法开展施工地质预报，在对设计给出的存在于隧道开挖断面及开挖轮廓线外一定距离范围内的不良地质体分布位置特别是前界面位置进行探测确认外，密切关注除设计所给不良地质体探测异常以外的地球物理探测异常。遇新异常，采用弹性波反射法、弹性波反射层析成像法、电磁波反射法进行中长距离、短距离跟踪探测，条件许可时采用隧道上方地面地球物理方法进行探测，采用岩体温度法、激发极化法、瞬变电磁法、BEAM 法等进行不良地质体含/充水性探测，结合不良地质体出现前兆进行不良地质体性质判断。如新异常属重大异常，依据跟踪探测结果和不良地质体前兆，在适当位置采用超前钻孔法进行不良地质体分布位置、性质及规模的精准探测。

10.3.2　强化隧道工程地质勘察工作

强化隧道工程地质勘察工作包括：

（1）严格执行隧道工程地质勘察规范关于勘探钻孔、坑探、槽探、地球物理勘探测线数量及质量相关规定；

（2）在陡倾地层岩层地区，适当加密勘察钻孔和坑探、槽探及地球物理勘探测线数量；

（3）采用先进的地球物理勘探技术进行地球物理勘探。

在地层构造变动较小的水平或缓倾地层分布地区，少量的工程地质勘察钻孔，即可揭示隧道施工开挖穿越的地层岩石、顺层错动破碎带和缓倾断层，但可能存在陡倾断层、地下岩溶、节理密集发育岩体破碎带等的遗漏；在地层陡倾分布，特别是地层构造变动程度较高的地区，则需要更多的工程地质勘察钻孔，才能揭示隧道施工开挖穿越的地层岩石、顺层错动破碎带和陡倾断层，但仍然存在地下岩溶、节理密集发育岩体破碎带、窝煤及废弃矿巷等的遗漏。

隧道上方地表广泛分布第四系覆盖层时，不良地质体地面出露特征为第四系覆盖层覆盖，不易发现。因此，要避免因隧道开挖断面及开挖轮廓线外一定距离范围内存在的不良地质体遗漏导致的隧道施工地质灾害，除应严格执行隧道工程地质勘察规范关于勘探钻孔、坑探、槽探、地球物理勘探数量及质量相关规定外，应适当增加坑探、槽探、地球物理勘探测线数量，采用先进的地球物理勘探技术进行地球物理勘探。

应该指出的是，强化隧道工程地质勘察工作，更多的是指新隧道的工程地质勘察，对已开工隧道工程，更多的指针对重大地质问题开展的补充地质勘察。

第 11 章　不良地质体位置偏差型地质不确定性问题及其解决

11.1　不良地质体位置偏差型地质不确定

不良地质体位置偏差型地质不确定，即因隧道施工开挖掌子面前方开挖断面及开挖轮廓线外一定距离范围内存在的，因隧道施工开挖接近和揭穿可能导致隧道施工地质灾害发生的不良地质体分布位置偏差，导致的地质不确定。

不良地质体位置偏差型地质不确定，假定不良地质体的性质、规模是确定的，则位置偏差型地质不确定问题，集中体现在不良地质体在隧道开挖掌子面前方前界面位置的提前，导致施工按设计预留安全厚度过小，在岩土盘加固和不良地质体本身处治还未开始，施工地质灾害已经发生，是隧道施工所不能接受的。

不良地质体位置偏差型地质不确定，包括下列内容：

（1）不良地质体位置滞后导致的地质不确定；

（2）不良地质体位置提前导致的地质不确定。

11.2　不良地质体位置偏差型地质不确定问题产生的原因

在不良地质体位置偏差型地质不确定问题中，因隧道施工开挖接近和揭穿可能导致隧道施工地质灾害发生的不良地质体在隧道开挖断面及开挖轮廓线外一定距离范围内是事实存在的，导致因不良地质体位置偏差产生地质不确定的原因（不考虑勘察人员经验不足与地学知识偏弱原因）包括：

（1）隧道穿越地区地质的复杂性；

（2）隧道上方地形条件复杂导致隧道工程地质勘察工作困难；

（3）不良地质体未被隧道工程地质勘察钻孔揭示；

（4）根据不良地质体地表露头产状推测其在隧道开挖断面穿越位置出现偏差；

（5）地面地球物理探测异常畸变引发不良地质体在隧道开挖断面穿越位置判释偏差。

11.2.1　根据不良地质体地表露头产状推测其在隧道开挖断面穿越位置出现偏差

根据不良地质体，特别是软岩层、顺层错动破碎带、断层及其破碎带、煤层等在地表露头的产状，推测其在隧道开挖断面穿越位置的出现位置，是开展地表地下构造相关分析、确定软岩层、顺层错动破碎带、断层及其破碎带、煤层等在隧道穿越位置隧道开挖断面范围内分布位置的重要依据。

在构造变动程度低的沉积岩、沉积变质岩地区隧道，如穿越单斜地层隧道，采用地表地下构造相关分析法，根据地表软岩层、顺层错动破碎带、断层及其破碎带、煤层等在地表露头的产状，确定其在隧道穿越位置出露位置，准确性较高。

在构造变动程度较高的地区，隧道穿越地区地质条件极为复杂，由于地层岩石的褶皱、断裂错动和岩浆活动影响，地表出露的软岩层、顺层错动破碎带、断层及其破碎带、煤层等不良地质体，或在穿越位置隧道开挖断面范围内出现，或在隧道开挖断面穿越位置消失。

即使在地表露头出露的软岩层、顺层错动破碎带、断层及其破碎带、煤层等不良地质体，出现在隧道穿越位置开挖断面及开挖轮廓线外一定距离范围内出现，根据地表露头产状，采用地表地下构造相关分析法，推测得到的不良地质体在隧道穿越位置开挖断面及开挖轮廓线外一定距离范围内出现的位置，偏差必然存在，有时甚至极大。

如果隧道上方地形条件复杂导致隧道工程地质勘察特别是钻孔布置困难，即使勘察钻孔在隧道穿越位置开挖断面及开挖轮廓线外一定距离范围外揭示了在地表露头出露的软岩层、顺层错动破碎带、断层及其破碎带、煤层等不良地质体的出露，根据地表露头出露的软岩层、顺层错动破碎带、断层及其破碎带、煤层等不良地质体的产状，结合勘察钻孔揭示确定的不良地质体，仍然存在在隧道穿越位置开挖断面及开挖轮廓线外一定距离范围内部出现的现象，即便出现，其位置必然存在偏差，有时甚至极大，勘察钻孔未揭示不良地质体时尤甚，除非勘察钻孔在隧道穿越位置开挖断面及开挖轮廓线外一定距离范围内揭示了不良地质体。

11.2.2 地面地球物理探测异常畸变引发不良地质体在隧道开挖断面穿越位置判释偏差

众所周知，在不良地质体地球物理探测成果中，异常场畸变是一个现实的存在；地质复杂隧道穿越地区不良地质体众多，不同不良地质体间、邻近不良地质体间，地球物理探测异常互为干扰，更加重了不良地质体地球物理探测异常场畸变。因此，根据获得的畸变的地球物理探测异常场，甚至是互为干扰条件下获得的畸变的地球物理探测异常场，得到的不良地质体在隧道开挖断面穿越位置的判释结果，偏差的存在乃不争的事实。

11.3 不良地质体位置偏差型地质不确定问题的解决方法

根据不良地质体位置偏差型地质不确定问题产生的原因，其解决的方法包括：

（1）实施不良地质体跟踪探测和超前钻孔法前界面精准探测；

（2）强化隧道工程地质勘察特别是先进地球物理探测方法采用。

11.3.1 实施不良地质体跟踪探测和超前钻孔法前界面精准探测

如前所述，作为隧道工程建设全过程地质工作的一部分和施工期地质工作重要组成部分的隧道施工地质预报，其作用除对勘察设计给出的因隧道施工开挖接近、揭穿可能导致隧道施工地质灾害发生的不良地质体分布位置、性质及规模进行确认，对勘察设计未能给出的，即勘察遗漏的隧道开挖断面及开挖轮廓线外一定距离范围内存在的不良地质体进行探测预报外，尚应对可能导致隧道施工地质灾害发生的不良地质体分布位置偏差进行修正。

因此，在隧道施工期间，采用弹性波反射法、弹性波反射层析成像法、电磁波反射法对掌子面前方存在的不良地质体进行长距离、中长距离、短距离的跟踪探测，依跟踪探测结果在适当位置采用超前钻孔法进行不良地质体在掌子面前方分布位置特别是前界面位置的精准探测，成为解决不良地质体位置偏差型地质不确定问题的唯一办法。

层带状、体状不良地质体超前钻孔探测钻孔数量依据弹性波反射层析成像法确定。

11.3.2 强化隧道工程地质勘察特别是先进地球物理探测方法采用

如前所述，无论是根据不良地质体地表露头产状推测其在隧道开挖断面穿越位置的出现位置，还是根据地面地球物理探测结果判定不良地质体在隧道开挖断面穿越位置的分布位置，不良地质体在隧道开挖断面穿越位置的分布位置的偏差均不可避免。因此，在隧道工程地质勘察阶段，除应要严格执行隧道工程地质勘察规范关于勘探钻孔、坑探、槽探、地球物理勘探数量及质量相关规定，以及在陡倾地层岩层地区应适当加密勘察钻孔外，还应积极采用先进的地球物理勘探技术进行地球物理勘探，减小不良地质体位置特别是在隧道施工掌子面前方前界面位置偏差。

同样，强化隧道工程地质勘察工作，更多的是指新隧道的工程地质勘察，对已开工隧道工程，更多的指针对重大地质问题开展的补充地质勘察。

第12章 不良地质体多重性质及性质错误型 地质不确定性问题及其解决

12.1 不良地质体多重性质及性质错误型地质不确定

不良地质体多重性质及性质错误型地质不确定，即因隧道施工开挖掌子面前方开挖断面及开挖轮廓线外一定距离范围内存在的，因隧道施工开挖接近和揭穿可能导致隧道施工地质灾害发生的不良地质体，或性质错误，或不良地质体具多重性质导致的地质不确定。

不良地质体多重性质及性质错误型地质不确定，假定不良地质体在隧道施工掌子面前方的分布位置、规模是确定的，则不良地质体多重性质及性质错误型地质不确定问题，集中体现在因不良地质体性质判断错误，或因不良地质体具多重性质，导致对隧道施工开挖接近、揭穿可能发生地质灾害类型判断偏差甚至错误，造成设计给出的包括安全厚度岩土盘留置、岩土盘加固及不良地质体本身处治在内的不良地质体处治工程措施的针对性不强甚至失效，导致隧道施工地质灾害发生，是隧道施工所不能接受的。

不良地质体的性质，决定因隧道施工开挖接近和揭穿可能导致的隧道施工地质灾害的类型。

不良地质体多重性质及性质错误型地质不确定包括下列内容：

（1）节理密集发育岩体破碎带、顺层错动破碎带、张性断层破碎带含水与否及含水程度不同导致的地质不确定；

（2）压性断层强烈挤压破碎带物质构成不同导致的地质不确定；

（3）岩溶充填物物质构成不同导致的地质不确定；

（4）废弃矿巷充填物构成不同导致的地质不确定。

12.1.1 破碎带含水与否及含水程度不同导致的地质不确定及其引发地质灾害

无水节理密集发育岩体破碎带、顺层错动破碎带、张性断层破碎带，围岩破碎，自稳能力低，属围岩变形、塌方致灾构造，隧道施工揭穿通过后易引发围岩变形和塌方地质灾害。

含水节理密集发育岩体破碎带、顺层错动破碎带、张性断层破碎带，则既是围岩变形、塌方致灾构造，也是涌水致灾构造，隧道施工揭穿易引发隧道施工涌水灾害，揭穿通过后易引发围岩变形和塌方地质灾害。

富水宽大张性断层破碎带既是突水致灾构造，也是隧道施工涌水、围岩变形、围岩塌方致灾构造，隧道施工开挖接近可能引发隧道施工突水灾害，隧道施工开挖揭穿可能发生隧道施工涌水灾害和围岩变形、塌方灾害。

12.1.2　压性断层强烈挤压破碎带物质构成不同导致的地质不确定及其引发地质灾害

无水压性断层强烈挤压破碎带，由具一定方向排列大小不一破碎岩石块体及充填于破碎岩石块体间的黏土构成，自稳能力低，属围岩变形、塌方致灾构造，隧道施工揭穿通过后易引发围岩变形和塌方地质灾害。

含水甚至富水压性断层强烈挤压破碎带，具一定方向排列的大小不一的破碎岩石块体间孔隙充填黏土和地下水，除是围岩变形、塌方致灾构造外，还是涌水、涌泥致灾构造，甚至突水、突泥、隧道洞内泥石流致灾构造，隧道施工开挖揭穿，可引发突水、突泥灾害，揭穿通过后，可引发围岩变形、塌方、涌水、涌泥甚至隧道洞内泥石流灾害。

12.1.3　岩溶充填物物质构成不同导致的地质不确定及其引发地质灾害

岩溶充填物物质构成的不同，决定了其致灾构造类型的不同。

无充填岩溶，即充填空气的空岩溶，只在当空岩溶位于隧底时，可能造成洞内运输车辆和施工人员的坠落，隧道底部结构需特殊处理。

充水岩溶为涌水、突水致灾构造，隧道施工接近、揭穿，可引发突水、涌水灾害。

黏土充填岩溶，为围岩变形、塌方、涌泥、突泥致灾构造，隧道施工揭穿岩溶中无水、低含水率充填黏土，引发黏土充填物围岩变形、失稳塌方；隧道施工接近或揭穿岩溶中含水甚至富含水充填黏土，或引发隧道施工突泥灾害，或引发隧道施工涌泥灾害。

无水黏土夹块石充填岩溶，属围岩变形、塌方致灾构造，隧道施工揭穿、通过后，无水黏土夹块石易导致围岩变形、塌方灾害；含水、富水黏土夹块石充填岩溶，为围岩变形、塌方、涌泥、隧道洞内泥石流致灾构造，易导致隧道施工围岩变形、塌方、涌泥、隧道洞内泥石流灾害。

隧道位于岩溶底部穿越底部充填黏土上部充填地下水岩溶，底部充填黏土上部充填地下水岩溶既是涌水、突水致灾构造，也是涌泥、突泥致灾构造，隧道施工开挖接近易导致隧道施工突泥、突水灾害，揭穿易导致隧道施工涌泥、涌水灾害。

黏土质粉细砂充填岩溶，为围岩变形、塌方、涌砂致灾构造，隧道施工揭穿通过，无水、低含水率充填黏土质粉细砂易引发围岩变形、塌方灾害，含水、富水黏土质粉细砂塌方形成具流动性的涌砂灾害，隧道施工接近采用超前钻孔探测因钻进对含水、富水黏土质粉细砂的震动甚至可引发突砂灾害。

块石充填岩溶，为塌方致灾构造，隧道施工开挖通过，极易导致块石充填物的塌方。

底部砂夹卵石上部充填地下水岩溶暗河，或为涌水、突水致灾构造，或为沙石流致灾构造，隧道施工开挖接近、揭穿，可导致突水、涌水甚至沙石流灾害发生。

12.1.4 废弃矿巷充填物性质不同导致的地质不确定及其引发地质灾害

废弃矿巷充填物质构成的不同，其致灾构造类型亦不同。

充填空气的废弃矿巷，除煤矿废弃矿巷可能成为瓦斯燃烧爆炸致灾构造，某些可能集聚有害气体的废弃金属矿巷可能成为有害气体致灾构造外，其他废弃矿巷同充填空气的空岩溶。

放顶破碎岩石块体充填废弃矿巷，为塌方致灾构造，隧道施工开挖揭穿通过放顶破碎岩石块体易引发塌方灾害。

充水废弃矿巷，为涌水、突水致灾构造，隧道施工开挖接近、揭穿，易引发突水、涌水灾害。

12.2 不良地质体多重性质及性质错误型地质不确定问题的产生原因

在不良地质体性质偏差型地质不确定问题中，因隧道施工开挖接近和揭穿可能导致隧道施工地质灾害发生的不良地质体在隧道开挖断面及开挖轮廓线外一定距离范围内是事实存在的，导致因不良地质体性质偏差产生地质不确定的原因主要包括：

（1）隧道穿越地区地质的复杂性；

（2）勘察钻孔未揭示；

（3）地球物理勘探结果的多解性；

（4）勘察设计人员对隧道所处地质背景条件认识不充分；

（5）勘察设计人员地质专业知识欠缺和经验欠缺。

12.2.1　隧道穿越地区地质的复杂性

如前所述，在漫长的地质历史过程中，各异的成岩作用、应力作用下地层岩石体的弯曲断裂、造山运动、造陆运动、变质作用、岩浆作用、地下水作用、地壳表面表生改造作用及其联合作用，形成的各异的构造体系，构造体系间的联合、复合、叠合、交接、穿插，各异的地下岩溶系统，构成了隧道穿越区极为复杂的地质条件，给地质复杂隧道工程地质勘察带来极大的困难，除极易造成隧道穿越位置不良地质体的遗漏外，给隧道穿越位置不良地质体分布位置、性质、规模的判断带来极大的困难。

12.2.2　勘察钻孔未揭示

不良地质体性质的确定，最可靠的方法是勘察钻孔的揭示。

复杂地质隧道，由于穿越多个地貌单元，构造体系的联合、复合、叠合、交接、穿插造就了多且复杂的地质单元，地下不良地质体众多，尽管勘探钻孔布置有"应按不同地貌及地质单元布置勘探孔""应有钻孔控制"和"应有钻孔验证"的规定，但由于钻孔数量、高山峡谷地区钻孔布置困难及隧道深埋等原因，隧道穿越位置存在的不良地质体分布位置、性质和规模的确定，很大程度上依赖地球物理探测结果的解译，勘察钻孔未揭示或无法揭示隧道穿越位置存在的不良地质体的情况仍然大量存在，是造成不良地质体性质偏差型地质不确定问题产生的主要原因。

勘察钻孔未揭示，更直接导致不良地质体物质构成的无法确定。

不同物质构成的不良地质体，其致灾构造性质是不同的，甚至具有多重属性。

处于地下水位以上的节理密集发育岩体破碎带、顺层错动破碎带、张性断层破碎带，由无水的大小不一的破碎岩石块体构成；处于地下水位以下的节理密集发育岩体破碎带、顺层错动破碎带、张性断层破碎带，由大小不一的破碎岩石块体及充填在破碎岩石块体间空隙中的地下水构成。

处于地下水位以上的压性断层强烈挤压破碎带，由大小不一的破碎岩石块体及破碎岩石块体空隙中充填的黏土构成，其中破碎岩石块体空隙中充填黏土量与压性断层发育的程度相关，发育程度极高的岩性断层强烈挤压破碎带，充填黏土量大，反之黏土充填量少；处于地下水位以下的压性断层强烈挤压破碎带，由大小不一的破碎岩石块体及破碎岩石块体空隙中充填的黏土和地下水构成，其中破碎岩石块体空隙中充填黏土量与压性断层发育的程度相关，发育程度极高的压性断层强烈挤压破碎带，充填黏土量大、地下水充填量少，反之黏土充填量少、地下水充填量大。

在垂直循环带，岩溶以漏斗、竖井为主，一般无充填，但岩溶漏斗、竖井分布区成为岩溶洼地时多黏土充填。在季节变动带，岩溶以溶洞、溶管为主，底部多充填可溶岩崩塌物——破碎岩石块体，上部雨季充水，旱季无水。在水平循环带，岩溶以地下暗河、溶洞、溶管、溶缝为主，岩溶地下暗河底部沉积砂夹卵石、破碎岩石块体，上部充填地下水；溶洞、溶管或底部充填黏土、黏土质粉细砂、黏土夹破碎岩石块体，上部充填地下水，或全充填地下水。深部循环带，岩溶以溶洞、溶缝为主，或底部充填黏土、黏土质粉细砂，上部充填地下水，或全充填地下水。

目前隧道工程地质勘察中，除勘察钻孔揭示者外，对不良地质体物质构成的判断，均是勘察人员根据不良地质体在地下分布位置、构造性质、隧道址区地下水位及分布位置与岩溶地下水动力剖面分带关系等给出的判断，偏差在所难免。

12.2.3 地球物理勘探结果的多解性

造成不良地质体地球物理探测参数各异的影响因素众多。

由大小不一破碎岩石块体组成的不良地质体，干燥无水时波速低、导电性差，破碎岩石块体间充水和充填黏土时波速和导电性均提高；空岩溶波速低、导电性差，但充填地下水，或干燥黏土、黏土夹块石、黏土质粉细砂，或含水富水黏土、黏土夹块石、黏土质粉细砂时，波速和导电性均提高；隧道穿越地区地质的复杂性，不良地质体众多，不同类型不良地质体地球物理探测异常间互为干扰，给不良地质体性质判释带来极大困难，极易造成不良地质体性质偏差。

12.2.4 勘察设计人员对隧道所处地质背景条件认识不充分及地质专业知识欠缺和经验欠缺

对隧道所处地质背景条件的掌握、丰富的地质专业知识和隧道工程地质勘察经验，是高水平完成隧道工程地质勘察，避免和减少隧道开挖轮廓面及开挖轮廓线外一定距离范围内存在的因隧道施工开挖接近或揭穿可能导致隧道施工地质灾害发生的不良地质体的遗漏与分布位置、性质与规模偏差的前提。

隧道施工穿越构造，无论是火成岩隧道，还是沉积岩隧道、变质岩隧道，其可能导致的隧道施工工程地质问题都是一样的。穿越张性断层带可能遇到的隧道施工突水、涌水、围岩变形、塌方，压性断层强烈挤压破碎带的突水、涌水、突泥、涌泥、围岩变形、塌方、隧道施工洞内泥石流，压性断层主干断层带断层泥，断层糜棱岩的围岩变形、塌方，节理密集发育岩体破碎带的围岩变形、塌方、涌水，顺层错动破碎带的围岩变形、塌方、涌水，等等，并不因岩类的改变而发生变化。

但是，隧道施工除穿越构造可能导致的隧道施工工程地质问题并不因岩类的改变而改变外，隧道施工穿越三大岩类，特别是一些特殊岩石地层，其可能遭遇的工程地质问题是不同的。

我国广泛出露的红层，主要为侏罗系至上更新统陆相红色砾岩、砂砾岩、砂岩、粉砂岩、泥岩、页岩，有时夹淡水灰岩或膏岩层，岩层软硬相间；形成年代较新，胶结性差，钙、泥质胶结较多，工程地质性能相对较差；水稳定性差，易风化崩解；其中的膏岩层在水的作用下易溶解，具腐蚀性。因此，红层隧道主要工程地质问题是围岩的变形、塌方及其中膏岩层溶解水对衬砌混凝土及其内钢筋的腐蚀。

我国碳酸盐岩分布面积约 $125 \times 10^4 \, km^2$，以广西、广东、云南、贵州、四川、湖北、湖南的石灰岩分布集中而广泛，面积约占全国分布面积的一半；覆盖和掩埋的碳酸盐岩总面积超 $200 \times 10^4 \, km^2$，占我国领土面积的 1/5 以上。碳酸盐岩广泛分布于各地质年代地层中，且年代越老越多，南方主要为扬子准地台元古代至中生代碳酸盐岩系和华南褶皱系晚古生代及中生代碳酸盐岩系，北方主要为中朝准地台太古生代至奥陶纪碳酸盐岩系。南方岩溶区岩溶属热带、亚热带湿润气候侵蚀-溶蚀型岩溶，北方岩溶区岩溶属温暖带干旱、亚湿润气候溶蚀-侵蚀型岩溶，西部岩溶区岩溶属青藏高原气候溶蚀-剥蚀型岩溶。岩溶地层中沿可溶岩岩体中地质构造、贯通性节理裂隙、岩层层面及可溶岩与非可溶岩接触界面发育分布的形态、充填各异的岩溶，成就了岩溶隧道众多的施工突水、涌水、突泥、涌泥、隧道洞内泥石流、围岩变形、塌方致灾构造。可以认为，我国岩溶地区隧道工程，是遭受施工地质灾害最为严重的隧道类型，特别是岩溶突涌水、突涌泥、隧道洞内泥石流灾害，给岩溶隧道施工造成了极为巨大的损失。

我国各地质时期岩浆活动广泛，火成岩类型多样。侵入岩以花岗岩类为主，超基性岩、基性岩及碱性岩类均有；喷出岩各省均有出露，其喷出时间自太古代至第四纪。早元古代及以前岩浆岩主要分布于阴山—天山与秦岭—昆仑山之间，尤以华北、东北南部、山东为甚，早期侵入花岗岩、混合花岗岩、伟晶岩及基性、超基性岩主要分布于华北、东北地区，喷出角闪片岩、斜长角闪岩分布于五台山和太行山地区；中期花岗岩、闪长岩、伟晶岩主要分布于阴山、辽东、鲁中、吕梁山及五台山地区，喷出基性火山岩主要分布于五台山地区；后期伟晶岩、花岗岩广泛分布在我国北方地区，喷出中基性火山岩流主要分布于吕梁山和太行山地区。中晚元古代早期侵入岩包括桂北基性、超基性岩及闪长岩和贵州、赣东及皖南花岗岩，喷出岩包括豫西酸性火山岩、祁连山中基性火山岩和燕山安山岩；中期侵入岩包括华南地区广泛分布的基性岩、超基性岩、闪长岩及花岗岩和皖南、湘东的凝灰岩、安山岩，喷出岩主要为闽西、赣中的中性火山岩；晚期主要是我国南方地区广泛分布的以花岗岩为主，与超基性岩、基性岩、闪长岩及伟晶岩共同构成的侵入岩。古生代加里东期岩浆岩，侵入岩主要分布于祁连山、阿尔金山及华南湘、桂、赣、粤地区，蒙古北部、大兴安岭、天山、贺兰山地区可见分布，祁连山地区基性、超基性岩及花岗岩均很发育，其他地区以花岗岩为主；海西期侵入岩主要分布于阴山、天山及其以北地区，包括泥盆纪基性岩、超基性岩、花岗岩，中晚石炭纪花岗岩、超基性岩，以及二叠纪花岗岩和基性岩、超基性岩。中新生代印支期侵入岩主要分布于川、青、藏地区，秦岭、南祁连山、大别山、武夷山和海南岛地区有出露，以花岗岩、石英闪长岩、花岗斑岩为主，部分地区见有基性岩、超基性岩；燕山期早期以黑云母花岗岩为主、以花岗闪长岩、闪长岩为辅的侵入岩，晚期侵入岩以花岗岩为主，见过碱性岩和偏碱性岩小岩体，部分地区有超基性岩；喜马拉雅期岩浆岩，主要包括有超基性岩、基性岩、石英闪长岩、花岗岩、伟晶岩及各类斑岩等浅侵入岩、次火山岩，分布于西藏、青海南部、新疆西部、西秦岭、东南沿海及台湾地区。火成岩中的凝灰岩或凝灰岩脉、后期岩浆活动沿前期火成岩岩体中发育分布裂隙侵入造成的沿前期火成岩岩体中裂隙分布的热液蚀变带，前者在隧道施工开挖揭穿暴露后快速风化软化成为隧道施工变形、塌方致灾构造，后者成为隧道施工涌砂致灾构造。

煤系地层，指煤层产出的特定的岩层组合。我国主要含煤地层包括上石炭统—二叠系含煤地层、上二叠统含煤地层、上三叠统—下侏罗统含煤地层、下—中侏罗统含煤地层、下白垩统含煤地层和第三系含煤地层。上石炭统—二叠系含煤地层，主要分布在华北赋煤区；上二叠统含煤地层，广泛分布于华南赋煤区；下—中侏罗统含煤地层，主要分布在西北赋煤区，华北赋煤区亦有广泛分布；下白垩统含煤地层，主要分布在东北赋煤区；第三系含煤地层，主要分布在台湾赋煤区。煤系地层中的煤层，为瓦斯气体产出岩层；废弃的采煤矿巷、运输巷道，或无充填，或为放顶破碎岩石块体充填，或为地下水充填隧道。前者成为穿越煤系地层隧道施工煤与瓦斯突出致灾构造,后者成为穿越煤系地层隧道施工瓦斯燃烧爆炸、塌方、突涌水致灾构造。

高烈度地震区地应力高,高强度完整脆性岩体成为隧道施工岩爆致灾构造,隧道施工穿越极易发生隧道施工岩爆灾害;千枚岩、构造软岩如宽大压性断层破碎带,成为隧道施工围岩大变形致灾构造,隧道施工穿越极易发生软岩大变形灾害。

岩溶仅发育分布于可溶岩地区发育分布的地质构造、可溶岩岩体、可溶岩与非可溶岩间接触界面中,非可溶岩中无岩溶发育分布。

隧道上穿下伏天然气田,下伏气田天然气沿隧道与下伏气田间连通的地质构造如断层破碎带向上运移进入施工隧道并在一定空间集聚,导致瓦斯燃烧爆炸,下伏天然气田和隧道与下伏气田间连通的地质构造一道构成瓦斯燃烧爆炸致灾构造;还原环境条件下穹隆构造及其中的炭质泥岩、炭质页岩,同样为瓦斯燃烧爆炸致灾构造。

变质砂岩中的岩溶发育、地表露头与钻孔揭示间地层界线的双向拐弯,凡此种种,足以说明勘察设计人员地质专业知识的欠缺和经验不足。

12.3 不良地质体多重性质及性质错误型地质不确定问题的解决方法

根据不良地质体性质偏差型地质不确定问题产生的原因,其解决的方法包括:

(1)开展地质专业知识培训,弥补勘察设计人员地质专业知识;

(2)实行勘察设计人员传帮带制度和新进勘察设计人员现场实习制度,丰富勘察设计人员经验;

(3)充分掌握具体隧道穿越区工程地质水文地质背景条件,提高地球物理探测异常解译水平;

(4)开展隧道施工期不良地质体含/充水性探测及超前钻孔法不良地质体性质精准探测。

12.3.1 开展地质专业知识培训实行勘察设计人员传帮带和新进人员现场实习制度

勘察设计人员地质专业知识和经验的积累,绝非一蹴而就的事。非地质专业勘察设计人员地质专业知识的积累,需要通过不断的地质专业知识培训和长期的现场工作累积；即便是地质专业勘察设计人员，亦只有通过长期的现场工作实践，才能实现专业基础理论知识与实际的有机结合。因此，只有通过不断的地质专业知识培训，通过新进勘察设计人员的现场实习，在老同志的传帮带下，在充分掌握具体隧道穿越区工程地质水文地质背景条件下开展隧道地球物理探测异常解译，才能解决勘察设计阶段不良地质体性质偏差导致的地质不确定问题。

12.3.2　开展施工期不良地质体含/充水性探测及超前钻孔法不良地质体物质构成精准探测

显然，开展地质专业知识培训实行勘察设计人员传帮带和新进人员现场实习制度，弥补勘察设计人员地质专业知识和经验的不足，其结果只能在后续的隧道工程勘察设计中体现，因不良地质体性质偏差导致的地质不确定问题，需要通过隧道施工地质工作解决。

在隧道施工过程中，采用岩体温度法、激发极化法、瞬变电磁法、BEAM法等进行不良地质体含/充水性探测，结合不良地质体出现前兆进行不良地质体性质判断，依含/充水性探测结果和不良地质体前兆在适当位置采用超前钻孔法进行不良地质体性质精准探测，确定不良地质体物质构成，是解决不良地质体性质偏差导致的地质不确定问题的唯一途径。

第 13 章　不良地质体规模偏差型地质
不确定问题及其解决

13.1　不良地质体规模偏差型地质不确定

不良地质体规模偏差型地质不确定，即因隧道施工开挖掌子面前方开挖断面及开挖轮廓线外一定距离范围内存在的，因隧道施工开挖接近和揭穿可能导致隧道施工地质灾害发生的不良地质体规模偏差，导致的地质不确定。

不良地质体规模偏差型地质不确定，假定不良地质体在隧道施工掌子面前方的分布位置、性质是确定的，则规模偏差型地质不确定问题，集中体现在因不良地质体规模判断偏差，造成设计给出的包括隧道施工接近不良地质体前安全厚度岩土盘留置、岩土盘加固及不良地质体本身处治在内的不良地质体处治工程措施决策，因不良地质体实际规模偏大而失效、隧道施工地质灾害发生，因不良地质体实际规模偏小造成浪费。

不良地质体规模偏差型地质不确定包括以下内容：

（1）不良地质体规模偏小导致的地质不确定；

（2）不良地质体规模偏大导致的地质不确定。

13.2　不良地质体规模偏差型地质不确定问题产生原因

在不良地质体规模偏差型地质不确定问题中，因隧道施工开挖接近和揭穿可能导致隧道施工地质灾害发生的不良地质体在隧道开挖断面及开挖轮廓线外一定距离范围内是事实存在的，导致因不良地质体规模偏差产生地质不确定的原因主要包括：

（1）隧道穿越地区地质复杂性；

（2）隧道工程地质勘察地面地球物理探测异常场畸变；

（3）对影响不良地质体规模的因素估计不到或估计不足。

13.2.1　隧道穿越地区地质复杂性

如前所述，在漫长的地质历史过程中，各异的成岩作用、应力作用下地层岩石体的弯曲断裂、造山运动、造陆运动、变质作用、岩浆作用、地下水作用、地壳表面表生改造作用及其联合作用，形成的各异的构造体系，构造体系间的联合、复合、叠合、交接、穿插，各异的地下岩溶系统，构成了隧道穿越区极为复杂的地质条件，给地质复杂隧道工程地质勘察带来极大的困难，除极易造成隧道穿越位置不良地质体的遗漏外，给隧道穿越位置不良地质体分布位置、性质、规模的判断带来极大的困难。

13.2.2 隧道工程地质勘察地面地球物理探测异常场畸变

在地下地质体中，除不同岩类、不同岩石、岩溶与周边岩石、顺层错动破碎带破碎岩体与两侧岩体、窝煤与周边岩体间具有明显的界线外，断层破碎带破碎岩体、节理密集发育岩体破碎带破碎岩体等与周边岩体间，呈渐变关系，无明显分界线。采用地面地球物理探测方法，即便是利用勘探钻孔开展孔间 CT 成像，获得的地下岩溶、顺层错动破碎带破碎岩体、断层破碎带破碎岩体、节理密集发育岩体破碎带破碎岩体、窝煤等的异常场，均存在畸变现象，依据畸变的异常场确定的规模偏差在所难免。

13.2.3 对不良地质体规模影响因素估计不到或估计不足

实事求是地说，除了可能导致隧道施工围岩变形、大变形、塌方、瓦斯与煤突出、岩爆等隧道施工地质灾害的不良地质体的规模是确定不变的外，可能导致隧道施工突水、涌水、突泥、涌泥、突砂、涌砂、隧道洞内泥石流灾害的不良地质体的规模，其影响因素多且复杂。

富水节理密集发育岩体破碎带、富水张性断层带、富水压性断层强烈挤压破碎带、充水岩溶、底部黏土上部地下水泥水混合充填岩溶、充水废弃矿巷等，作为隧道施工突涌水致灾构造，其规模除了不良地质体地下水量外，还包括不良地质体周边同一地下水构造单元地层岩石中地下水经岩体中发育分布的节理裂隙向不良地质体的补给，甚至还要包括相邻地下水构造单元地下水对不良地质体所在地下水构造单元的越流补给；当富水张性断层带、富水压性断层强烈挤压破碎带与地表江、河、湖、水库、海底相连时，作为突水、涌水致灾构造的富水张性断层带、富水压性断层强烈挤压破碎带的规模急剧增大。

富水压性断层强烈挤压破碎带、富水黏土夹破碎岩石块体充填岩溶，作为隧道施工洞内泥石流致灾构造，其周边同一地下水构造单元地层岩石中地下水经岩体中发育分布节理裂隙的补给、相邻地下水构造单元地下水对不良地质体所在地下水构造单元的越流补给，无疑将增大其作为隧道施工洞内泥石流致灾构造的规模。

因隧道施工接近、揭穿近地表黏土充填岩溶的突泥、涌泥，如不造成隧道上方地面塌陷，其规模仅为黏土充填岩溶，否则其规模应加上地表塌陷方量。此外，黏土充填岩溶突泥、涌泥的规模，除与自身体量相关外，还与相连通的但未查明的相邻黏土充填岩溶体量相关。

作为隧道施工突砂或涌砂致灾构造的饱水砂层或砂透镜体、富水粉细砂充填岩溶、下部充填粉细砂上部充填水的混合充填岩溶、饱水全风化花岗岩及花岗岩脉、半成砂岩、火成岩体中的热液蚀变带，其周边同一地下水构造单元地层岩石中地下水的补给，相邻地下水构造单元地下水对其所在地下水构造单元的越流补给时，降低突砂、涌砂的砂含量，但增大了突砂、涌砂的体量。

13.3　不良地质体规模偏差型地质不确定问题的解决方法

根据不良地质体规模偏差型地质不确定问题产生的原因，其解决的方法包括：

（1）加强隧道穿越地区构造地质和工程地质水文地质条件的分析研究；

（2）采用先进地球物理勘探技术、多种地球物理勘探技术进行地面地球物理勘探；

（3）采用洞内超前钻孔方法进行不良地质体规模探测。

13.3.1　加强隧道穿越地区构造地质和工程地质水文地质条件分析研究

如前所述，在所有不良地质体中，作为隧道施工突水、涌水致灾构造，因隧道施工开挖接近、揭穿可能导致隧道施工突水、涌水的富水压性断层强烈挤压破碎带、充水岩溶、充水废弃矿巷规模的确定最为困难，其困难不在于富水压性断层强烈挤压破碎带、充水岩溶、充水废弃矿巷本身体量的确定，而在于相同地下水构造单元中含水层、相邻地下水构造单元地下水对富水压性断层强烈挤压破碎带、充水岩溶、充水废弃矿巷的补给及地下充水岩溶间连通性的确定。

因此，加强隧道穿越地区构造地质和工程地质水文地质条件分析研究，既是提高隧道穿越地区地下水构造单元划分准确性的需要，也是基于相同地下水构造单元中含水层、相邻地下水构造单元地下水对富水压性断层强烈挤压破碎带、充水岩溶、充水废弃矿巷的补给和地下充水岩溶间连通性，提高隧道施工开挖接近、揭穿可能导致隧道施工突水、涌水灾害不良地质体规模判断准确度的需要。

13.3.2　采用先进地球物理勘探技术、多种地球物理勘探技术进行地面地球物理勘探

尽管采用地球物理探测获得的异常场确定隧道穿越位置存在的不良地质体规模，因异常场畸变导致的偏差不可避免，但采用先进地球物理勘探技术、多种地球物理勘探技术进行隧道上方地面地球物理勘探，尽量降低因异常场畸变带来的不良地质体规模偏差，仍然是目前唯一比较可行的方法。

13.3.3　采用洞内超前钻孔方法进行不良地质体规模探测

在隧道施工阶段，采用超前钻孔探测，直接揭示掌子面前方重大不良地质体分布位置、性质、物质构成、含水性等，进行隧道施工地质预报。采用系列超前钻孔，可以较准确地确定隧道施工掌子面前方不良地质体的规模。

图 13-1 是中铁隧道集团公司在圆梁山隧道为探明正洞 DK354+879 黏土充填岩溶溶洞规模实施的超前钻孔探测。

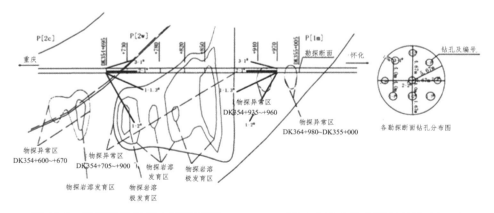

图 13-1　渝怀铁路圆梁山隧道正洞 DK354+879 黏土充填岩溶溶洞超前钻孔探测

第 14 章　不良地质体暴露后状态及性质改变型地质不确定问题及其解决

14.1　不良地质体暴露后状态及性质改变型地质不确定

不良地质体暴露后状态性质改变型地质不确定性，指由于隧道施工开挖的揭穿、通过，因地质体或不良地质体约束条件解除暴露在隧道中，其作为隧道围岩，因围岩岩体中聚积弹性变形势能突然猛烈释放、围岩稳定性不同、围岩吸水体积膨胀导致的地质不确定。

不良地质体暴露后状态性质改变型地质不确定性包括下述内容：

（1）围岩岩体中弹性变形势能量级不确定导致的隧道施工岩爆发生与否及岩爆等级不确定；

（2）围岩稳定性不同导致的隧道施工围岩变形大小与塌方与否不确定；

（3）围岩岩体吸水体积膨胀不同导致的围岩变形大小与塌方和大变形与否不确定；

（4）围岩岩体风化软化速率不同导致的围岩变形大小与塌方与否的不确定。

14.1.1　围岩岩体中弹性变形势能量级不确定导致的隧道施工岩爆发生与否及岩爆等级不确定

如前所述，隧道施工中岩爆发生的条件包括：

（1）围岩岩体中集聚高甚至极高的弹性变形势能；

（2）隧道的施工开挖为围岩岩体弹性变形势能提供了释放条件。

围岩岩体中集聚的弹性变形势能的量级，决定了隧道施工岩爆灾害发生与否及岩爆灾害的等级。因此，围岩岩体中弹性变形势能量级的不确定，或者说隧道开挖断面位置岩体地应力水平的不确定，导致了隧道施工开挖通过后岩爆灾害发生与否和岩爆灾害等级的不确定。

14.1.2　围岩稳定性不确定导致的隧道施工围岩变形大小与塌方与否不确定

由破碎岩石块体构成的隧道围岩，其稳定性下降除与隧道施工开挖方法有关外，还与破碎岩石块体间空隙的充填与否、充填性质的不同密切相关。

　　块体间空隙无充填破碎岩石围岩与块体间空隙充填无水黏土破碎岩石围岩、块体间空隙充填水破碎岩石围岩与块体间空隙无充填破碎岩石围岩相比，围岩稳定性低，更易塌方；块体间空隙充填含水黏土破碎岩石围岩较块体间空隙充填无水黏土破碎岩石围岩，稳定性低，变形大，更易塌方。

14.1.3　围岩岩体吸水体积膨胀不确定导致的围岩变形大小与塌方和大变形与否不确定

　　膨胀岩土围岩的变形、塌方和大变形与隧道施工开挖通过后膨胀岩土的吸水体积膨胀密切相关。低至中等膨胀率膨胀岩土围岩，多导致围岩变形和塌方；极高膨胀率膨胀岩土，极易导致围岩大变形。

14.1.4　围岩岩体风化软化速率不确定导致的围岩变形大小与塌方与否的不确定

　　隧道施工开挖通过后，暴露在空气中的不同的岩石，其风化软化速率是不同的。风化软化速率极低的岩石围岩，其风化软化几乎可以不作考虑，但风化速率较高的岩石围岩，需要尽早施工初期支护予以封闭，否则随着围岩变形的迅速增大极易导致塌方灾害的发生。

14.2　不良地质体暴露后状态及性质改变型地质不确定问题的产生原因

　　在不良地质体暴露后状态及性质改变型地质不确定问题中，因隧道施工开挖接近和揭穿可能导致隧道施工地质灾害发生的不良地质体在隧道开挖断面及开挖轮廓线外一定距离范围内是事实存在的，导致因不良地质体暴露后状态及性质改变产生地质不确定的原因主要包括：

　　（1）隧道穿越位置地应力状态不确定或勘察给出的地应力测试结果不准确；

　　（2）隧道施工开挖揭穿通过后围岩稳定性不确定；

　　（3）勘察给出的隧道围岩膨胀性参数不准确；

　　（4）隧道施工开挖揭露后何种岩石体存在迅速风化软化现象不确定；

　　（5）隧道初期支护未及时施工。

14.3　不良地质体暴露后状态及性质改变型地质不确定问题的解决方法

根据不良地质体暴露后状态及性质改变型地质不确定问题产生的原因，其解决的方法包括：

（1）实施隧道洞内岩体地应力测试试验，准确给出围岩岩体地应力参数；

（2）开展围岩变形监控量测，确定围岩稳定状态；

（3）进行围岩取样膨胀性试验，确定围岩岩石膨胀性参数；

（4）观察围岩暴露后迅速风化软化现象，总结提出围岩暴露后迅速风化软化岩石；

（5）对可能出现隧道施工岩爆灾害的隧道段进行超前应力释放、开挖工作面洒水；

（6）隧道施工开挖通过后及时施工隧道初期支护。

参考文献

[1] 何发亮，张玉川. 隧道施工地质灾害与不良地质体及其预报[M]. 成都：西南交通大学出版社，2011.

[2] 何发亮，李苍松，陈成宗. 隧道地质超前预报[M]. 成都：西南交通大学出版社，2006.

[3] 王洪勇. 综合超前地质预报在圆梁山隧道中的应用[J]. 现代隧道技术，2004（4）：55-61.

第 6 篇

隧道施工掌子面前方不良地质体探测

第 15 章　隧道施工掌子面前方不良地质体及其分布位置探测

15.1　隧道施工掌子面前方不良地质体探测

应该说，在因隧道施工开挖接近、揭穿可能导致隧道施工地质灾害发生的所有地质体中，除可能导致隧道施工岩爆地质灾害发生的地质体和一些可能产出有害气体的岩体（臭大理岩、某些花岗岩、某些金属矿体）不属于不良地质体外，其余因隧道施工开挖接近、揭穿可能导致隧道施工塌方、大变形、突涌水、突涌泥、突涌砂、洞内泥石流、煤与瓦斯突出及瓦斯燃烧爆炸灾害发生的地质体，均属于不良地质体。

需要说明的是，煤层、窝煤本属于可开采矿产，因其存在可能导致煤与瓦斯突出灾害，煤层及窝煤产出的瓦斯沿煤层、窝煤与隧道间岩体中贯通性节理裂隙、断层破碎带运移进入已开挖隧道于一定空间集聚可能导致隧道施工瓦斯燃烧爆炸事故发生，故将其归为隧道施工不良地质体。

15.1.1　隧道施工掌子面前方不良地质体探测原则

隧道施工掌子面前方不良地质体探测包括：

（1）施工图设计给出的隧道施工掌子面前方不良地质体探测确认；

（2）隧道施工图设计给出的隧道施工掌子面前方不良地质体间隧道段隧道工程地质勘察可能遗漏的因隧道施工开挖接近、揭穿可能导致隧道施工地质灾害发生的地质体的探测。

后者是解决隧道施工掌子面前方不良地质体遗漏带来的施工地质不确定问题的关键。

因此，隧道施工掌子面前方不良地质体探测应遵循下列原则：

（1）严格遵循设计施工地质预报方案原则；

（2）遇发现新异常随施工掌子面前移跟踪探测原则；

（3）地质调查法与地球物理探测法相结合、长中短距离探测相结合、洞外预报与洞内探测相结合三结合原则；

（4）重大异常超前钻孔法精准探测原则。

15.1.2　隧道施工掌子面前方不良地质体探测方法

因隧道施工开挖接近、揭穿可能导致隧道施工塌方、大变形、突涌水、突涌泥、突涌砂、洞内泥石流、煤与瓦斯突出及瓦斯燃烧爆炸灾害发生的地质体，或岩体破碎，或强度低，或为富水体、充水体，与其周围岩体间具明显物性差异，具备采用地球物理探测技术方法进行探测的条件。

因此，隧道施工掌子面前方不良地质体探测，采用下述方法进行：

（1）波反射法；

（2）地质调查法；

（3）隧道上方地表地震法、高密度电法、地震映像法、瞬态面波法；

（4）超前钻孔法。

波反射法利用声波、超声波、地震波及电磁波在地层中传播、反射，通过信号采集系统接收反射信号，根据波在介质中的传播速度，计算隧道掌子面前方反射界面（断层、软弱夹层等）距隧道掌子面的距离，根据反射波强弱、振幅强度、规整度、能量衰减速度、同相轴的连续性等判断电性差异介质体的性质，来进行隧道施工期地质超前预报。波反射法包括地震波反射法（TSP、TGP、HSP、陆地声呐法）、声波反射法（HSP）、电磁波发射法（地质雷达法）等。同一地质条件下，地震波反射法的预报距离最长，声波反射法居中，电磁波反射法最短。

地质调查法根据隧道勘察设计资料、隧道地表补充地质调查结果、洞内地质调查结果、地表地下构造相关分析（作图）结果、隧道洞身围岩条件变化趋势分析结果，对隧道施工掌子面前方施工可能遇到的不良地质体及因此可能发生的地质灾害的性质、分布位置、规模的预测。

地震法预报利用地下介质弹性和密度的差异，采用沿隧道轴线及两侧排列拾振器接收人工激发震源向地下传播遇介质间界面反射的信号，分析人工激发的地震波在地下的传播规律，推断地下岩层、构造、不良地质体的分布、性质和形态，进行隧道穿越地带地下岩层、构造、不良地质体的分布、性质和形态的预报。

地震映像法，也称高密度地震映像法，采用沿隧道轴线及两侧排列拾振器接收人工激发地震面波向地下传播遇地层界面或地下不连续地质界面产生的反射信号，结合信号的分解、转换、传递衰减及频率变化特征，通过计算机数字成像技术进行地震信息分析处理和解释，计算并以不同的颜色反映地下各层介质的速度（或反射能量）和深度，显示波阻抗界面，再现地下地层（地质体）结构形态，进行隧道穿越地带地层（地质体）结构形态的预报。

高密度电法预报，利用不同岩土介质间的电性差异和岩土介质电阻率与其自身组分、结构、构造、空隙率及含水量间的关系，通过多道电极转换开关自动转换测量电极，观测人工建立的地下稳定电流场的分布，采用计算机数字成像技术重构地下岩土体特别是不良地质体的分布，来进行隧道穿越地带地下岩土体特别是不良地质体分布的预报。

超前钻孔法，采用孔钻进速度测试、岩芯采取率统计、钻液（颜色、水量）变化状况、钻孔岩芯鉴定和必要的岩芯试件强度试验，确定隧道施工掌子面前方地（岩）层的展布、地层岩石的软硬程度、岩体完整性、存在断层的分布位置及性质、空洞（岩溶溶洞、在采矿巷和废弃矿巷等）的分布位置及其充填性质（空气、水、块石、黏土、黏土夹块石等）及分段地层岩石的含水状态等，进行隧道施工掌子面前方地质预报。

隧道施工掌子面前方不良地质体探测，原则上首先采用地震波反射法进行长距离探测，遇异常采用声波反射法进行中长距离探测，采用电磁波法进行短距离探测，中长距离和短距离探测作为跟踪探测，遇隧道埋深及隧道上方地表条件许可时采用地表地震法、高密度电法、地震映像法、瞬态面波法探测，遇重大异常最后采用超前钻孔法进行不良地质体精准探测。

15.2　隧道施工掌子面前方不良地质体分布位置探测

隧道施工掌子面前方不良地质体分布位置探测，指隧道施工掌子面前方存在的不良地质体在隧道开挖断面范围内最早出现和最后消失的里程位置。

15.2.1　隧道施工掌子面前方不良地质体分布位置探测原则

隧道施工掌子面前方不良地质体分布位置探测，同样包括：

（1）隧道施工图设计给出的隧道施工掌子面前方不良地质体分布位置探测确认；

（2）隧道施工图设计给出的隧道施工掌子面前方不良地质体间隧道段隧道工程地质勘察可能遗漏的，因隧道施工开挖接近、揭穿可能导致隧道施工地质灾害发生的地质体分布位置的探测。

因此，隧道施工掌子面前方不良地质体探测，应遵循下列原则：

（1）严格遵循设计施工地质预报方案原则；

（2）随施工掌子面前移跟踪探测原则；

（3）地质调查法与地球物理探测法相结合、长中短距离探测相结合原则；

（4）重大异常超前钻孔法精准探测原则。

15.2.2　隧道施工掌子面前方不良地质体分布位置探测方法

同样，隧道施工开挖接近、揭穿可能导致隧道施工塌方、大变形、突涌水、突涌泥、突涌砂、洞内泥石流、煤与瓦斯突出及瓦斯燃烧爆炸灾害发生的地质体，或岩体破碎，或强度低，或为富水体、充水体，与其周围岩体间具明显物性差异，具备采用地球物理探测技术方法进行探测的条件。

因此，隧道施工掌子面前方不良地质体分布位置探测，采用下述方法进行：

（1）波反射法；

（2）超前钻孔法。

波反射法包括地震波反射法（TSP、TGP、HSP、陆地声呐法）、声波反射法（HSP）、电磁波发射法（地质雷达法）。

隧道施工掌子面前方不良地质体分布位置探测，原则上采用地震波反射法进行长距离探测，采用声波反射法进行中长距离探测，采用电磁波法进行短距离探测，遇重大物探异常采用超前钻孔法进行不良地质体分布位置精准探测。

地震波反射法长距离探测后，中长距离和短距离探测作为跟踪探测。只要隧道施工掌子面距前方不良地质体间距离超过波反射法探测盲区，掌子面距前方不良地质体间距离越短，波反射法不良地质体分布位置探测准确性越高。

由于：

（1）采用超前钻孔法进行不良地质体分布位置探测，是基于波反射法跟踪探测预测隧道施工掌子面前方存在重大物探异常时所采用；

（2）遇突水、突砂和突泥致灾构造时易发生突水、突砂和突泥灾害。

因此，采用超前钻孔法进行重大异常分布位置精准探测，原则上应：

（1）在隧道开挖掌子面与前方重大物探异常间距离大于等于 10 m 时进行；

（2）加装钻孔防突装置，防治钻孔突水、突砂、突泥灾害发生；

（3）钻孔数量按不良地质体类型确定，层带状破碎岩体不良地质体（顺层错动破碎带、张性断层带、压性断层、煤层、软岩层）1孔；体状不良地质体（岩溶、矿巷、窝煤）3孔，孔位视掌子面前方重大物探异常分布确定。

第 16 章　隧道施工掌子面前方不良地质体含水富水充水性探测

16.1　隧道施工掌子面前方不良地质体含水富水充水后致灾构造性质的改变

16.1.1　含水富水后的隧道施工塌方致灾构造

在作为隧道施工塌方致灾构造的不良地质体中：

（1）土质围岩、软岩、半成岩、由薄层岩石及页岩构成的破碎岩体、膨胀岩、未胶结断层破碎带破碎岩体、顺层错动破碎带破碎岩体、节理密集发育岩体破碎带破碎岩体、岩溶充填物围岩、暴露后极易风化软化的岩石体及沉积岩、废弃矿巷放顶松散堆积物、沉积变质岩与火成岩接触破碎带等不良地质体，由无水变为含水、富水时，稳定性下降，导致施工塌方灾害更易发生。

（2）未胶结断层破碎带破碎岩体、顺层错动破碎带破碎岩体、节理密集发育岩体破碎带破碎岩体富水时，性质由单一塌方致灾构造，变为既是塌方致灾构造，也是施工涌水致灾构造，未胶结断层破碎带如属宽大断层时更成为施工突水致灾构造。

16.1.2　含水富水后的隧道施工大变形致灾构造

作为隧道施工大变形致灾构造的膨胀岩，因其相对隔水而难以含水富水，但地震活动区构造软岩，巨厚第四系松散堆积物、巨厚的第四系松散堆积与强烈风化破碎岩体复合体、宽大压性活动断层带含水富水后，尽管其作为施工大变形致灾构造的性质不变，但可能造成产生的具有累进性和明显时间效应的且在相当长一段时间内得不到有效约束的塑性变形更严重。

16.1.3　含水富水后的隧道施工突涌泥致灾构造

作为隧道施工突涌泥致灾构造的黏土充填岩溶、块石夹含水黏土充填岩溶和压性断层两盘强烈挤压破碎带，含水或富水后，因自重应力增大，导致施工突涌泥灾害更易发生。

16.1.4　富水后的隧道施工洞内泥石流致灾构造

作为隧道施工洞内泥石流致灾构造的含水压性断层强烈挤压破碎带、含水黏土夹破碎岩石块体充填岩溶，富水后，因自重应力增大，隧道施工揭穿后施工洞内泥石流灾害更易发生。

16.1.5　充水后的空岩溶、底部放顶松散破碎岩石块体上部空气充填废弃采煤矿巷

空岩溶的充水致原本仅对隧道基底构成威胁的空岩溶成为突涌水致灾构造。底部放顶松散破碎岩石块体上部空气充填废弃采煤矿巷充水后，致原本只为隧道施工塌方致灾构造、瓦斯燃烧爆炸致灾构造的废弃采煤矿巷兼具突涌水致灾构造性质。

16.1.6　富水后的半成砂岩、岩溶充填粉细砂

无水半成砂岩、岩溶充填粉细砂，作为隧道施工围岩塌方致灾构造存在，富水后前者兼具隧道施工涌砂致灾构造性质，后者甚至成为隧道施工突砂致灾构造。

16.2　隧道施工掌子面前方不良地质体含水充水性探测

地层岩体，特别是致灾构造—不良地质体的含水、富水、充水，或降低隧道围岩，特别是破碎围岩的稳定性，或导致隧道施工涌水、突水灾害。因此，地层岩体或致灾构造—不良地质体含水特性探测预报，是解决隧道施工掌子面前方不良地质体含水富水充水后性质改变带来的施工地质不确定性问题的关键，也是隧道施工地质预报亟须解决的难题。

不良地质体的含水、富水、充水，与无水不良地质体相比较，其电性特征是不同的，或造成其周围一定距离范围内岩体温度场、红外场、电场、电磁场的异常。

因此，地层岩体，特别是致灾构造—不良地质体含水或充水性探测预报方法包括：

（1）红外探水法；
（2）岩体温度法；
（3）激发极化法；
（4）瞬变电磁法；
（5）电法；

（6）超前钻孔法。

16.2.1　红外探水原理及其特点

红外探水，即利用含水岩体或含水、充水致灾构造—不良地质体产生的红外辐射场，叠加在正常红外辐射场上造成正常红外辐射场的畸变，确定岩体的含水和致灾构造—不良地质体的含充水，进行掌子面前方岩体含水和致灾构造—不良地质体的含充水预报。

红外探水具有如下特点：

（1）对岩体含水与否效果明显，但对水量大小效果不佳。

（2）受隧道洞内施工影响明显。

（3）在探测隧道段无水条件下，红外探测对前方可能出现的大的股状涌水反应明显，对小股状涌水反应不明显；在探测隧道段存在散布状滴水和多处小股状涌水条件下，对前方相对集中涌水反映不明显。

（4）探测预报距离短（≤30 m）。

16.2.2 岩体温度法原理及其特点

岩体温度法隧道（洞）施工掌子面前方含水体预报，利用地下水在岩石体中的渗透流动降低或提高流经位置及其周围一定范围内岩石体温度的作用，根据隧道施工掌子面前方不同空间分布位置、不同大小含水体对不同位置岩体温度影响范围和影响大小的不同，进行隧道施工掌子面前方含水体的空间分布位置和含水体大小即可能的涌水量的预报（图 16-1）。

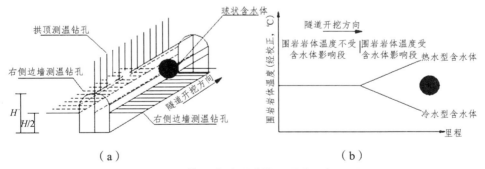

图 16-1　岩体温度法隧道施工涌水预报原理

岩体温度法隧道施工涌水预报具有以下特点：

（1）需要在隧道洞内测试真实的、不受隧道洞内空气温度影响的岩体温度；

（2）适用于埋深大于季节变动带深度的隧道施工涌水预报；

（3）预报距离小于等于 30 m；

（4）涌水量为相对大小。

16.2.3　激发极化法原理及其特点

激发极化法隧道涌水预报，基于含水构造视电阻率特征，根据二电流激发极化半衰时之差确定隧道施工掌子面前方含水构分布；根据二电流激发极化半衰时之差与视电阻率的关系，以及曲线正值部分与横轴包络面积判断含水构造中水量的相对大小，进行隧道施工涌水预报。

激发极化法隧道施工涌水预报具有如下特点：

（1）涌水量为相对大小；

（2）含水致灾构造无空间分布概念。

16.2.4　瞬变电磁法原理及其特点

瞬变电磁法，也称时间域电磁法，利用发射回线供电、断电瞬间电流突然变化产生的一次磁场向周围传播，遇导电性良好地质体——涌突水致灾构造，激发产生感应电流（又称涡流或二次电流），感应电流随时间变化在涌突水致灾构造周围产生二次磁场，通过对二次磁场观测数据的分析处理，揭示隧道施工掌子面前方存在的涌突水致灾构造大小及其分布位置（图16-2）。

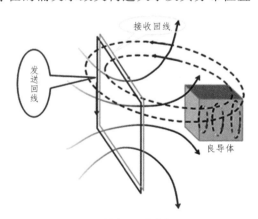

图 16-2　瞬变电磁法探测原理

瞬变电磁法探水，需要区别金属矿体与涌突水致灾构造激发感应电流随时间变化在金属矿体与涌突水致灾构造周围产生的二次磁场。

16.2.5　BEAM 法探水原理及其特点

BEAM，是一种聚焦电流频率域的激发极化方法。该方法通过外环状电极发射屏障电流、内环状电极发射测量电流，使电流聚焦进入前方岩体，通过前方岩体与孔隙相关的电能储存参数（PFE）与电阻 R(OHM)的变化，来判断岩体的含水情况。

电能储存参数（PFE），为岩体存储电能能力的表征参数，与岩体孔隙率、岩体节理裂隙发育程度、岩体破碎程度呈负相关关系；含水岩体或岩溶充填水体，电阻率低。

BEAM 法探水具有如下特点：

（1）所有装置均安装在掘进机上，随掘进自动测试且实时进行测试数据处理得到掌子面前方岩体含水情况，是目前唯一可与掘进机掘进进行实时、自动测量的系统；

（2）探测距离为 3 倍洞径；

（3）实时可视化软件可将解译结果在掘进机控制室计算机上显示。

原则上，采用物探方法进行隧道施工掌子面前方不良地质体含水富水充水性探测，应在探测掌子面与前方不良地质体间距离应小于 30 m 大于 10 m 时实施，既确保探测效果又防治突水、突砂、突泥灾害发生。

16.2.6　超前钻孔法探水原理及其特点

作为直接揭示法隧道施工地质预报方法，除根据孔钻进速度测试、岩芯采取率统计、钻液颜色变化状况、钻孔岩芯鉴定和必要的岩芯试件强度试验结果，确定隧道施工掌子面前方地（岩）层的展布、地层岩石的软硬程度、岩体完整性、存在断层的分布位置及性质、空洞（岩溶溶洞、在采矿巷和废弃矿巷等）的分布位置及其充填性质（空气、块石、黏土、黏土夹块石等）外，还可利用超前钻孔钻进过程钻孔出水量变化，进行分段地层岩石含水状态特别是不良地质体的含/充水性预测预报。

超前钻孔法探水，利用超前钻孔钻进过程钻孔出水量变化进行分段地层岩石含水性特别是不良地质体的含/充水性确定。

由于：

（1）超前钻孔法探水的采用，基于地球物理探测预测前方不良地质体含水富水充水事实；

（2）遇突水、突砂、突泥致灾构造有钻孔突水、突砂和突泥风险。

因此，采用超前钻孔法进行隧道施工掌子面前方不良地质体含水富水充水性探测应注意以下几点：

（1）在隧道开挖掌子面与前方不良地质体间距离大于等于 10 m 时进行；

（2）加装钻孔防突装置，防治钻孔突水、突砂、突泥灾害发生；

（3）钻孔孔位视掌子面前方不良地质体分布确定。

第 17 章　隧道施工掌子面前方不良地质体物质构成探测

17.1　不良地质体物质构成与不良地质体性质

不良地质体的物质构成，决定不良地质体的性质。

在因隧道施工开挖揭穿可能导致围岩坍方的不良地质体中，富水的密集节理发育岩体破碎带、张性断层带、压性断层强烈挤压破碎带、顺层错动破碎带等兼具涌水致灾构造性质，富水的张性断层带、压性断层强烈挤压破碎带甚至具有突水致灾构造性质；富水的半成砂岩、岩溶充填粉细砂、全风化花岗岩及花岗岩脉、全砂化白云岩、火成岩热液蚀变带等兼具涌砂致灾构造性质，富水岩溶充填粉细砂甚至具有突砂致灾构造性质。

含水富水压性断层强烈挤压破碎带，由破碎岩石块体和破碎岩石块体间空隙中充填的黏土和地下水构成，因破碎岩石块体间空隙中充填黏土、地下水量的不同，兼具了塌方、涌水、突水、涌泥、突泥和洞内泥石流致灾构造性质。

含水富水黏土夹破碎岩石块体充填岩溶，因黏土含水量的不同，兼具了塌方、涌泥和洞内泥石流致灾构造性质。

隧道施工接近、揭穿底部黏土上部地下水泥水混合充填岩溶的底部黏土充填时，底部黏土上部地下水泥水混合充填岩溶既是突泥、涌泥致灾构造，也是突水、涌水致灾构造。

隧道施工接近、揭穿充水废弃矿巷，充水废弃矿巷属于突水、涌水致灾构造，废弃矿巷底部堆积的放顶松散破碎岩石块体属于塌方致灾构造。

凡此种种，可以认为，不良地质体的物质构成决定不良地质体的性质。因此，隧道施工掌子面前方不良地质体物质构成的精准探测，是解决不良地质体物质构成不同带来的施工地质不确定问题的关键。

17.2　隧道施工掌子面前方不良地质体物质构成探测现状

截至今天，对于隧道施工掌子面前方不良地质体物质构成的探测，仍然不为隧道工程地质勘察重视。在隧道工程地质勘察成果中，给出的关于不良地质体的描述，仍然停留在物探异常带分布，结合不良地质体地面露头、物探异常带与地下水位关系、物探异常带所处地层岩性、物探异常带与构造关系及隧道工程地质勘察人员、设计人员经验对物探异常带的定性解释，包括物探异常带的类型，如第四系覆盖层、全风化岩体、断层破碎带、顺层错动破碎带、节理裂隙岩体、软岩层、煤层、风化槽、岩溶发育带等，以及对物探异常带岩体破碎、含水、岩溶充填物等的推测。

正是由于地球物理探测异常的多解性和对物探异常带岩体破碎、含水、岩溶充填物等的推测，带来了不良地质体性质偏差甚至错误导致的隧道施工地质不确定性。因此，采用切实可行的方法，开展隧道施工掌子面前方不良地质体物质构成探测，准确确定隧道施工掌子面前方不良地质体物质构成，是避免因隧道施工掌子面前方不良地质体物质构成不确定导致其主要致灾构造性质不确定的关键。

17.3　隧道施工掌子面前方不良地质体物质构成探测方法及其探测内容

17.3.1　隧道施工掌子面前方不良地质体物质构成探测方法

隧道施工掌子面前方不良地质体物质构成探测，可结合对不良地质体在隧道开挖断面范围的位置精准探测和不良地体含/充水性探测，采用近距离超前钻孔法，通过对不良地质体取芯鉴定，确定不良地质体物质构成。

17.3.2　隧道施工掌子面前方不良地质体物质构成探测

隧道施工掌子面前方不良地质体物质构成探测的内容包括：

（1）破碎岩石块体含量；

（2）地下水含量；

（3）黏土含量。

由于：

（1）不良地质体不同部位破碎岩石块体、黏土及地下水含量多存在差异；

（2）采用超前钻孔法实施探测遇突水、突砂、突泥致灾构造时易发生突水、突砂、突泥灾害；

（3）超前钻孔法隧道施工掌子面前方不良地质体物质构成探测，基于地球物理跟踪探测预测隧道施工掌子面前方不良地质体存在事实实施。

因此，采用超前钻孔法进行隧道施工掌子面前方不良地质体物质构成探测，应注意以下几点：

（1）在隧道开挖掌子面与前方不良地质体间距离大于等于 10 m 时进行；

（2）应加装钻孔防突装置，防治钻孔突水、突砂、突泥灾害发生；

（3）应采用多钻孔进行掌子面前方不良地质体物质构成探测，孔位视掌子面前方不良地质体分布地球物理探测成果确定；

（4）不良地质体破碎岩石块体、黏土含量取钻孔不良地质体段破碎岩石块体、黏土含量平均值，不良地质体地下水含量按钻孔不良地质体段最大出水量计算。

参考文献

[1] 何发亮，李苍松，陈成宗. 隧道地质超前预报[M]. 成都：西南交通大学出版社，2006.

[2] 何发亮，张玉川. 隧道施工地质灾害与不良地质体及其预报[M]. 成都：西南交通大学出版社，2011.

[3] 何发亮，郭如军，李苍松，等. 岩体温度法隧道施工掌子面前方涌水预报[M]. 成都：西南交通大学出版社，2009.

[4] 何发亮. 中国隧道施工地质预报回顾与展望[J]. 现代隧道技术，2019，56（S1）：6-12.

[5] 李术才，刘斌，李树忱，等. 基于激发极化法的隧道含水地质构造超前探测研究[J]. 岩石力学与工程学报，2011，30（7）：1297-1308.

[6] 何发亮，卢松，丁建芳，等. 复杂地质隧道施工地质预报研究与工程实践[M]. 成都：西南交通大学出版社，2019.